构建城乡统一建设用地市场的法律制度研究

胡　建　汪小燕——著

法律出版社 LAW PRESS·CHINA
——北京——

图书在版编目(CIP)数据

构建城乡统一建设用地市场的法律制度研究 / 胡建，汪小燕著. -- 北京 : 法律出版社，2022
ISBN 978 -7 -5197 -6805 -8

Ⅰ. ①构… Ⅱ. ①胡… ②汪… Ⅲ. ①城乡建设－土地利用－土地市场－土地管理法－研究－中国 Ⅳ. ①D922.324

中国版本图书馆 CIP 数据核字(2022)第101257号

构建城乡统一建设用地市场的法律制度研究
GOUJIAN CHENGXIANG TONGYI JIANSHE YONGDI SHICHANG DE FALÜ ZHIDU YANJIU

胡 建 汪小燕 著

策划编辑 邢艳萍
责任编辑 邢艳萍
装帧设计 贾丹丹

出版发行 法律出版社
编辑统筹 法律应用出版分社
责任校对 王 丰 郭艳萍
责任印制 刘晓伟
经 销 新华书店

开本 710毫米×1000毫米 1/16
印张 12.5 **字数** 220千
版本 2022年7月第1版
印次 2022年7月第1次印刷
印刷 北京建宏印刷有限公司

地址:北京市丰台区莲花池西里7号(100073)
网址:www.lawpress.com.cn
投稿邮箱:info@lawpress.com.cn
举报盗版邮箱:jbwq@lawpress.com.cn

销售电话:010－83938349
客服电话:010－83938350
咨询电话:010－63939796

书号:ISBN 978－7－5197－6805－8
定价:49.00元

凡购买本社图书,如有印装错误,我社负责退换。电话:010－83938349

自序：乡村如何逾越“现代化的陷阱”

如何突破城乡二元结构的樊篱，构建城乡统一建设用地市场是一个重大的社会课题。随着我国史无前例的城镇化运动的展开，农村的人、财、物都在往城市聚集。农村不再是所有农民的生产与生活栖息之地，农村社会关系越来越脆弱，农村活力在下降。通过代与代之间、性别之间的分工，相当大一部分农民家庭内部建构了“城乡二元制”——老人、妇女、小孩留在农村进行人口再生产，青壮年劳动力则在城市务工。在知识分子中间，弥漫着一种痛心于农村凋敝、醉心于乡愁美好的情绪，互联网上诸多的“返乡记”通过极端案例描绘了农村的“礼崩乐坏”，很多人甚至寄希望于恢复宗族、乡绅等封建制度来解决上述问题。现代化之于农村，是一个无法躲避的陷阱？问题的根源并不在于现代化本身，而在于现代化的路径与方式。或者说，恰恰是由于农村的现代化程度不够，才会落入“现代化的陷阱”之中。

按照学界的通常观点，与西方国家基于内源因素的原发性现代化模式不同，中国的现代化是一种典型的在外部刺激下诱发的感应型、追赶型现代化。体现在城乡发展上，就是城市和乡村的现代化进程不相匹配，两者之间的关系是单向度的，农村长期扮演着向城市提供食品、原材料、劳动力的“输血者”角色，城市居于支配、攫取的地位，却少有对农村的反哺和带动。虽然我国农村在地域和人口（按户籍计算）上优于城市，但在实际的经济社会生活中始终处于国家的边缘。于是我们看到，一方面“进城”成为诸多农村人口的梦想和选择，他们的涌入促进了城市的发展与繁荣。另一方面“进城”的农民又受限于严格的城乡二元体制而无法真正在城市扎根，甚至他们生于、长于城市的后代亦不得不在形式上维系着与早已陌生的乡村之间的联系；而那些留守在农村或者被迫从城市返乡的人们则失去了改造乡村、建设乡村的能力和动力。以此观之，解决“三农”问题、打开乡村现代化之门的钥匙，在城市，更在农村自身。我们既要通过推行户籍制度等改革，降低农民进城落户门槛，加快城镇化进程；更要致力于培育农村经济社会发展的内生动力，而农村土地制度改革无疑是农村现代化的突破口。一个社会的现代化是包含“硬实力”和“软实力”的综合性评价,既包括科技的现代化和器物的现代化,也包括制度的现代化与文化的现代化。器物和技术的现代化易,文化和制度的现代化难。我们需认识到,城乡之间巨大发展差距的背后,实质是权利获得和权利保障的差距,而这与良好的制度体系和社会生态密切相关。缺失这一点,就不可能有真正的农村现代化。农业、农村和农民问题是我国实现现代化的社会改革进程中必须面对的重大挑战,而推进新型城镇化战略和城乡一体化发展是解决“三农”问题的关键之役,在此改革背景之下建设城乡统一的建设用地市场是至关重要的改革举措。土地问题是农村社会秩序建设的核心问题。

“三农”问题的核心是土地问题,农民工问题的核心是土地问题,城市居民的生存空间(住房)的核心仍是土地问题,部分地方政府的正常运转也与土地问题息息相关。概言之,土地已经成为众多问题中的“纲”。若土地问题解决妥当,则可在消费型社会建设、社会公正稳定等诸方面有所作为,为社会建设奠定坚实的基础。若处置不当,不仅很难引导农村走向繁荣,反而可能造成社会动荡。农村的发展,往往来自对时代的回应,源于对矛盾的解决。

就农村的现代化而言,构建城乡统一的建设用地市场法律制度甚为攸关。土地是万物之源,它既是人类赖以生存的物质资料,也是蕴含无尽财产价值的商品,兼具资源和资产的双重属性。目前由于受市场不完善等因素的影响,尤其是受城乡建设用地市场制度割裂的制约,农村土地的资产价值并未得以充分彰显。以我国的国情观之,随着城市经济的高速发展,城市国有建设用地市场的运行规则已经成熟,但是农村的集体建设用地市场一直处于孕育阶段。囿于农村土地的社会保障属性和农村土地流转的封闭性,集体建设用地市场一直未真正发展起来。以法学的视角观察,构建城乡统一建设用地市场的难点,在于赋予农村农民集体所有的土地与城市的国有土地平等的法律地位和公平的权利配置。农村的集体土地使用权,可以遵循同地同权同价原则进入城乡统一的土地市场流转交易。构建城乡统一建设用地市场的法律制度,是在坚持党和国家农村基本政策基础上,予以理论创新和制度创新的时代产物,它为统筹城乡发展定位架构。因城乡统一建设用地市场的法律制度研究法理艰深,涉及层面广泛,敝人勉力完成拙作,漏误之处,在所难免,望各位专家学者惠赐指正。

目　录

第一章　城乡建设用地法律制度:总体概况与现实弊端 / 001

第一节　城乡统一建设用地市场的社会语境 / 001
一、城乡统一建设用地市场的历史语境 / 001
二、城乡统一建设用地市场的法律语境 / 009
三、城乡统一建设用地市场的政策语境 / 011
四、城乡统一建设用地市场的学术语境 / 014
第二节　“城乡统一建设用地市场”的法律内涵 / 020
一、“集体建设用地”的法律界定 / 020
二、宅基地使用权应否纳入集体建设用地流转范围 / 024
三、构建城乡统一建设用地市场的实质 / 025
第三节　我国城乡统一建设用地市场的运行 / 031
一、城乡统一建设用地市场的现状 / 031
二、各地城乡统一建设用地市场的实践探索 / 034
三、二元土地产权结构下集体建设用地流转的渐进式改良 / 045
四、完善城乡统一建设用地市场的立法对策 / 047

第二章　城乡统一建设用地市场:法律制度建构的理论基础 / 052

第一节　构建城乡统一建设用地市场的必要性与法理基础 / 052
一、构建城乡统一建设用地市场的必要性 / 052
二、构建城乡统一建设用地市场的法理基础 / 056
第二节　构建城乡统一建设用地市场法律制度的价值目标与指导原则 / 062
一、农村土地权利的配置:土地之上公权与私权的博弈 / 062
二、城乡统一建设用地市场法律制度的价值维度:共富目标下的平等、
自由、效率与秩序 / 066

三、构建城乡统一建设用地市场法律制度的指导原则 / 070

第三章　典型国家或地区农村土地流转制度的法律状况 / 075

第一节　英国、美国和法国的农村土地流转制度 / 075
一、英国的农村土地流转制度 / 075
二、美国的农村土地流转制度 / 078
三、法国的农村土地流转制度 / 081
第二节　日本和我国台湾地区的农村土地流转制度 / 083
一、日本的农村土地法律演进 / 083
二、我国台湾地区的农村土地流转制度 / 087
第三节　典型国家和地区农村土地流转制度对我国的启示 / 088
一、域外农村土地权利制度的共性特征 / 088
二、域外农村土地权利结构的特征 / 092
三、域外农村土地产权制度及其权利结构对我国的启示 / 093

第四章　城乡统一建设用地市场:交易主体与客体 / 096

第一节　城乡统一建设用地市场的交易主体 / 096
一、农村集体建设用地的交易主体 / 096
二、城乡统一建设用地市场交易主体之完善 / 102
第二节　集体建设用地入市的交易客体 / 106
一、集体建设用地入市土地的客体范畴 / 106
二、农村集体经营性建设用地 / 108
三、农村集体公益性建设用地 / 111
四、农村宅基地 / 111

第五章　城乡统一建设用地市场:交易法律规则 / 117

第一节　城乡统一建设用地市场交易规则的现状 / 117
一、集体经营性建设用地入市改革试点的交易规则 / 117
二、立法上集体经营性建设用地市场化交易规则之不足 / 120
第二节　城乡统一建设用地市场交易规则的重构 / 122
一、城乡统一建设用地市场交易规则的立法建议 / 122
二、城乡建设用地使用权初次流转的交易规则 / 123

三、城乡建设用地使用权再次流转的交易规则 / 124
四、城乡建设用地指标的交易规则 / 125

第六章　城乡统一建设用地市场:交易平台与交易价格 / 127

第一节　城乡建设用地市场的交易平台 / 127
一、城乡建设用地交易市场平台的现状 / 127
二、城乡建设用地交易市场平台的弊端 / 130
第二节　城乡统一建设用地市场交易平台建设 / 131
一、建设城乡统一建设用地市场交易平台的困境 / 131
二、构筑城乡统一建设用地市场交易平台 / 132
第三节　城乡统一建设用地市场的交易价格形成机制 / 134
一、建设用地市场价格形成机制存在的问题及其成因 / 134
二、构建城乡统一建设用地价格形成机制 / 137

第七章　城乡统一建设用地市场:土地增值收益分配 / 139

第一节　农村建设用地土地增值收益分配的现状与缺陷 / 139
一、农村建设用地土地增值收益分配的现状 / 139
二、农村建设用地土地增值收益分配的缺陷 / 141
第二节　城乡统一建设用地背景下土地增值收益分配制度的构建 / 143
一、城乡统一建设用地背景下土地增值收益分配的原则 / 143
二、城乡统一建设用地土地增值收益分配制度的构建 / 144

第八章　城乡统一建设用地市场:配套法律制度及其衔接 / 148

第一节　城乡统一建设用地市场的相关配套法律制度 / 148
一、农村土地权利登记制度 / 148
二、农村土地权利管理制度 / 153
第二节　集体建设用地的土地评估机制 / 163
一、农村土地的价值评估 / 163
二、农村土地权利评估的价值类型 / 165
三、农村土地权利价值评估的体系 / 166
第三节　集体建设用地产权改革下的农村社区治理 / 170
一、以农村习俗惯例为核心的“家政村治”治理模式 / 170

二、现行的“乡政村治”治理模式 / 171
三、农村社区治理的本质 / 175
四、农村社区治理的经济基础、治理对象、组织形式与规制方法 / 177

参考文献 / 184

后　记 / 192

第一章　城乡建设用地法律制度：总体概况与现实弊端

第一节　城乡统一建设用地市场的社会语境

一、城乡统一建设用地市场的历史语境

（一）集体建设用地市场的历史沿革

我国集体建设用地市场早已有之，于今为烈，其缘起于乡镇企业及其前身社队企业。早在人民公社化时期，全国就掀起大办农村工业的热潮；20 世纪 70 年代，由生产队或公社兴办的社队企业兴起，国家政策予以支持；1980 年后，由集体经济组织投资的乡镇企业获得迅速发展，据不完全统计，1984 年全国乡镇企业数量为 607 万个，从业人员高达 5208 万人，总收入为 1268 亿元。无论是社队企业，抑或乡镇企业，兴办企业就需占用农村的集体土地，虽然当时仍未有土地市场的观念，但是农村集体土地已然在市场的需求下发生流转。从某种意义上而言，在改革开放之初，集体建设用地进入市场实现一定范围内的流转就已经客观存在。

伴随乡镇企业的快速发展，集体建设用地市场亦遍地开花。集体建设用地市场，不仅助推乡镇企业的大发展，且对农村小城镇的发展作出了重要贡献，如北京郑各庄、浙江横店、江苏华西村和天津大邱庄等。乡镇企业的发展为农村小城镇提供了产业支撑，农村的小城镇主要是由乡镇企业的发展所推动，而此种发展乃形成于集体建设用地市场的基础之上。[①] 在经济发达地区，特别是“珠三角”和“长三角”等地区，集体建设用地市场还促成了一批新兴

---

① 参见黄小虎：《土地使用制度和管理制度改革历程回顾与前景展望》，载《上海国土资源》2019 年第 4 期。

的城市,出现“集体土地托起半边天”的现象。例如,广东省东莞市是在集体土地上发展起来的新兴城市,其在发展初期市区范围内70%以上的土地属于农民集体所有。东莞市成为全国大多数村庄发展模式的一个缩影,农民集体在大力发展自身产业、推动农村经济发展之时,也促进了当地的城市化进程。在北京、上海和深圳等大城市的郊区,工业化和城市化反过来为集体建设用地市场带来新的契机,大量的外来务工或经商人员的居住需求,引导广大农民在宅基地上建出租屋,宅基地的买卖亦时有发生。大中城市中上述人员的居住问题,依赖城乡接合部的集体建设用地和农民宅基地市场得以解决,并未出现有人担心的农民流离失所或无家可归等社会问题,更未形成印度、巴西等发展中国家大城市周边大规模人口聚集的贫民区。此外,农村本身的集体建设用地市场特别是二级市场异常活跃,流转的主体多元化,流转的形式多样化(包括但不限于出租、兼并、转让、入股、司法处置等),流转的对象主要是乡镇企业用地,流转的数量与当地城镇化水平和经济发展高度相关。

集体土地入市不是新事物,改革开放以来乡镇企业,以及外商投资企业和私人企业的厂房,其所利用的土地大都是集体土地,在1988年修正的《土地管理法》中也规定了兴办乡镇企业可以使用集体所有的土地。虽然《土地管理法》中明确规定了“国有土地和集体所有的土地的使用权是可以依法转让的。关于土地使用权转让的具体办法,由国务院另行规定”,但是国务院在颁布了《国有土地上房屋征收与补偿条例》后,时至今日亦未颁布集体土地使用权转让的条例,就某种程度上而言,既有的立法政策对农村集体土地入市持谨慎的态度。

我国农村土地市场发展的基本逻辑可以分为三个发展阶段:首先为“摸着石头过河”的阶段,其形成了集体建设用地市场的雏形。该时期受到城乡建设用地增减挂钩制度建立、征地制度的改革与创新、产权不明晰导致集体收益均沾,以及隐形宅基地流转存在等因素影响,城乡建设用地流转渠道不畅,城乡统一的建设用地市场发展缓慢。此阶段市场区域分化明显,表现为沿海和内陆的经济梯度差异、集体建设用地细碎化的程度差异以及人口净流入和净流出的承载力差异。其次为边缘变革的阶段,集体建设用地流转的地方探索形成对建立城乡统一建设用地市场的倒逼。该阶段的特征为一些地方的改革模式进一步理论化和普适化,以及自上而下的决策层对地方试点经验的采纳与总结。最后是形成城乡统一建设用地市场的阶段。从增加供给的角度,集体存量建设用地的激活有利于增加土地市场供给;从保障需求角度,满足城乡居民生活水平稳步提高的社会需求以及集体建设用地资产特征显化的民生需求;从市场建设角度,通过国有建设用地和集体建设用地使用权一级和二级市场互动,实现城乡土地的市场化流转。

(二)中华人民共和国成立后我国农村土地制度的四次改革

1. 1949～1952年"耕者有其田"的土地改革

中华人民共和国成立伊始,1950年《土地改革法》规定:废除地主阶级封建剥削的土地所有制,实行农民的土地所有制,采取平均分配土地的方法满足广大农民的土地需求。1953年土地改革基本完成,1954年《宪法》将农民的土地所有权以宪法形式予以确认,从而实现了农村土地产权制度由"地主所有、租佃经营"向"农民所有、自主经营"的转变。换言之,农民作为土地的所有者,拥有完整的土地所有权,其可以从事土地买卖和转让交易行为,该时期的土地产权界定明晰且边界清楚。

2. 1952～1978年合作化和人民公社运动

第二阶段的土地改革是在1952～1978年的合作化和人民公社运动,农村土地产权历经从"农民所有、集体经营"到"集体所有、集体经营"的转变。从1952年开始,以互助合作为特点的农业生产初级社不断涌现,再到1956～1958年的高级合作社成为社会主义性质的集体经济组织,并在此基础上发展成为以乡为单位、政社合一的人民公社。在此时期,农村土地使用权逐渐从土地所有权中剥离,土地的收益权与处分权也彼此分离。人民公社时期的集体所有制确立了"三级所有,以队为基础"的模式,三个层次的产权主体相互之间产权边界不清晰,土地权责利的脱节情况较为严重,农民的土地产权意识弱化;集体成为国家意志的贯彻者和执行者,集体的生产决策权、产品处置权和收益分配权逐步丧失。

3. "两权合一"到"两权分离"的家庭承包责任制

第三次改革为1978年以来实行的家庭联产承包责任制。1978年凤阳县小岗村的18户农民签订"生死状"后对集体土地进行"大包干",揭开了中国农村土地改革的新篇章。实行家庭生产经营承包责任制使农村集体土地所有权中衍生出土地承包经营权,形成"所有权"和"承包经营权"两个彼此独立的权利。由"一权"到"两权"的分立,究其实质乃集体土地所有权和所有权的部分权能发生分离,所有权的处分权能不变,但是占有、使用和部分收益权能已经被赋予新型的权利——承包经营权。[①] 在此时期，我国实行以家庭经营为基础、统分结合的双层经营体制，形成了农村土地“集体所有、均田承包和家庭经营”的格局。从法律上分析，土地承包经营权、宅基地使用权和集体建设用地使用权等用益物权，逐步从土地所有权中分离出来，土地所有权与土地使用权实现分离，立法政策上日益强调农民对土地的利用和收益。

4. 农村集体土地“两权分离”结构向“三权分置”结构过渡

第四次改革是农村集体土地“两权”结构向“三权”结构的过渡。无论是土地承包经营权——所有权、承包权、经营权“三权分离”，抑或宅基地使用权——所有权、资格权、使用权“三权分离”，皆属于该种制度方案的体现。

改革开放以来，虽然“两权分离”释放出巨大的制度绩效，但“两权分离”的农村土地产权结构设计存在的问题也日益凸显。例如，土地承包经营主体虽然获得一定的经营自主权，但承包经营土地的细碎化导致土地的效率损失，且容易诱发土地承包经营行为的短期化，农村土地的市场化流转亦受到诸多法律限制。

“三权分置”这一土地制度改革有赖于两大理论基础：其一，大陆法系独特的物权权能分离理论，即大陆法系认为所有人能将其持有的标的权能通过创设定限物权分离出去。而在我国的农地改革试验中，基于农村集体组织占有农地的所有权而通过对土地这一标的权力的剥离将土地使用权这一用益物权通过承包方式予以集体内成员。其二，我国农村居民享有的土地使用权是广义上的财产权，可以说，农村土地产权以土地使用权为基础。农村土地使用权不仅具有其自身基于土地可耕种的用益物权性质，还可以基于增加农地权利束将其认定为发挥了类似“部分所有权”的功能，可行使股权、抵押物权、租赁权、发展权和复归权等权能。以“宅基地使用权”为例，农民集体将使用权能从“所有权”中分离，形成法定的用益物权——宅基地使用权，而今又将“资格权”从宅基地使用权中分离，最终形成“所有权”、“资格权”和“使用权”三权分置的格局。在确保宅基地归属农民集体的基础上，“资格权”保障农民集

① 参见丁关良、阮韦波：《农村集体土地产权“三权分离”论驳析——以土地承包经营权流转中“保留(土地)承包权、转移土地经营权(土地使用权)”观点为例》，载《山东农业大学学报(社会科学版)》2009 年第 4 期。

体成员的居住权益,“使用权”则体现宅基地的流转权益。本质上而言,“三权分置”是对宅基地权利束的细化和分割。上述权利分离可以激活农村宅基地的财产权能,便于使用权主体以抵押、出租、赠与、转让、入股等形式流转宅基地“使用权”。“三权分置”中的所有权、资格权和使用权分离,不仅明晰了宅基地的产权归属,丰富了宅基地的收益和处分权能,也保留了宅基地特有的福利性和身份性。清晰地界定宅基地产权主体关系,将宅基地制度市场化运行的外部效应内部化,可提升制度效率。

5. 对四次农村土地改革的评述

权利束乃权利主体自身可以产生或派生的不同利益的权利集合。[①] 霍菲尔德的权利分析理论是权利束理论的逻辑起点,其核心理论包括权利和无权利、特权和义务、权力和无权力、豁免和责任在内的四对相互对立而又相互关联的概念,而后有学者将霍菲尔德的理论概述为产权所有者是享有权利、特权、权力和豁免等综合性权益的集合。[②] 马克思认为土地产权是由终极所有权及其所衍生出来的占有、使用、处分、收益、抵押、出租、转让等权能组成的权利束。[③] 我国既往的农村土地权利体系立法概念欠缺、不同权利类型之间缺乏层次性和逻辑性,具体的权利内容和效力亦残缺不全,随着社会生活的变迁,权利类型、内容和效力理应不断丰富与完善。

我国农民对土地实际获取的权利是某种“物权效力”的财产权,一方面,基于农地所有权归集体,农地不具备直接交易的流通性,且土地使用权的可转让性也或多或少地受到集体决策的影响,土地物权有着残缺而不完整的物权效力;另一方面,避开制度争论,基于农地“权利束”理论和市场价格机制的作用,土地使用权这一特殊财产权跳脱出基于土地所有权这一物权基础唯有土地使用权这一用益物权的限制,基于土地使用权财产权属性、各个财产权主体的独立性和土地使用权的归属与转化功能实现物权化的债权关系,实现土地使用权的占有、使用、收益和处分等财产权能(见表1-1)。

---

① 参见李胜兰、于凤瑞:《农民财产权收入的土地财产权结构新探——权利束的法经济学观点》,载《广东商学院学报》2011年第4期。

② 参见洪名勇:《论马克思的土地产权理论》,载《经济学家》1998年第1期。

③ 参见洪名勇:《农地“三权分置”及实现路径研究》,中国财政经济出版社2021年版,第54~55页。

表 1-1 "两权分离"下集体土地所有权与承包经营权的权能分割

权能	集体土地所有权权能逐步收缩	农户承包经营权权能渐趋强化
占有	1997 年提出要清理整顿"两田制"、要禁止推行"反租倒包"。 2003 年《农村土地承包法》第 26 条、第 27 条、第 35 条、第 63 条规定,发包方不得收回、调整承包地、单方面解除承包合同以及只能预留 5% 机动地	体现在土地承包期限的规定和退回承包地的规定上。 由改革初期土地承包合同一年一定到 1984 年的 15 年到 1993 年的 30 年再到 2008 年的"长久不变"。 2003 年《农村土地承包法》规定全家进入小城镇落户的可以不退回承包地。 2014 年国务院《关于进一步推进户籍制度改革的意见》指出不得以退出土地承包经营权作为农民进城落户的条件
使用	2003 年《农村土地承包法》规定,发包方不得干涉承包方正常生产经营活动	2003 年《农村土地承包法》规定,承包方享有自主组织生产经营权和产品处置权
收益	2000 ~ 2006 年推行农村税费改革,2006 年废除了农业税,取消村提留、乡统筹	我国实行对农业由"取"向"予"的转变,开始着手构建农业支持保护体系。 2004 年国家按承包主体发放农业直接补贴。2006 年实行农资综合补贴
处分	农民集体所有的土地不能转让,只有被征收为国有后才能出让。 多个文件反复强调,土地经营权流转要尊重农民意愿,不得硬性下指标	体现在土地流转方式的规定上。 1984 年农户可以自找对象协商转包。 2007 年《物权法》(已废止)规定,土地承包经营权人有权采取转包、互换、转让等方式流转。 2008 年增加了股份合作的流转方式。 2013 年允许土地承包经营权抵押、担保、入股

基于公有制条件下土地所有权缺乏转让的可行性,强调农地产权具体内容的权利束理论便实现了与农地产权关系上的衔接。为适应国内农业现代化和国际农业竞争的现实需要,"三权分置"是现实倒逼所形成的制度方案,其历经地方实践、理论争论,直至上升为国家政策。首先,"三权分置"符合现代财产权权能细化和拓展的必然要求。随着市场经济的发展,财产权表现出排他性、可转让性、权能的可分割性,他物权具有了地位独立、财产权股份化、资本化等特点。我国农地的承包经营权从最初的债权发展为物权,但立法上对

处分权能的限制仍然过多,将承包经营权进一步细化为承包权和经营权,是其取得现代财产权构造的必然要求。其次,“三权分置”具有合法性。“三权分置”,顾名思义,就是将所有权、承包权和经营权三权分开。按照现有的农地产权权利设置,在集体所有权基础之上已经设置了用益物权,即承包经营权,那么能否在承包经营权基础上再设置一个用益物权呢?答案是肯定的。因为《物权法》(已废止)第136条①已经规定了在用益物权之上再设置用益物权的规则。我国《农村土地承包法》《民法典》等相关法律都已对农村土地所有权、承包经营权、宅基地使用权和集体建设用地使用权等作了较为明确的规定。以土地经营权为例,现有的法律制度安排摒弃了农地“债权说”,强调农地的物权性。这种权利设置方式在国际上也是有先例可循的。同样是大陆法系的德国,其民法明确规定地上权为用益物权,可以在其上设置另一种用益物权即“次地上权”。地上权的期限一般较长,完全可以保证和容纳次地上权。我国的承包经营权与德国的地上权同样具有“长久不变”的期限,因此,在其上再设置一个用益物权也是可行的。由此可见,“三权分置”具有法理上的可行性(见表1-2)。

表1-2 “三权分置”下农村土地产权的重构

权能	所有权	承包权	经营权	
			承包土地的经营权	流转后获得的经营权
占有	监督权、管理权	长久不变(试点地区推行70年)	长久不变	期限由合同约定,鼓励流转期限长期化,但不得超过剩余承包期限
使用	特定情况下统一经营	农业生产经营	农业生产经营	农业生产经营
收益	农地征收补偿费	农地征收补偿费、推出承包补偿费、流转收益	国家农业补贴、自主经营收益	国家农业补贴、农业生产收益
处分	严禁转让或抵押	自愿退出权和继承权,可转让、互换,但不得抵押和担保	可以出租、转让、入股、抵押、担保和继承	可以出租、转让、入股、抵押、担保和继承

---

① 对应《民法典》第345条、第346条。

统筹城乡改革的关键就是土地问题。无论是增加农民或农民集体的收入,还是推进农村的城镇化战略或者解决城市市民的住房问题,农村集体建设用地入市流转都是至关重要的环节。首先,第三次农村土地改革到现在,农村土地的财产价值并未被充分地激发,农民或农民集体从土地上所获得的财产收益也十分有限,农民和其他社会群体的收入差距仍在扩大。为增加农民收入和激发农村集体的土地财产价值,应推动农村土地产权流转的市场化进程。农村集体土地的流转,一方面是出于促进农村社会经济发展的客观要求,以期达到农村土地的集约化利用和规模化效益;另一方面农民可以用土地交换市民权,可以让农民真正融入城镇,推动城乡一体化。假设农村集体土地的流转势在必行,则在此前应建立对农民土地财产权益的充分保护机制,否则城乡土地一体的市场化流转会异化为对农民土地权益的变相剥夺。构建城乡一体的建设用地市场,理应顺应时代要求放松对农村集体土地流转的各种管控,并为其市场化流转创造各种便利条件,以发挥市场在农村土地资源配置中的决定作用,促进农村土地产权流转市场的成型与完善。其次,城市市民的住房问题也越来越表现为土地问题。传统上,城市市民享受国家的各种政策优惠,与农民相较在社会中占有相对优势,但城市市民的各种特权已经在市场化改革进程中逐步消减,从前所鲜见的城市失业或城市新贫民等现象已经出现。一个相对稳定和牢固的社会结构,需要培育一个强大的中产阶层,但当下中产阶层的成长与我国高速的经济发展不相匹配,部分城市的中产阶层沦为城市的"房奴"。欲解决城市市民的"房奴"或者"蜗居"等问题,本质上还是要解决土地问题,唯有增加城市的建设用地市场供应,允许城市周边的集体建设用地入市流转,并增加建设用地供应的途径与渠道,方能抑制偏离市场规律的高房价。最后,欲纾解地方政府过度依赖土地财政的困局,亟待构建城乡一体的建设用地市场,实现集体土地入市流转。土地财政的实质是地方政府将建设用地使用权在未来若干年的收益一次兑现,具有超前性和不可持续性。地方政府过度依赖土地资本来充实财政收入,其行为无异于杀鸡取卵、竭泽而渔,弊端也是不言而喻的。土地财政不可持续,建设用地作为稀缺的土地资源并不会永不枯竭,当有限的土地资源被政府无限的财富欲望出卖殆尽时,土地财政自然走到尽头。当前,构建城乡一体的建设用地市场,允许集体建设用地入市流转,可打破地方政府对当地建设用地市场的垄断性供应,让政府回归其土地管理者的角色与地位。

二、城乡统一建设用地市场的法律语境

构建城乡统一建设用地市场，关键在于实现集体建设用地的市场化流转。土地权利制度包括土地使用权和土地所有权。土地权利流转在转让或买卖等交易情形下会带来权利主体的变动，而我国农村土地实行农村集体所有制，不能因为赋予农村土地流转权能而导致农村土地权利归属的变化，在此意义上而言，土地所有权不能流转，唯有在土地使用权上设定流转，才符合我国的根本经济制度。故而现有的制度设计，只能考虑如何激发农村土地使用权的财产权能，充分开发和利用其权利内容。以越南为例，其与我国一样实行公有制，其法律赋予土地使用权流转的权能，具有较强的参考价值。[①] 俄罗斯虽然实行私有制，但是《俄罗斯联邦民法典》和《俄罗斯联邦农用土地流通法》等法律法规仍肯定农村土地权利的抵押、转让、出租和入股等权利。[②] 日本甚至通过《日本农村土地法》、《日本农用地利用增进法》和《日本土地改良法》等专门性立法，规定农村土地可以抵押、继承、出让、租赁等多种方式流动。[③] 可见，域外的立法例，均承认农村土地使用权可以流转，以提高农村土地资源的使用效率。

我国土地实行公有制，根据 1982 年《宪法》的规定，城市土地属于国家所有，农村土地除去属于国家所有之外，皆属于农民集体所有。《物权法》（已废止）设专章规定"建设用地使用权"，主要规定的是国有建设用地使用权（共 16 条），对于集体建设用地使用权仅规定按照《土地管理法》等法律规定办理，而宅基地使用权在《物权法》（已废止）中也仅有 4 条，并不能对利益纠葛复杂的宅基地制度予以有效规范，[④]且上述 4 个法律条文中，未明确规定宅基地使用权人的"收益"与"处分"权能。[⑤]《物权法》（已废止）第 152 条规定，宅基地仅能用于建造农村住宅及其附属设施，不能用于经营性的用途。[⑥] 第 153 条

---

① 参见胡新艳、王利文：《越南农村土地制度革新：历程、特点及启示》，载《南方经济》2008 年第 11 期。

② 参见崔文星：《中国农地物权制度论》，法律出版社 2009 年版，第 37 页。

③ 参见中国社会科学院编：《农村土地制度改革：国际比较研究》，社会科学文献出版社 2009 年版，第 19 页。

④ 参见陈小君、蒋省三：《宅基地使用权制度：规范解析、实践挑战及其立法回应》，载《管理世界》2010 年第 10 期。

⑤ 胡建：《农村土地抵押法律问题研究》，西南政法大学 2015 年博士学位论文，第 72 页。

⑥ 参见胡建：《农村土地抵押法律问题研究》，西南政法大学 2015 年博士学位论文，第 73 页。

规定,宅基地使用权的取得、行使和转让,适用《土地管理法》等法律规定。[①]立法的模糊性和举棋不定,主要基于防止农民重复申请新的宅基地、造成耕地流失或对农民集体利益之损害。[②] 可见,《物权法》(已废止)在农村集体建设用地的流转方面未有实质性的突破。尽管现行法律对集体建设用地流转予以严格限制,但"隐形流转市场"仍广泛存在,全国各地出现了诸多各具特点的流转试点,流转方式包括抵押、出租、转让、转租等。

在城乡二元体制之下,城市国有建设用地使用权可以实现市场化流转,农村集体建设用地使用权却并未享有与城市同等的地位与权能,按照《物权法》(已废止)的规定,除了例外情形,一般情况下集体建设用地等农村土地使用权禁止自由流转。但是国家立法在逐步赋予农村土地使用权的流转权能,例如,2018 年修正的《农村土地承包法》第 47 条规定,承包方可以用承包地的土地经营权向金融机构融资担保,2019 年修正的《土地管理法》第 63 条肯定了经营性集体建设用地使用权抵押。不同形态的土地使用权存在不一样的流转权能。既有的法律,并未赋予农村集体土地使用权与城市土地使用权同等的流转权能。国家政策导向是激发农村土地的财产权益和保护农民的土地权利,法律上已经在逐步改善此种城乡不平等的流转配置,农村集体土地使用权与城市土地使用权获得了同等的权利待遇。

2021 年《民法典》、2018 年修正的《农村土地承包法》和 2019 年修正的《土地管理法》,均以引致性规范的法律技术处理,将农村集体建设用地市场化流转的具体制度设计与法律规则授权国务院或国务院有关部门制定相关规定。

《民法典》关于"宅基地使用权"的规定仅 4 个条文,并通过转介条款将其"取得、行使和转让"委之于"土地管理的法律和国家有关规定",而 2019 年修正的《土地管理法》缺少相关规范;现行立法未肯定其财产属性与收益权能,也未就其取得、转让、退出、互换、出租、赠与、入股、抵押、继承等权利运行的内在法律机理,以及外在的风险规避和制度配套等作出系统性的制度安排,在确保其市场化运行的制度层面仍未取得实质进展。2021 年修订的《土地管理法

---

① 参见胡建:《农村宅基地使用权抵押的立法嬗变与制度重构》,载《南京农业大学学报(社会科学版)》2015 年第 3 期。

② 参见陈小君、蒋省三:《宅基地使用权制度:规范解析、实践挑战及其立法回应》,载《管理世界》2010 年第 10 期。

实施条例》将“宅基地管理”单列一节,要求保障本行政区域内农村村民宅基地需求,并要求不得违规收回农民的宅基地、不得违反农民意志强制流转宅基地。

2019 年修正的《土地管理法》第 63 条规定,集体建设用地使用权的抵押,参照同类用途的国有建设用地执行。2021 年修订的《土地管理法实施条例》在《土地管理法》关于集体经营性建设用地入市规定的基础上,提出对其集约利用和合理规划,并要求对其出租和出让方案予以审查,即农民集体编制出租、出让方案后,应报县或市人民政府审查。此外,集体经营性建设用地出让、出租应当签订书面合同,并对合同应当包括的内容进行明确的规定。对通过出让方式取得的集体经营性建设用地再转让的,应签订书面合同,并通知农民集体。

三、城乡统一建设用地市场的政策语境

政策与法律在农村集体建设用地流转的问题上,持有截然不同的态度,与法律上限制或管控其流转的态度不同,国家政策逐步转向支持与鼓励集体建设用地的流转。尽管从 1988 年开始集体土地入市就处于政策的“围追堵截”中,凡是涉及集体土地使用权转让的官方文件,都是“严禁、禁止”的严格标准用语,然而,地下交易活动一直存在,地方政府的态度亦发生分化:一种观点主张“清理、整顿”,另一种观点坚持把这些“法外行为纳入法律体系中”,欲通过修改法律将其纳入合法的范畴。20 世纪 90 年代末,农村乡镇企业发展遭遇“瓶颈”,大部分乡镇企业倒闭或改制,大量的集体建设用地被腾退出来。与之相反,在城镇化的快速发展下,社会上对建设用地的需求日益增加。为化解上述矛盾,国家在政策层面,一方面强化对集体建设用地的管控,另一方面也在摸索集体建设用地入市的可行路径。

2000 年,原国土资源部在芜湖、南京、苏州、湖州、上海市青浦区、佛山市南海区等 9 个地区开展集体建设用地使用权流转试点。在上述试点区域,乡镇企业、村庄公共设施、公益事业占地,以及村庄合并、宅基地整理后新增的存量集体建设用地皆可入市交易。

2003 年中共中央、国务院《关于做好农业和农村工作的意见》中首次出现“集体建设用地流转”的提法。该文件要求各地制定乡镇企业向小城镇集中的政策,并将农村集体建设用地流转作为解决其土地问题的具体举措。

2004年国务院《关于深化改革严格土地管理的决定》指出，满足土地规划要求的条件下，集体建设用地使用权可以依法流转。且作为对被征地农民安置方式之一，农民对于已依法获批的建设用地使用权可以投资入股具有稳定收益的项目。

2006年原国土资源部《关于坚持依法依规管理节约集约用地支持社会主义新农村建设的通知》指出，在严格保护耕地、节约集体用地和新农村建设的发展背景下，经原国土资源部批准，稳步推进集体非农建设用地使用权流转试点。

2008年中共中央《关于推进农村改革发展若干重大问题的决定》是就集体建设用地流转的政策导向而言最具标志性的规范性文件。该决定提出“逐步建立城乡统一的建设用地市场”的要求，且按照土地用途将农村集体建设用地划分为公益性用地和经营性用地，准许农民以多种形式开发利用集体经营性建设用地。

2009年原国土资源部《关于促进农业稳定发展农民持续增收推动城乡统筹发展的若干意见》，明确了土地市场的准入条件，致力于构建城乡统一建设用地市场。要求各地充分依托已有的国有土地市场，加快城乡统一的土地市场建设，促进集体建设用地进场交易或规范流转。

2013年国务院发展研究中心向社会公开其为十八届三中全会提交的“383”改革方案，该方案不是中央正式的文件，十八届三中全会的内容与报告内容有交叉但又不完全一样，它成为未来我国经济改革的整体蓝图。方案中提出允许农村集体土地与国有土地平等地进入非农用地市场，形成规则统一、权利平等的公开交易平台，实现城乡建设用地“同地、同价、同权”。

2014年12月，中共中央办公厅、国务院办公厅联合印发《关于农村土地征收、集体经营性建设用地入市、宅基地制度改革试点工作的意见》，对“三块地”(农村土地征收、宅基地制度改革、集体经营性建设用地入市)改革进行了统筹部署，明确在北京市大兴区等15个县(市、区)启动农村集体经营性建设用地入市试点。2015年8月，贵州湄潭、浙江德清、山西泽州、广东佛山南海等地纷纷启动集体经营性建设用地入市试点。各试点地区在具体做法上各有差异，比如规划用途、是否可扩大到新增集体建设用地、交易价格等。改革部署后，先后进行了两次重要调整：一是拓展范围。为了增强改革的整体性和协调性，形成“三块地”改革的共振效应，2016年9月开始，原国土资源部采取

"试点联动"的方式统筹推进各项改革。这次调整中,征地制度改革和集体经营性建设用地入市改革覆盖到全部33个试点地区,宅基地制度改革试点范围仍旧保持不变。二是延长期限。试点将延期到2018年年底。

2019年4月中共中央、国务院发布《关于建立健全城乡融合发展体制机制和政策体系的意见》,准许集体经营性建设用地就地或异地调整入市流转,可有偿收回闲置的农村宅基地,废弃的农村公益性用地可以转化为经营性用地。

近年来,每年的国家一号文件皆围绕"三农"问题展开,尽管每年主题不同,但对集体建设用地问题皆有所投射或明确规定。国家相关政策已经明确提出允许集体建设用地市场化流转,进而构建城乡统一的建设用地市场,并为此目标的实现而陆续作出各类改革和尝试。国家政策的调整,存在其深刻的社会背景。目前我国已经迈进工业反哺农业,城市带动农村发展的新阶段,打破城乡分离的二元体制,统筹城乡协调发展成为时代的新主题。统筹城乡发展,实现城乡一体化是大势所趋,城乡统筹自然需要推动城乡的资源要素合理流动,并对其实现优化配置,而其中就包括实现农村集体建设用地的市场化流转(见表1-3)。

表1-3　国家政策对农村集体土地产权制度改革的指导方向与意见

农村土地制度改革事项	指导方向与意见
农村土地承包经营制度	推进承包地确权登记颁证,逐步扩大整省试点范围;从严把握确权确股不确地的范围
	农村承包土地经营权抵押、质押试点
	有条件的地方开展承包经营权有偿退出试点
	引导集体所有的荒山、荒沟、荒丘、荒滩使用权有序流转
宅基地制度	保障农户依法取得的宅基地用益物权,探索农民住房财产权抵押、质押、转让的有效途径
	探索农民住房保障新机制,宅基地有偿使用制度和自愿有偿退出
	农村集体以出租、合作等方式盘活利用空闲农房和宅基地
集体经营性建设用地制度	经营性用途的存量集体建设用地,与国有建设用地享有同等权利;允许出让、租赁、入股或抵押

续表

<table>
<tr><th colspan="2">农村土地制度改革事项</th><th>指导方向与意见</th></tr>
<tr><td colspan="2" rowspan="3">建立农业农村发展用地的保障机制</td><td>盘活农村存量建设用地</td></tr>
<tr><td>通过村庄整治、宅基地整理等节约的建设用地采取入股、联营等方式，重点支持农村三产融合</td></tr>
<tr><td>改进耕地占补平衡规范管理</td></tr>
<tr><td rowspan="4">分类推进农村集体资产确权到户和股份制改革</td><td>集体经济组织</td><td>制定相关法律，赋予农村集体经济组织法人资格</td></tr>
<tr><td>农村集体资产管理</td><td>集体资产清产核资，明确集体资产所有权，集体资产财务管理</td></tr>
<tr><td>经营性资产</td><td>确认集体经济组织成员身份、量化经营性资产，开展资源变资产、资金变股金、农民变股民；
赋予农民对集体资产股份占有、收益、抵押、继承等权益</td></tr>
<tr><td>非经营性资产</td><td>探索提高公共服务能力的集体统一运营管理有效机制</td></tr>
</table>

城乡统筹发展的制度性障碍主要在于农村土地制度，集体建设用地流转的顺畅运行是突破此制度"瓶颈"的重中之重。目前，城乡土地二元分割的体制造成城市国有建设用地使用权与农村集体建设用地使用权在权利与利益上的不对等。构建城乡统一的建设用地市场，集体建设用地使用权进入一级土地市场流转，享有与国有建设用地使用权同等的权利，是国家政策着力推动欲实现之终极目标。

四、城乡统一建设用地市场的学术语境

归纳与总结城乡统一建设用地市场研究业已取得的学术成果，客观反映现阶段理论界的研究进展与尚待解决的主要问题，但因知识与经验的不足难免挂一漏万，亦因学术观点的主观性与对有些具体问题尚缺乏共识，其中的观点呈现出见仁见智的特点。总之，探究"城乡统一建设用地市场法律制度"的研究现状是解决城乡统一建设用地市场未知法律问题的基石。

（一）农村集体土地产权制度的创新研究

大部分学者认为，宅基地使用权、集体建设用地使用权和土地承包经营权等农村土地权利皆具有流通性，允许其市场化流转具有充分的法理基础，也符

合农村土地权利物权化的趋向。[①] 支持该观点的学者亦指出，集体建设用地入市的规则设计，应考量在一定历史时期内农村土地仍存在一定的社会保障属性，并考虑农村土地规划与用途管制的要求。[②]

1. 土地承包经营权“三权分置”

就土地承包经营权的“所有权、承包权和经营权三权分置”问题而言。所有权与土地承包经营权之间的关系是明确的，为所有权与用益物权的关系，而承包经营权与土地经营权的关系，法学界存在不同的观点，争论的焦点在于土地经营权的法律性质认定问题。关于土地经营权的法律性质，主要存在“债权说”“物权化债权说或特殊债权说”“物权说”“可物可债说”等。上述争论主要发生在《民法典》和 2018 年修正的《农村土地承包法》出台之前，上述两部法律出台之后，虽仍有学术争议，但是土地经营权的权能和行使在法律上已有明确规定，为学界认识其法律性质提供了基础。陈小君教授(2019)提出不能将经营权视为新型的用益物权，同一土地上设置过多的权利势必会产生权利内容的相互冲突。承包权与经营权二者分离，实质上可解释为承包地的租赁法律关系。[③] 许明月教授(2021)认为，“三权分置”使农村土地权益不再局限于农民集体成员的身份，承包人享有永久的地位维持权，分离后的经营权可以转让或设定抵押，若经营期限届满，则恢复土地承包经营权的圆满权利状态。[④] 张力教授(2020)指出经营权分离后应防止其异化独大，造成对承包权和所有权的威胁。[⑤] 也有学者认为可对经营权流转予以期限限制、赋予农民集体成员优先购买权和建立经营权流转的风险分担机制。

2. 宅基地“三权分置”

虽然学界对宅基地“三权分置”的改革方向已经形成相对一致的认识，但是对宅基地“三权”的法律构造、“三权分置”下宅基地使用权具体如何运行等问题仍存在认识上的较大分歧。

其一，“三权分置”政策中宅基地权利形成的主要观点。学界普遍认为

---

① 参见郭明瑞：《关于农村土地权利的几个问题》，载《法学论坛》2010 年第 1 期。

② 参见刘守英：《中共十八届三中全会后的土地制度改革及其实施》，载《法商研究》2014 年第 2 期。

③ 参见陈小君：《〈土地管理法〉修法与新一轮土地改革》，载《中国法律评论》2019 年第 5 期。

④ 参见许明月：《论农村土地经营权市场的法律规制》，载《法学评论》2021 年第 1 期。

⑤ 参见张力：《土地公有制对农村经营性建设用地入市改革的底线规制》，载《法律科学》2020 年第 6 期。

“两权分离”中的宅基地使用权具有身份性和财产性之双重属性，在流转中将宅基地使用权（双重属性）分解为“资格权”（纯身份性）和“使用权”（纯财产性）。但对于“使用权”的法律性质，却存在宅基地经营权、次生宅基地使用权、宅基地利用权、宅基地租赁权等不同主张。

其二，宅基地“所有权、资格权和使用权”的关系厘定。学界对于“三权”的权利内涵与权利边界认识并不一致。卢代富教授（2019）认为，所有权的发展过程是所有权的权能束不断分化和碎裂的过程，农民在权能的不断分化过程中实际获取土地的财产权益。① 孙宪忠教授（2018）认为，资格权主体仅为农民集体成员，不得转让；宅基地使用权可以在本农民集体范围外流转。② 温世扬教授（2018）提出划定农户资格权范围，实行合理范围外宅基地有偿使用，并鼓励农民自愿有偿退出。③ 蔡立东教授（2020）认为，次级使用权为一项新型财产权利，是由宅基地使用权人设定的，对宅基地占有、使用及收益的权利，本质上为权利人对宅基地的用益。④ 宋志红教授（2019）认为，在用益物权上可再行创设并让渡具有物权属性的次级子权利，该做法存在国际先例和法理支撑，如德国法上存在次级地上权制度。⑤ 丁关良教授（2020）等部分学者却认为，宅基地使用权本身乃只具有财产性的用益物权，宅基地使用权上设立另一用益物权其理论依据不足。综上所述，学界普遍认为资格权是次级使用权的“母权”，次级使用权具有可处分性和独立性，且不具有身份属性和封闭性。⑥

（二）集体建设用地流转的现状研究

大多数学者认为，现行法律对农村集体建设用地使用权的流转存在较多限制，而国有建设用地使用权的流转却相对自由，国家立法对二者采取区别对待，在法律调整方法上存在不平等。尽管立法上对于集体建设用地流转存在

① 参见卢代富：《农村土地“三权分置”法治保障研究》，法律出版社 2018 年版，第 45 页。

② 参见孙宪忠：《推进我国农村土地权利制度改革若干问题的思考》，载《比较法研究》2018 年第 1 期。

③ 参见温世扬、梅维佳：《宅基地“三权分置”的法律意蕴与制度实现》，载《法学》2018 年第 9 期。

④ 参见蔡立东：《农村宅基地权利制度的演进逻辑与未来走向》，载《南京农业大学学报（社会科学版）》2020 年第 6 期。

⑤ 宋志红：《宅基地“三权分置”：从产权配置目标到立法实现》，载《中国土地科学》2019 年第 6 期。

⑥ 丁关良：《三权分置政策下宅基地流转方式运行机理的剖析和思考》，载《农业经济与管理》2020 年第 4 期。

法律限制,但是社会实践中各种集体建设用地的流转形式层出不穷,乃至于已经客观形成一个复杂的“隐形市场”。

1. 流转主体

从流转主体分析,集体建设用地的流转体现为主体多元。流出方为乡(镇)、村和组三级农民集体土地所有人,村民委员会,乡镇企业和农民个体等土地使用权主体;流入方已经突破本农民集体或农民集体成员的樊篱,其他农民集体,以及法人、非法人组织和自然人等皆可成为受让的主体。

2. 流转形式

集体建设用地流转形式具有多样化特征,一般包括转让、出租、抵押、作价入股、置换、兼并等。具体流转形式可分为以下四种:(1)农村集体经济组织直接转让、出租土地使用权。(2)农民以转让、出租房产等形式,连带转让、出租土地使用权。(3)在乡镇企业合并、兼并及股份制改造组合中隐含的农村集体土地使用权转让、出租。(4)在乡(镇)、村以集体土地使用权作价入股、联营形式兴办各种企业,其中租赁是主要的形式。①

3. 流转特征

农村集体建设用地流转与经济发展和市场化水平呈正相关,并呈阶段性、空间分布及隐形流转与公开流转并存等特征。② 集体建设用地流转在城乡接合部流转比较活跃,其次是在城市郊区、县城和中心集镇,而在农村地区相对较少。集体建设用地流转的地区差异显著,土地流转收益流向也较为复杂。自发性的流转居多,流转交易秩序尚待规范。

(三)集体建设用地实现市场化流转的动因研究

在集体建设用地实现市场化流转的动因问题上,学者们持有不同的观点,若将其归纳总结,主要有以下三方面动因:一是城市化的迅速推进导致对土地需求的急剧增加,城市土地的稀缺性凸显;二是现有的城乡二元土地制度不合理,导致农民利益受损;三是内在性的动因在于充分激发农村土地的市场价值,实现土地资源的高效利用。③ 集体建设用地入市实现市场化流转,方能激发农村土地使用权的市场价值,维护农民和农民集体的土地财产权益。

---

① 参见饶永辉:《浙江典型地区农村集体建设用地流转研究》,中国社会科学出版社 2017 年版,第 28 页。

② 参见高富平:《建设用地使用权制度创新及其立法选择》,载《上海财经大学学报》2013 年第 2 期。

③ 参见王利明:《我国民法典物权编的修改与完善》,载《清华法学》2018 年第 2 期。

(四)集体建设用地流转过程中出现的问题

集体建设用地流转在法律依据、交易程序、流转价格、流转收益分配等方面仍存在不足。其一,规范农村集体建设用地流转的规范性法律文件缺失。规避法律现象严重,隐形交易大量存在;流转无法律依据,易产生纠纷,引发社会矛盾;土地产权关系不清晰,农民集体利益得不到有效保护。其二,交易程序不规范,流转秩序失范,流转价格偏低,流转收益分配比例不明确,集体土地财产权益难以体现。其三,土地规划不科学,土地价格被打压,违法用地屡禁不止。[①] 由于集体建设用地流转尚未进入政府有形的土地市场,政府宏观调控土地市场的能力被削弱,造成流转土地价格偏低。

(五)集体建设用地流转的对策研究

针对集体建设用地流转的对策,学术界存在不同的认识,主要包括下面几种观点:一是建立统一且协调的流转法律体系。该观点认为理应从《民法典》《土地管理法》《集体建设用地使用权流转管理办法》以及地方立法等诸多方面构建统一且协调的集体建设用地使用权流转法律体系,修改相关法律条文,实现农村集体土地与城市国有土地的"同地、同价和同权",方能保障土地权利人、国家和集体的合法土地权益。二是对集体建设用地实现市场化流转的条件、主体、客体、运行模式、流转程序和方式等予以规范和明确,以保障城乡统一建设用地市场的交易安全与交易效率。三是完善流转收益的分配,且科学确定土地流转价格。有学者提出实行最低限价制度,公示地价制度和地价申报制度,明确集体建设用地流转的价格不得低于最低限价,及时掌控集体建设用地交易价格变动情况,合理调控地价水平。[②] 也有学者认为合理确定土地收益的分配对象和分配比例是集体建设用地使用权制度改革的关键,既要显化集体土地的资产价值,更要使农民从中获得合理的土地收益。[③] 四是健全集体建设用地流转的相关配套措施,如建立公开和平等的市场交易平台、设立专业的评估机构和完善农村土地权利登记制度等。

(六)城乡统一建设用地市场的研究

旧有的城乡分割的二元土地制度的惯性和土地利益重新调整的复杂性决

---

① 参见吕军书:《中国农村宅基地退出立法问题研究》,中国政法大学出版社 2019 年版,第 112 页。

② 参见李凤章:《集体建设用地使用权出让法律制度研究》,上海三联书店 2018 年版,第 98 页。

③ 参见施建刚、蔡顺明等:《农村集体建设用地流转模式研究》,同济大学出版社 2014 年版,第 37 页。

定了构建城乡统一的建设用地市场,是一个漫长且艰辛的历程。当前我国已经构筑起以集体土地所有权为基石,以承包经营权为核心,以宅基地使用权和集体建设用地使用权等为基本形态的农村土地财产权体系。[①] 在市场经济条件下,土地是农民最大的财产,拥有相关的土地权利对农民保护其财产十分重要,而现行的制度安排却不能保障农民的土地财产权。主体、客体,以及主体对客体评价的价值是财产权的内在结构理应包含的三个要素。[②] 与一般的财产权相比较,农村土地财产权在以上三个层面皆存在其特殊性。其一,作为客体的农村土地实乃一种具有稀缺性和极大价值的特殊财产,在占有、使用、收益或处分方面皆不同于一般财产。其二,农村土地的权利主体具有身份性。农村土地财产权的权利主体主要是农民,一般须具备农民身份或本农村集体经济组织成员方可获取,其目的在于缓解我国农村人多地少的矛盾,保障农民的基本生存利益。其三,主体对客体评价的价值因素亦与一般财产权不同。农村土地财产权是农民最为重要的财产利益,对于维系其主体人格地位具有深远的影响。传统乡村社会秩序中农民对土地视为"命根子",惜地心理较为普遍,权利主体往往强调其生存保障能力,而忽视其资本功能。我国农村土地的核心功能已经逐渐由社会保障性功能向体现财产属性或资本属性的经济功能过渡。土地的资本化是农村土地产权改革的最终导向,也是农村土地产权动态优化配置的关键。土地资本化实际上是土地权利的资本化,借助土地权利市场化流转达成农村土地的资本化,激发农村土地的财产功能。

建立城乡统一建设用地市场的过程应该是一个以提高社会福利和土地利用效率为目标的在政府总体规划下进行市场化的土地开发与利用的过程。农村集体经营性建设用地入市流转实现了我国《民法典》对于所有权平等的保护,实现"同地同价"是农民自决权的体现,打破国家或集体对农村土地垄断的局面。[③]

综上,目前学者们所作的学术研究,在一定程度上反映了城乡一体化背景下农村集体建设用地市场化流转的现状、尚存在的问题、相应的对策,以及制度改革的方向等,但是大多数研究都是一种分散的研究与论述,并未对于城乡

① 参见宋才发:《民族地区城市化过程中农民土地权益保障问题再探讨》,载《西南民族大学学报(人文社科版)》2009 年第 1 期。

② 参见梅夏英:《财产权构造的基础分析》,人民法院出版社 2002 年版,第 37 页。

③ 参见陈小君、韩松、房绍坤:《深化农村土地制度改革的法律解读》,载《法学家》2014 年第 2 期。

统一建设用地市场的理论基础、交易主体与客体、交易平台与交易价格、土地增值收益分配、配套法律制度及其衔接等问题进行系统而全面的深入研究，因此，迄今尚未对上述问题形成科学系统的认识，更未提出具有可操作性的办法。

第二节 “城乡统一建设用地市场”的法律内涵

一、“集体建设用地”的法律界定

1. 土地的界定

人类对土地存在不同的认知，不同的地域或学科可以得出迥异的结论。对土地作出界定必须结合特定场景，现实生活中存在经济学意义上的土地概念、地理学意义上的土地概念，也存在法学意义上的土地概念等多种不同场景。我们分析土地权利抵押问题，首先要明确研究对象——“土地”的法律内涵与外延。《牛津法律大辞典》中对“土地”如此界定：土地是地球表面坚硬而干燥的部分，但也包括穿越土地的小溪和封闭或半封闭的水域。土地是经济生产的重要因素，是一种作为财富源泉或财富蕴藏的经济资产。法律上的土地通常包括土地上的森林和农作物，也包括建造于土地之上，并永久附着于土地的建筑物。[①] 英国学者在《土地法精义》一书中认为：土地包括以任何形式保有的土地、矿藏和矿物（无论是否与地面分离）、建筑物和建筑物的任何部分（无论是以水平、垂直或其他方式划分），以及其他有形的可继承财产；还包括地租、不分割份数的地役权、特别权益以及其他无形的可继承财产，或者来自土地或土地之上的其他利益。[②] 对土地的界定基本涵括了空间、地理和权益等关键因素，将空间结构引入土地的范畴之中，是当代土地法的一个显著特点。农耕社会，对土地的理解多是平面的物理形态；工业时代，人地矛盾突出，为充分利用土地，必须将土地延伸到地上和地下，延伸到空间。其次，从法理上分析，依附在土地上的各种物质都应属于土地。因为历史传统、法律制度差异，对土地的范围的认定并不相同，我国台湾地区的“土地法”第 1 条规定：

---

① 《牛津法律大辞典》，光明日报出版社 1988 年版，第 512 页。

② Kevin Gray & Susan Francis Gray, Elements of Land Law, Oxford: Oxford University Press, 2005, p. 5.

“本法所称土地,谓水陆及天然富源。”我国台湾地区学者在阐述“天然富源”时作出如下解释:“立法上所规定之矿及经济上可供公众利用之天然力,即是天然富源。如水与陆除外,凡是地球上一切资源,均属天然富源。诸如日光空气等,为广义之天然富源。”[①]然而,综观世界上大多数国家或地区的立法例,皆将矿藏等天然资源,以及文物从土地中移除。因此,除法律另有规定外(如排除矿藏等天然资源和文物),依附在土地上的物质应当属于土地。最后,法律形态上,土地是多种权利的组合。随着人类对土地利用的能力不断扩大,土地利用不仅从平面走向了立体,而且土地利用的方式也呈多样化。为促进土地的合理利用推动了法律的变革,地权的设置实现了从所有权为中心转向利用权为中心。同一宗地的空间也会呈现不同的地权状态,如所有权、地上权、地役权、租赁权和抵押权等。随着与利用权为中心的权利配置制度的形成与发展,土地权利就形成了“权利束”。在同一宗地上,在所有权的基础上,不仅形成了地上权、地役权、抵押权等传统物权的组合,并且形成了新的物权组合,如采光权、观光权、放牧权、狩猎权、垂钓权等这些依存在土地上的权利形态,也属于法律意义上的土地权益范畴。综上,土地是由地球表面陆地部分上下一定的空间以及空间内附着于土地上的一切物质和权益组成的综合体。[②]

土地的内在属性包括自然属性、经济属性和社会属性,自然资源体现其自然属性,土地的财产价值体现其经济属性,社会属性是以土地为基础来确保主体的生存需求,相比其他事物,土地所具有的社会属性不仅体现出国家政策的公共性,同时还体现出土地对于人类生存的重要作用。土地的经济属性体现效率的价值追求,公益性和私益性在土地上得以完美展现。[③] 反向观之,土地经济属性的充分激发乃弱化土地社会保障属性的重要途径,若土地效用得以高效利用和土地财产价值得以充分显现,则主体对土地的依赖将逐步弱化。[④]简言之,土地的社会属性与经济属性既相互对立,也相互统一。[⑤]

土地的本质属性在于土地的自然属性,它是土地本身所固有且人类难以改变的属性。(1)土地系自然形成,具有天然性。土地是自然的产物,不是人类劳动创造的,它先于人类而存在。土地是不依赖于人的意志而独立存在的

---

① 参见甘藏春:《土地正义——从传统土地法到现代土地法》,商务印书馆2021年版,第91页。

② 参见甘藏春:《土地正义——从传统土地法到现代土地法》,商务印书馆2021年版,第92页。

③ 参见郭洁:《土地资源保护与民事立法研究》,法律出版社2002年版,第1页。

④ 参见孟勤国:《中国农村土地流转问题研究》,法律出版社2009年版,第1~4页。

⑤ 参见胡建:《农村土地抵押法律问题研究》,西南政法大学2015年博士学位论文,第51页。

客观物质。人类可以利用和改造土地,但不能创造新的土地。(2)人类活动的必需性。土地可以独立于人类而存在,但人类的生存生活生产则须臾离不开土地。它是人类活动必需的物质条件,也是人类生存生活生产的必需品。(3)土地数量的有限性。土地是大自然的产物,相对于人类数量的不断增加而言,土地的数量是不会增加的,土地的总面积始终是恒定的,土地面积是土地最基本的和永恒的财富。(4)土地具有固定的空间位置,不可能发生空间位移。人类只能通过改善交通条件来缩短土地之间的距离,人类只能在其所处的位置利用土地。区域土地的自然地理位置不同,土地利用的效果不同。这就要求人们必须根据不同区域土地的自然地理位置的客观状况,制订合理的土地利用方案。(5)土地质量上的差异性。由于不同区域的土地的内部构成因素不同,因素之间的内部构成关系也不同,形成了土地质量的差异性。土地的自然差异性,就要求人们因地制宜地合理利用各类土地资源,确定土地利用的合理结构与方式,以取得土地利用最佳综合效益。(6)土地利用的可连续性。土地利用的可连续性,是指土地可以重复利用、连续利用和永久利用。一是土地可以反复地耕种,在同一块农田上,只要气候、土质、肥力允许,只要方法科学,可以永无止境地使用下去。二是对城市土地而言,土地可以永久性地支撑土地上的建筑物和构筑物。三是土地对人类生存生活生产活动提供的基础性保障作用在任何情况之下都不可能被改变。

土地的功能呈现多样化,具体包括经济功能、文化功能、社会功能、生态功能和法律功能等诸多方面。就法律功能而言,土地对法律的影响巨大。家庭、私有制和国家的产生,皆根源于人类的土地利用行为。首先,土地制度是法律制度中的重要内容。人类为解决土地利用问题的种种理想和方案,都转化为法律制度的创新。其次,土地的法律制度变革还带动了其他法律制度的变革。土地物权制度的产生和发展最初就是围绕土地的利用展开的。人类土地权利的形成过程就是人类土地利用的发展过程,土地利用的强度越大,土地产权体系就越细。最后,面对人类土地利用中所要解决的公共利益问题、生态环保问题和耕地保护问题,随着土地制度的社会化演进,土地法学作为一个专门的学科研究领域孕育而生。①

2. 集体建设用地的界定

集体建设用地,立法上理应限定为乡镇企业用地、农村公共设施和公益事

① 参见甘藏春:《土地正义——从传统土地法到现代土地法》,商务印书馆 2021 年版,第 100 页。

业建设用地、村民宅基地以及其他经依法批准用于非农业建设的集体所有土地。根据2019年修正的《土地管理法》第4条第2款的规定:国家编制土地利用总体规划,规定土地用途,将土地分为农用地、建设用地和未利用地。紧随其后的第3款对“建设用地”进一步解释:建设用地是指建造建筑物、构筑物的土地,包括城乡住宅和公共设施用地、工矿用地、交通水利设施用地、旅游用地、军事设施用地等。《民法典》设专章“第十二章建设用地使用权”,但是绝地大部分法律规则都是针对城市的国有建设用地,仅在第361条规定:集体所有的土地作为建设用地的,应当依照土地管理的法律规定办理。

城乡统一建设用地市场的核心在于城市国有建设用地与农村集体建设用地在法律上享有同等的待遇,即同等入市、同权同价,因此确定农村集体建设用地入市的范围极为重要。集体建设用地涵括乡镇企业用地、乡村镇公共设施建设用地、农民宅基地用地等。集体建设用地使用权的主体为农民与农民集体,其客体为乡村非农建设用地,其主要包括集体公益性建设用地和集体经营性建设用地。

3. 集体建设用地的法律特征

集体建设用地具有下列特征:(1)所有权主体为农民集体。集体建设用地的土地所有权主体为农民集体。集体建设用地使用权的物权属性和具体法律规则在现行法律中并未得到明确界定。2007年《物权法》(已废止)和2021年《民法典》都明确规定了城市国有建设用地的法律规则,但对于集体建设用地,仅从立法技术上引致性规定依照土地管理法等法律规定办理。(2)非农使用。集体建设用地具有非农性质,其不能作为农业生产资料和劳动对象参与农业生产。(3)自用原则。集体建设用地使用具有严格的限定性,仅限于在本农民集体内部和农民自己使用。禁止利用集体建设用地参与房地产开发、娱乐用地等高收益性开发利用。(4)遵循国家土地规划与用途管制。严格限制农用地转为建设用地,控制建设用地总量,由农用地转成建设用地,需要符合规划,并经过依法批准。①

4. 集体经营性建设用地与集体公益性建设用地

以土地用途为标准,可以将集体建设用地区分为经营性建设用地和公益性建设用地两类。农村集体经营性建设用地主要表现为营利性,其具体包括

① 参见王佑辉:《集体建设用地使用权流转制度体系研究》,华中师范大学出版社2015年版,第20页。

存量的兴办乡镇企业以及农副产品加工生产的商业用地，也包括未来增量的具有营利性用途的土地。[①] 与集体经营性建设用地相对应的概念，就是集体公益性建设用地。集体公益性建设用地是承载集体福利或者社会公共利益用途的农村集体用地，其以公益为目的，一般为无偿取得。集体公益性建设用地主要限于公共事业和公共设施，乃为实现国家行政、公共管理等职能，进行科学、教育、文化、卫生、体育、国防、基础建设等各类公共事业而设立的建设用地。[②] 宅基地附属于集体建设用地，宅基地使用权属于集体公益性建设用地使用权的下位权利类型。因为集体公益性建设用地的适用范围较小，可以采取排除法来界定集体经营性建设用地。换言之，公益性建设用地之外的集体建设用地，皆属于集体经营性建设用地的范畴。

二、宅基地使用权应否纳入集体建设用地流转范围

宅基地，乃农民集体成员被依法批准用以建造个人住宅的农民集体所有的土地，它不仅包括住房所立地基的土地，房屋的附属设施（如院落、厨房和厕所）所立地基的土地也在其涵摄范围内。宅基地被视为一种具有福利性和保障性的住房用地，且仅能“一户一宅”，不能“一户多宅”。[③] 宅基地制度在中华人民共和国成立后经历了复杂的立法演变：在农业合作社时期实行宅基地私有，农民可抵押、租赁和买卖宅基地及地上房屋；[④]人民公社化时期实行所有权与使用权分离，集体所有但归农民使用，并限制宅基地的流转；[⑤]改革开放后实行“一户一宅”，并具有主体的身份性、取得的无偿性和权利的限制性等法律特征。[⑥]

尽管立法政策上对宅基地使用权流转予以限制，但目前农村宅基地使用权流转现象，在实践中仍存在，主要流转方式包括以宅基地使用权入股、以建成后房屋分成的方式合建住房、以自有的宅基地使用权为基础进行改扩建并

---

① 参见郭洁：《集体建设用地使用权流转市场法律规制的实证研究》，法律出版社 2013 年版，第 216 页。

② 参见刘悦笛、周维：《农村集体公益性建设用地使用权探究》，载《文化学刊》2020 年第 1 期。

③ 参见胡建：《农村宅基地使用权有限抵押法律制度的构建与配套》，载《农业经济问题》2015 年第 4 期。

④ 参见胡建：《农村宅基地使用权抵押的立法嬗变与制度重构》，载《南京农业大学学报（社会科学版）》2015 年第 3 期。

⑤ 参见胡建：《农村宅基地有限抵押制度的证成与支撑》，载《中国软科学》2015 年第 7 期。

⑥ 参见胡建：《农村宅基地使用权抵押的立法嬗变与制度重构》，载《南京农业大学学报（社会科学版）》2015 年第 3 期。

引进资金、进行农家乐的合作经营或者旅游经营等。虽然学术界对于宅基地是否可纳入集体建设用地市场进行流转仍存有争议,但伴随各试点地区的制度性创新与发展,宅基地在实践中已经被逐渐纳入农村集体建设用地市场流转。自2015年以来,全国33个县(市、区)开展了宅基地制度改革试点,通过探索宅基地确权、流转、自愿有偿退出等形式增加农民的财产性收入,但深层次的矛盾和问题依然存在。宅基地制度改革逐渐步入深水区,改革的方向与焦点日趋明晰,即探索宅基地所有权、资格权、使用权分置实现形式。①

针对宅基地使用权市场化流转的具体问题。其一,对于宅基地使用权可否自由运行。大部分学者主张完善宅基地用益物权及其运行制度,赋予宅基地使用权以转让权能;少数学者坚持政府配置为主导,主张继续发挥宅基地的社会保障功能,法律对其运行予以限制。其二,宅基地使用权去身份化的问题。大部分学者主张破除其身份属性以此实现宅基地使用权的财产价值。其三,宅基地使用权的受让主体范围。部分学者认为,宅基地使用权的流动限于集体成员之间。部分学者认为应允许其与住房所有权一起在县域内集体成员之间转让。大部分学者主张将受让范围扩大至非集体成员。其四,宅基地使用权运行规则的研究。有学者认为应根据受让对象的不同实行有差别的交易规则。也有学者提出应采用"退出—出让"模式,即由宅基地使用权人将宅基地在一定期限内退回给集体,再由集体将建设用地使用权出让给受让人。还有部分学者指出应建立宅基地运行管理制度,构建兼顾各方利益主体的土地增值收益分配制度。其五,宅基地使用权运行风险的研究。大致可将风险划分为五类,即宅基地丧失风险、农民利益受损风险、耕地流失风险、乡村伦理破坏风险和社会稳定风险。

三、构建城乡统一建设用地市场的实质

构建城乡统一的建设用地市场,实质上是通过实行土地市场化流转,优化城乡土地资源配置,破除城乡二元制,缩小城乡贫富差距,释放土地改革的红利。土地是农村最重要的资源要素,同等入市和同权同价,可以帮助农民享受到更多的财产红利,实质上乃更加公平地实现城乡居民对土地的财产权。

1. 城乡二元结构

我国长期以来呈现城乡分割的二元社会结构。中华人民共和国成立之

---

① 参见姜大明:《建立城乡统一的建设用地市场》,载《人民日报》2013年12月19日,第5版。

初，结合当时的国情与社会实际，我国采取农业支持工业，通过农业为工业化提供资金积累的政策。为了维护城市的正常运行，国家通过城乡分割的户籍制度，限制了农村人口迁入城市，农民和市民在就业、教育和社会保障等诸方面存在较大差距。既有的城乡二元分割体制，阻碍了资本、人才、市场要素之间的自由流动，农民与土地的关系固化，人多地少，自给自足的小农经济导致了农业的低效益；城乡二元结构产生了社会不公平，国家把有限的资金主要投入城市建设，而农村投资很少，农民不能享受到社会经济发展和城市化带来的福利，造成了公民权利的不平等。目前，我国社会的发展已经迈进工业反哺农业、城市带动农村的时期，统筹城乡发展，实现城乡一体化是大势所趋。①

2. 城乡一体化

从城乡关系角度分析，农村发展的方向是二元经济社会结构的“一元”化，即城乡一体化。从我国实际情况出发，城乡一体化的本质是城乡统筹发展，是城市化发展的高级阶段。

首先，城乡一体化是城乡土地统筹利用，社会经济发展统一规划。推进城乡一体化，与过去城市化的不同点，就是要改变过去就城市抓城市或者就农村抓农村的做法。要打破城乡二元经济社会结构，建立城乡一体的规划，包括城镇体系建设规划、农村空间布局规划以及城乡产业发展、基础设施建设、社会事业发展、生态环境建设等规划，形成科学合理、相互衔接、全面覆盖的城乡规划体系。只有科学制定工业发展规划，形成有利于产业集聚的工业园区建设和产业布局，才能不断提高工业集聚度，实现集约集群发展；只有科学制定城镇发展规划，形成规模适度、功能配套的城镇体系，才能加快农民向城镇和二三产业转移；只有科学制定农业产业发展规划，才能推进农业产业结构调整，促进土地流转和规模经营。其次，城乡一体化是要通过建立城乡统一市场，促进生产要素合理流动和优化配置。尤其是要打破传统的户籍制度的限制和影响，促使农业剩余劳动力向工业和服务业转移，向城镇转移。建立城乡统一的土地市场，在保证土地公有制的前提下，发挥市场机制的配置作用，促进农村集体建设用地的合理流转。与此同时，消除城乡之间市场流通的障碍，减少城乡之间的交易成本。再次，实现城乡的合理分工。在城乡一体化过程中，要突出城乡的不同发展需求和各自优势，把农业生产布局到自然生产力最高和生

① 参见饶永辉：《浙江典型地区农村集体建设用地流转研究》，中国社会科学出版社 2017 年版，第 119 页。

态环境最适宜的地段；工业逐步实现从中心城市到小城（镇）的转移，同时使分散的农村工业向小城（镇）集聚，中心城市重点发展金融、信息、贸易、文化、教育等第三产业。中心城市不再以追求生产性功能为目标，而是发挥贸易中心、金融中心、信息中心的功能，成为周边区域的发展极；中小城（镇）则以生产性功能为主，作为中心城市向农村扩散经济技术能量的中介和农村向城市集聚各种要素的节点。城乡产业发展不再是一种相互剥夺资源的竞争关系，而是一种相互合作关系，能够共生共赢。此外，没有城市化，就没有城乡一体化。城乡一体化很大程度上就是要努力加快城市化进程。就其本质来说，城市化是农村人口不断地向城镇集聚的过程，同时也是各种生产要素在空间上得到优化配置的过程。这是消除城乡二元结构的前提，因为没有农业劳动力的减少，就不可能有现代农业的发展。同时，城乡生态环境的互补是城乡一体化发展最重要的价值趋向和理念。城市建设，要综合考虑生态绿地布局和农村生产布局，通过山、水、田、林、路综合治理，建立协调的城市、乡镇与农田的生态环境体系。要通过都市农业，更新城市食品工业，拉动农业现代化水平提升。通过发展生态农业和观光农业，共同优化城乡生态环境，为城市教育、娱乐和休闲提供场所。最后，城乡一体化的最根本目的是促使城乡居民在经济、社会地位等方面的平等，促使城乡生活水平趋近一致。城乡一体化不仅要促使人口和生产要素由农村向城市集聚，也应促使先进生产要素和先进文化由城镇向农村辐射。城乡一体化既要求农村与城市经济的协调发展，也要求实现文化与社会的协同进步。在我国，城乡一体化的本质目标应实现农民工进城后的市民化，加快基础设施和公共服务向农村延伸，提高农村生活质量；健全农村社会保障制度，促进农村和城市社会保障制度的一体化，也是衡量城乡一体化的重要标志。①

3. 土地市场的特点

土地市场的特点源自土地市场交易物——土地的特殊性。土地是可以供市场交易的商品，但土地作为商品又有自身的特殊性。土地市场不同于一般的市场，其具有以下的特点：（1）土地的总量有限，不能增加。土地是大自然的创造，而非人类劳动的创造。因此，土地的总量是有限的，不能增加。这就决定了土地是稀缺性资源，它不是取之不尽，用之不竭的。土地作为稀缺性资

---

① 参见饶永辉：《浙江典型地区农村集体建设用地流转研究》，中国社会科学出版社 2017 年版，第 121 页。

源这一特殊性,要求在调控土地市场的过程中要充分考虑这一特殊性。一般的商品生产,由价格信号引导。当供求关系趋紧时,价格必然上涨,为追求利润,就会刺激吸引更多的资本投入,增加商品的供应;反之,当供求关系趋向宽松时,价格必然下降,受价格信号的引导,生产者就会减少投入,降低商品的供应,以求供求关系平衡。土地市场的供求关系大体也是如此,但受土地稀缺性的制约,供求关系的调控是有限的。因为,土地的供应不是无限的。土地作为稀缺性资源的特点,使得土地具有自然垄断性。土地这种稀缺性资源的特性还要求政府的监管有别于一般的商品市场,严格防止土地垄断,禁止土地的囤积,注重用市场手段和行政手段限制土地投机,保证土地市场中土地价格的基本稳定。(2)土地的位置固定,不可移动。这就决定了土地不具有流动性。生产要素的可自由流动是市场经济的前提,和其他商品相比较,土地作为生产要素可流动的是产权。但物理形态的土地是不可移动的,土地总是固定在一定区域内,因而对于土地市场的宏观分析和决策必须充分考虑这一特殊性。这一特性就决定了土地市场只能是区域性的,要求在调控土地市场时,应当区分不同区域的土地供求关系,分区决策。(3)土地的替代率低。一般商品在用途上具有互相替代的功能,如金属材料供应紧缺时,可使用塑料材料替代。土地对于人类生存生活和生产活动具有唯一性,离开了土地,人类的这些活动就无法进行。人类的生存生活和生产活动对于土地依存的唯一性,就要求在土地供应上严把土地供应的总量,合理地分配各类用地。(4)土地可重复使用和永续利用。一般商品都是耗竭性资源,投入利用后,最终都会消耗殆尽,不能重复使用。土地则不同,土地利用具有可重复性,可以永续利用。这就要求土地按照市场配置时,必须高度重视土地此特点,充分考虑土地用途的多次变更带来的土地价值的差异性,还应该充分运用土地利用的可重复使用的特点,通过变更土地的用途,缓解某类用地的紧缺,达到平抑市场的目标。①

4. 我国土地市场的特殊性

土地市场作为一种市场形式,必须符合市场的一般规则和特征,即土地理应由市场配置,并且市场配置应起到决定性作用。但是,我国的土地市场具有自身的特殊性,如果不能认识到该种特殊性,城乡统一建设用地市场的制度设计难以符合我国的国情与实际。(1)交易的客体特殊。一方面,土地市场中交易的客体限于用益物权。因为我国实行土地公有制,欲对土地要素进行市

① 参见甘藏春:《土地正义——从传统土地法到现代土地法》,商务印书馆 2021 年版,第 422 页。

场配置，唯有将土地所有权与使用权相分离，市场中可以交易的仅有土地使用权。此种土地使用权的交易不能称为买卖，而被界定为“出让”或“转让”。另一方面，土地使用权市场相较于所有权市场，其根据不同用途设置了不同的使用权期限。(2)流转交易的形式分为出让、租赁、抵押或土地使用权出资入股等。(3)农民集体所有的土地市场以内部范围流转为主，宅基地使用权、集体建设用地使用权和承包土地经营权等用益物权主要在本农民集体或农民集体内部成员之间流转。(4)建设用地的供应具有双重垄断性。一方面，城市建设用地的供应为政府所垄断；另一方面，集体土地征收的渠道为政府所垄断。集体建设用地经过国家征收，变更为国有建设用地之后，进入一级土地市场流转。上述建设用地供应的双重垄断是我国土地市场的重要特点，随着国家政策的支持和法律限制上的解除，集体经营性建设用地使用权入市流转，虽然会部分解决政府垄断供应的问题，但在较长的时间内，政府垄断土地市场的格局不会发生根本性改变。

此外，与域外相关国家或地区的土地制度比较，我国的土地制度形成了鲜明的特色，主要包括以下方面：(1)土地公有制基础上，土地所有权与土地使用权、土地承包经营权和宅基地使用权“三权分置”的土地权利制度。(2)以耕地保护为核心的用途管制制度。(3)政府垄断与市场配置相结合的土地市场制度。(4)效率与公平相统一的土地征收和补偿安置制度。(5)以保证全体人民共享城市化成果为目标导向的土地收益分配制度。(6)以中央政府集中管理为主与充分发挥地方政府主动性积极性相统一的管理体制。我国土地制度的特色，是在实践中逐步形成的，并且在实践中不断完善。从改革开放40多年的实践观察，其是符合现阶段中国国情的，促进了我国工业化城镇化的快速推进。中国特色社会主义土地制度的制度框架已经形成，但它的完善还需要一个长期过程。随着全面依法治国的推进，土地制度还要接受新的挑战和实现新的变革。

5. 城乡统一建设用地市场

目前，我国建设用地市场主要由三部分组成，分别是集体建设用地市场、征地市场和国有建设用地市场。土地作为重要的生产要素，通过市场机制配置使其自由流动，是实现土地效率最大化的方式。我国法律为何在农民集体所有的土地对用益物权设置限制？集体建设用地能否与国有建设用地享有同等的土地产权与权能？集体建设用地能否在无须征收为国有土地的前提下直接进入土地市场流转？在此从我国所处的历史发展阶段和农村土地与农民之间的特殊关系予以分析。首先,在城乡一体的协调发展的新的历史阶段,与其相适应,应逐步对农民集体所有土地用益物权主体予以限制。其次,从农民与土地的关系看,土地对于农民有双重功能,既有生产资料的经济功能,又具有社会保障的社会功能。我国的城镇化道路有自己的特点,大量的农民工进城务工,为工业化提供了源源不断的劳动力支持。但是,我国采取的是农民“离土不离乡”的模式,农民虽然进城务工,但其农村的承包地仍然保留,当经济周期变化,因经济下行导致失业时,农民可以返乡务农,农村土地的社会保障功能就可发挥作用。如果将承包地流转到别人手里,农民就会成为无业无保障的“流民”,对社会稳定造成巨大的冲击。将农民集体所有土地的用益物权主体进行限制,是保护农民利益的重要措施。在农村农民集体所有土地的改革问题上,我们始终面临着抉择,是效率优先还是稳定优先?从大局观之,我们只能以保证农村稳定为优先目标,在稳定优先兼顾效率的原则下推进农民集体所有土地的制度变革。从长远的目标看,从逐步放松到彻底放开对农民集体所有土地的用益物权的权利主体的限制,真正实现集体建设用地与国有建设用地的“同地同权同价”,是我国农村集体土地制度改革的方向。[①]

构建城乡统一的建设用地市场,对我国城乡土地物权制度的变更具有深远影响。其一,实现了民法对于国有财产、集体财产和私人财产平等保护的思想,且在土地市场化流转中承认了土地使用价值的客观性。假设不存在对集体建设用地流转的法律与政策限制,在土地进入市场之后,不论是国有土地,抑或集体土地,对于土地使用者不存在区别。土地使用者关注的是土地成本和土地利用收益,并不在乎将土地成本支付国家或集体。其二,集体建设用地进入市场,有利于城乡土地的统筹利用,缓解国有土地的供应不足。一方面,随着城市的扩容,城市建设面积增加较快,现有的国有建设用地已经不能满足其土地需求;另一方面,既往的农村集体建设用地具有社会保障性和不可交易性,农民或农民集体并不能从土地上获取任何价值回报,而大量的农民进入城市务工,造成宅基地和集体建设用地大量闲置。集体建设用地入市,既有利于缓解城市的建设用地紧张的局面,也有利于提高农民对土地的财产性收入和共享城乡土地改革的红利,更有利于降低土地交易费用,提高土地流转的效率与收益。其三,有利于遏制集体建设用地隐形交易,抑制集体土地资产收益分配不公,规范土地市场秩序和打击土地投机行为。因为集体建设用地流转存

① 参见甘藏春:《土地正义——从传统土地法到现代土地法》,商务印书馆 2021 年版,第 257 页。

在法律与政策风险，无法体现土地的市场价值，大量低价的集体土地隐形市场客观存在，也间接影响着国有土地价格公平和公正的市场交易价格的形成。

第三节　我国城乡统一建设用地市场的运行

一、城乡统一建设用地市场的现状

如何突破我国二元土地制度之“茧”化成城乡统一土地市场之“蝶”，首先要切实掌握农村集体建设用地流转的实然状况。通过对集体建设用地使用权流转的各试点地区进行梳理，尽管各试点地区的具体做法各异，但是基本上涵括集体建设用地流转的原则、主体、客体、用途、流转形式、流转期限、流转价格和收益分配等内容。

1. 集体建设用地的流转原则

集体建设用地使用权的流转在坚持民法所固有的平等原则、意思自治原则和公平原则外，各试点地区还明确提出，其流转理应符合当地的土地利用总体规划、遵循城乡规划（包括村庄、集镇和城市）和土地用途管制（符合集体建设用地的用途和实行严格的农用地转用政策）。① 绝大部分地区不仅将符合土地利用城乡规划和总体规划作为集体建设用地流转的原则予以规制，亦将之视为对流转客体的要求而作出限定，不符合土地利用城乡规划和总体规划的建设用地不得流转。

2. 集体建设用地流转的主体

流转主体包括流入方向的主体和流出方向的主体。流入主体层面，各试点地区大多未作出严格的限制，基本上自然人、法人和非法人组织皆能成为集体建设用地使用权的流入方；而宅基地使用权的流入主体与之不同，基本上尚未完全放开，或限于本农民集体组织内部的成员，或同属于本县域范围内的农民集体成员。流出主体层面，农民集体作为集体建设用地的所有权人是初始的流出主体，目前大部分试点地区，存在村农民集体、村民小组农民集体和乡镇农民集体三种形式，在无证据证明集体建设用地归属村民小组农民集体或乡镇农民集体时，采取推定为村农民集体的处理方式，以彰显村级所有的基础性地位。长远来看，待立法条件成熟时，应将三级农民集体改造为村农民集体

---

① 参见沈开举主编：《中国土地制度改革研究》，法律出版社2014年版，第84页。

为宜,即确立“村级农民集体”作为单一主体。

3. 集体建设用地流转的客体

各试点地区均规定了集体建设用地使用权具有以下情形的,不能流转:存在司法查封、土地权属存有争议、不符合土地规划和土地用途管制等。宅基地是集体建设用地之一种,至于集体建设用地流转是否涉及宅基地,各地所持立场则各不相同。对于宅基地使用权是否可以流转以及如何流转的问题,我国前后经历了复杂的立法演变。在中华人民共和国成立之初,宅基地归属于私人所有,可以自由流转;①人民公社化时期实行所有权与使用权分离,集体所有但归农民使用,并限制宅基地的流转;②改革开放之后实行“一户一宅”,宅基地的流转受到较为严格的法律限制。目前各试点地区对于宅基地流转的态度,处理方法各异,主要存在以下三种模式:其一,禁止宅基地流转。诸多试点地区明示集体建设用地流转的规则不适用于宅基地。其二,已经附着地上物的宅基地,可以依据“地随房走”的原则实现流转,但净地的宅基地使用权禁止流转。其三,允许宅基地使用权自由流转,如在上海、成都和重庆等试点地区,宅基地使用权可以通过转让、租赁、入股和抵押等多种形式流转,并建立宅基地整理制度、置换制度和复垦制度。

4. 集体建设用地流转的用途

集体建设用地在流转的用途上,各地的表现是普遍突破了《土地管理法》的规定,但基本上都禁止以集体建设用地从事商品房开发和建设,如成都市规定集体建设用地开发限于农民集体的租赁性经营用房或农民住房。③ 农村集体所有的土地按照用途的区分标准,可以分为农用地和非农用地。集体建设用地属于非农业用途建设的土地,但是并非能将其广泛用于商品房开发与建设。假设允许在集体建设用地上兴建商业性房地产,则建成的商品房必然可以在房地产市场中自由流通,我国法律上实行“房地一体主义”,地上商品房的出让会导致其占用范围内的集体建设用地随之转让,将在一定程度上威胁到农民集体对集体建设用地的所有权行使。

---

① 参见胡建:《农村宅基地使用权抵押的立法嬗变与制度重构》,载《南京农业大学学报(社会科学版)》2015 年第 3 期。

② 参见胡建:《农村宅基地有限抵押制度的证成与支撑》,载《中国软科学》2015 年第 7 期。

③ 参见张钧:《农村土地流转的法律问题研究》,法律出版社 2012 年版,第 19 页。

5. 集体建设用地流转的方式

集体建设用地的流转方式包括但不限于转让、租赁、入股和抵押等多种形式，各种流转形式在法律上的规则又各不相同。苏州、上海、烟台等地规定租赁（集体土地所有权人作为出租人）为初次流转，规定出租（集体土地使用权人作为出租人）为再次流转。全国绝大多数地区规定的转让和转租内涵基本一致。就抵押而言，一部分试点地区认为包括所有权人抵押和使用权人抵押，前者为初次流转，后者为再次流转。茂名、昆明和韶关对抵押主体并无明确规定，只强调了经土地所有权人同意，可以进行抵押；洛阳、长沙和株洲则仅规定了集体建设用地使用权人抵押。各试点地区大多认为集体建设用地初次流转须经过农民集体的民主程序表决同意，明确要求初次流转须经过农民集体的同意，也有少部分地区认为无须同意，向农民集体履行告知义务即可。

6. 集体建设用地流转的年限

集体建设用地的初次流转受期限限制。河北、昆明和吉林规定初次流转中出租集体建设用地，租期依据《民法典》不能超过 20 年。对于短期租赁，长沙、苏州、东莞、中山和株洲规定不能超过 5 年。个别地区认为集体建设用地流转只要跨越一个好的工业产品的生命周期（20 年）即可，故而集体建设用地出让的年限相比国有建设用地较低。例如，盐城规定集体建设用地使用权期限一般不超过 20 年，临沂则规定不超过 30 年。

7. 集体建设用地流转的价格

各地大多规定由政府制定基准地价或最低保护价。政府大多参照所在地同等用途与级别的国有建设用地使用权流转价格，公布集体建设用地使用权流转的价格基准，但在实际做法上各地又有所不同。一方面，各地区针对集体建设用地初次流转，建立起以基准地价为核心的流转价格监控机制。如苏州规定集体建设用地流转的价格不得低于农民集体土地征收与开发的成本和各类税费的总额，盐城规定集体建设用地流转的价格不得低于同等用途与级别的国有建设用地使用权流转价格的 60%。另一方面，集体建设用地实际流转价格低于基准地价，赋予农民集体和地方政府优先购买权。集体建设用地使用权交易价格明显偏低时，集体土地所有者享有优先回购权，若集体土地所有者放弃优先回购权，市、县（市）人民政府则有优先购买权。

8. 集体建设用地流转的收益分配

集体建设用地初次流转之收益如何予以分配的关键在于政府是否享受收益，以及政府参与享受收益的程度有多大。在初次流转之时，政府通过回收基础设施投入或是征收税款的方式分配收益，各试点地区大多数收取10%不等的流转收益金，也有的地区则通过税收参与相关利益分配；河北和盐城等极少数省市规定任何组织和个人都不得享受分配收益，初次流转收益全部归属作为所有权主体的农村集体组织。对于集体成员的社会保障问题，各地大都通过集体土地所有权的流转收益予以解决，而对于集体成员社会保障所用的集体收益比例，中山、东莞、茂名、广州和南京均确定为50%，个别地方如无锡和洛阳则高达60%，上述做法强调集体建设用地的流转收益应使农民直接受益。除此之外，集体收益的用途还包括但不限于发展集体经济、补助被安置人员生活、缴纳办理农用地转用和使用手续费、建设集体公益设施和基础设施、开发土地资源等。

政府以税收等形式分享初次流转收益，而集体建设用地使用权人是再次流转的主要受益人，主要由集体建设用地使用权人支配再次流转收益的分配，具体可以分为三种方式：其一，以政府返还税收的方式予以再次分配。属于这一方式的有安徽、湖北、广东和苏州、宿迁、洛阳等地。个别地方甚至规定了利益分配的具体比例，如按照土地增值部分的20%或10%缴纳。其二，土地所有权人参与再次分配的方式。实践中大部分试点地区皆以流转合同的约定确定再次流转的收益分配，但部分地区仍肯定了集体土地所有权人可以参与再次分配，如重庆规定大部分的流转收益归属集体建设用地使用权人或农民，但小部分收益仍归属农民集体，双方可以在合同中约定该具体比例额。其三，国家、土地所有权人与土地使用权人三方参与再次分配的方式。在宿迁，政府征收增值税的收益，所有人分享30%，使用权人分享70%；而在临沂，土地所有权人将分享80%的政府收取的增值利益。

二、各地城乡统一建设用地市场的实践探索

（一）集体建设用地流转的正当性

1. 法理基础：所有权平等原则

集体建设用地使用权流转的法理基础是所有权平等原则。在城乡二元体制之下，城市国有建设用地使用权的流转不存在任何障碍，但是农村集体建设用地使用权的流转权能并不完整，只有符合特定条件下的集体建设用地使用权可以流转。

集体建设用地与国有建设用地的法律地位相同，皆属于我国土地公有制的集中体现；在权利属性上，集体建设用地使用权与国有建设用地使用权也都

归属于用益物权的权利类型。故而,两种土地使用权的流转规则理应采取相同的法律设计。但目前立法上对集体建设用地使用权的流转管控较严格。农村居民在自身村集体范围内,对农村土地所享有的所有权权能,与国家对国有土地所拥有的所有权权能在原则上是相同的,理应受到相同的法律保护。

2. 政策基础:赋予集体建设用地使用权完整的流转权能

用地企业或其他民事主体对集体建设用地长期不够关注的关键因素,乃集体建设用地流转受限,附着其上的土地财产效益不能得以彰显。如何让集体建设用地与国有建设用地"同权",成为推进城乡土地同地同权改革的重点。2014 年中共中央办公厅、国务院办公厅《关于农村土地征收、集体经营性建设用地入市、宅基地制度改革试点工作的意见》中,明确提出农村集体经济组织对于经营性集体建设用地,可以通过抵押、出让、出租等方式交由单位或者个人使用;其使用年限和登记等事项,可参照同类用途的国有建设用地;二级市场入市方式明确界定为转让、互换、出资、赠与或者抵押。

3. 实践基础:地区试点改革已见成效

1999 年至 2021 年,20 多年来国家土地管理部门选择了不同发展水平的地区进行试点,2015 年原国土资源部从全国筛选 33 个区县试点集体建设用地入市,以北京市为例,海淀区唐家岭新城利用集体建设用地建公租房;而大兴区将集体建设用地通过抵押、租赁和出让等方式流转。同时,通过不断摸索和不断总结,诸多区域性的地方性规范已经形成。若要赋予城乡建设用地使用权对等的流转权能,必须在国家立法层面进行制度变革,而各地区试点所积累的实践经验为国家立法层面的制度变革奠定了现实基础。

(二)宅基地的流转

1. 2015 年国务院试点之前的宅基地流转情况

农民最大的资产是其宅基地及附着的房产,既往的法律法规限制宅基地使用权的流转,使得农村房屋及其占用范围内的宅基地使用权的市场价值无从体现。鉴于法律限制、地域环境和市场调控机制欠缺等综合因素,宅基地使用权的流转呈现以下问题:

(1)宅基地使用权流转的具体规制不明确

我国目前对农村宅基地使用权流转的条件、范围、方式、期限和流转后房地关系的处理等诸方面,均缺乏明确的操作规范。例如,取得宅基地使用权的身份基础如何判定,无明确依据。宅基地可以在农民集体经济组织成员之间流转,但对集体经济组织的范围认识不同,在村、村民小组,还是扩大到乡镇,甚至扩大到县域范围？再如，宅基地使用权流转中的权利和义务、受让人的主体资格、限制流转的情形、流转的条件等皆无明确规范。此外，合同签订形式不规范、合同的内容过于简单、缺乏违约责任及主要权利义务的内容、缺乏对农民法律风险告知的内容等，宅基地及地上房屋的流转，大多陷于无序运行的状态。

(2)“房地一体”的现实困境阻碍宅基地使用权的流转

我国农村住房与宅基地采取“一宅两制、两权分离”的制度，即宅基地所有权和使用权相分离、宅基地制度与地上房屋财产权相分离。分离并不限制宅基地使用权流转，但是必须与房屋一起转让，现实问题是法律禁止城镇居民购买宅基地上的房屋。

(3)宅基地使用权流转的合法渠道单一

无论是法律层面还是政策层面，宅基地使用权合法流转的条件均较为苛刻。例如，宅基地使用权转让须经本农民集体同意；城镇居民不能购买宅基地上建的房屋；国家土地资源管理部门不能为城镇居民在农村购买的房屋颁发产权证等。农民缺乏对宅基地使用权独立的处分权能，不能随意买卖、设定抵押，甚至赠与或继承也无法可依。

(4)农村宅基地存在一定程度的闲置与浪费

因宅基地“一户一宅”的使用制度，以及流动受限所造成的产权功能弱化，加之很多农民举家外出打工，农村宅基地的低效闲置问题较为突出。通过调研发现，首先，人均宅基地面积不平衡，农村宅基地中出现一户多宅或超标占地的情况。其次，空心村现象在某些地区严重。如安徽宣城，当地购买市区房屋的主体近80%为非城镇户口，而乡村宅基地闲置严重。而对于空置的宅基地，农民集体组织无权收回，宅基地资源被闲置和浪费。①

(5)农村宅基地与房屋隐形或变相流转比例较高

通过调研发现，56.3%的农民知道宅基地不得转让、入股、抵押等，10.6%的农民认为宅基地可以出售给本村村民，5.4%的农民认为宅基地可以在本集体经济组织成员之间相互出售或抵押，超过1/3的农民实际进行过宅基地的流转行为，隐形或变相流转的事实表明，农民对于宅基地使用权流转的意愿较为强烈。

① 参见方明：《农村宅基地使用权流转机制研究》，载《现代经济探讨》2014年第8期。

2. 2015 年国务院试点后的基本情况

农民住房财产权包括宅基地使用权与住房所有权。农民住房财产权市场化流转，是指农民拥有合法取得的《宅基地使用权证》和《房屋所有权证》，证明房屋在依法流转后原权利主体有适当居住场所的条件下，经所在农民集体同意，可以宅基地使用权与住房所有权作为流转标的。①

以抵押为例，2015 年在全国 59 个试点县（市、区）展开农村住房财产权抵押试点，并在试点地区暂停执行《物权法》（已废止）和《担保法》（已废止）有关禁止抵押的相关法律条款。宅基地作为抵押财产，在试点地区已经不再禁止，因而从法律上突破了农民住房财产权抵押贷款的最大障碍。全部试点工作本应 2 年完成，后又延期至 3 年完成。国内各试点县（市、区）取得积极的成效，但是，国内各试点地区的流转模式并不一致，且相关政策落实仍存在不足，加之试点时间偏短，诸多问题尚未完全凸显出来。为通过试点发现问题，以便总结经验，经全国人大常委会批准，抵押贷款试点延期 1 年，至 2018 年 12 月 31 日。上述试点工作意在探索宅基地确权、流转、自愿有偿退出等形式增加农民的财产性收入，但深层次的矛盾和问题依然存在。

党的十九届五中全会通过的中共中央《关于制定国民经济和社会发展第十四个五年规划和二〇三五年远景目标的建议》，提出探索宅基地所有权、资格权、使用权分置实现形式。2020 年中央农办、农业农村部在全国 104 个县（市、区）和 3 个地级市启动了新一轮宅基地制度改革试点。

3. 试点地区宅基地使用权及地上房屋流转的法律条件

农村房屋财产权流转的客体为集体土地上的私有房屋所有权及房屋所占用范围内的宅基地使用权。农民住房所有权及其宅基地使用权作为一种物权，流出主体须具备完全民事行为能力，流转标的物权属无争议，流出宅基地的农民须具有其他长期稳定居所，农民集体书面同意宅基地随房屋一并流转处置。此外，从各试点地区的实际做法观之，还应符合以下法律条件：

其一，流出主体对农房享有所有权或处分权。农民持有房屋产权证书足以证明其对房屋享有所有权的，方有权对该房屋产权进行流转处置。非房屋所有权人在未得到房屋所有权人委托授权的情况下，提供他人的房屋进行流转是侵权行为。但是，在某些特殊情形下，非房屋所有权人对房屋拥有处分权的，也可以由非所有权人行使处分权。如《民法典》第 35 条规定，监护人可以

① 参见杜金向：《农村产权抵押融资创新研究》，经济科学出版社 2021 年版，第 143 页。

处分被监护人的财产。非所有权人的监护人处分被监护人所有的农房是合法行为,即属于上述所称的特殊情形。

其二,流转的标的物必须是合法取得的房产所有权和宅基地使用权。依法取得宅基地使用权证和房屋所有权证后,该"两证"便具有物权以及法定证据的效力。农民尚未取得"两证"或统一的"不动产权证",所建的房屋绝大多数是非法建筑,而非法建筑是不能用于流转的,即使已经订立流转合同,合同的法律效力也存在瑕疵。

其三,宅基地使用权与农房所有权"一并流转"。根据"地随房走"或者"房随地走"的原则,农民以农房流转的,该农房占用范围内的宅基地使用权应当一并流转。双方在流转合同中如果只约定流转房屋而未约定流转宅基地使用权的,法律应推定宅基地使用权已经同时流转,在对流转标的物处置时理应一并予以处置。①

4. 宅基地使用权流转模式分析

(1)重庆模式——地随房走

重庆模式中农村宅基地使用权不能单独流转,宅基地使用权因地上房屋的流转行为而随之流转,该模式中流出主体可以就自有的农村房屋和地下宅基地使用权进行市场化流转。流出主体应具备完全民事行为能力且该房屋未设定不能流转的限制条件。所流转的房屋必须是经过批准拨用的宅基地,依法办理了土地房屋权属登记,并取得《不动产权证》或《集体土地使用权证》与《房屋所有权证》。房屋与土地的价值评定,可以进行第三方价值评估,也可以协商同意后由双方出具对房地价值认定的证明。对流转后的房地进行处置时,未经法定程序不得改变房屋占用的土地性质和土地用途,该房屋占地仍为集体所有,其土地用途仍为批准的宅基地。农民经过市场化流转的房屋被处置后,不得再次申请宅基地使用权。

(2)成都模式——房随地走

成都在汶川大地震的灾后重建实践中,首创宅基地使用权与拟建的地上房屋一体流转融资制度,该模式的显著特点在于因地震而住房毁损的农民,可以宅基地使用权和拟建的房屋产权向农村商业银行行抵押贷款,以获取建房资金。在农民与银行签订抵押借款合同之时,仅有宅基地使用权存在,地上房屋并不存在,但根据"房随地走"的原则,将来拟建好的房屋一并随"宅基地"

---

① 参见毛毅坚:《农村宅基地法律实务与裁判规则》,人民法院出版社 2019 年版,第 129 页。

设定抵押。若最终无法清偿银行借款,则按照“房随地走”原则,农民房屋和宅基地使用权一并交付抵押权人处置。在上述模式中,地方政府成立抵押公司为农民的建房资金融资提供抵押,以降低银行的放贷风险。

成都模式的适用范围仅限于受灾农民与社会资金联合重建住房的情形,主要须满足以下条件:其一,原址重建和集中自建的农民可以作为流出主体;其二,该宅基地重建必须符合规划;其三,宅基地使用权系合法批准取得;其四,受灾农民需存在社会资本融资的意愿;其五,需在宅基地所有权人——农民集体处备案,并进行公证和公示。

(3)广东梅州模式——直接流转

该模式采用直接流转宅基地使用权的方式,流出主体须持有经过合法批准的宅基地使用权,其在流转之前必须经过所有权人——农民集体同意,需要一定的民主议定程序表决通过;为确保真正实现市场化流转,设立市、县和乡镇三级农村土地交易中心,以便于宅基地使用权的变现,受让人必须为农民集体成员。

(4)安徽宣城模式——房地分离流转

宅基地使用权和地上房屋可以相互分离流转。农民房屋流转给非农民集体成员,而宅基地未同时流出,在房屋所有权与宅基地使用权两个权利主体之间,可以推定为形成法定租赁关系。换言之,房屋买受人可以是非农民集体成员。针对非农民集体成员,以设定法定租赁权的方式,协调房地权利主体的冲突问题。若买受人是农民集体成员,宅基地使用权可以同房屋一并转让,买受人成为新的宅基地使用权人。

此种模式下,随着宅基地制度改革的深入推进,除了法律推定形成租赁关系的方法外,在城乡一体化建设用地制度改革背景下,极可能突破土地性质的局限,即若对外实现流转,土地性质可由宅基地使用权转变为国有出让土地使用权,以解决房地权利主体相互冲突的问题。

(5)福建沙县模式——房地一体流转

福建沙县采用房地一体流转的方式,且设置了前置条件和后置保障措施。流出的主体应提供富余房屋或其房地处置后仍有安居之地的书面证明。对于市场化流转的宅基地及其地上房屋,要求其位置处于城关附近或乡镇所在地。①

① 参见周逢民、张会元:《福建省宅基地抵押贷款经验借鉴及我省开展宅基地抵押贷款业务的思路设计》,载《黑龙江金融》2011 年第 7 期。

此外,受让主体可以委托“村委会”等农民集体经济组织收回或转让予其他农民集体成员。

5. 2015 年国务院试点后所反映出的问题

其一,农民不动产权证的确权登记颁证工作缓慢影响流转效率。流转的前提是农民拥有合法取得的《宅基地使用权证》和《房屋所有权证》(目前国内各地区已经陆续统一颁发“不动产权证”,不再对两证作区分)。试点前大多数农民的住房没有两证,而今大部分地区已经将两证统一为“不动产权证”。宅基地使用权的确权登记颁证需要地籍调查、土地确权、争议调处、登记发证等流程;农民住房所有权的确权登记颁证也需要调查房屋产权状况、测量房屋的房角点和房屋边长、量算房屋面积、编制房屋测绘报告、制作住房平面图等,然后携带宅基地使用权证等必要的证明材料申请登记,材料合格的予以发证。不动产权证的调查、测量和审批工作较为烦琐,加之有的农民法律意识淡薄、个别农村违章建筑情况严重,使农民不动产权证的登记颁证工作较为缓慢。

其二,宅基地和农民住房价值低且评估难影响流转实效。农民宅基地和地上住房,与城市国有建设用地和商品房相比较,一般价值偏低;加之农民宅基地和地上住房流通性较差,交易主体一般限于本村村民或农民集体成员,升值空间较小,市场价格普遍不高。由于农民住房地理位置、交通条件各不相同,且建造风格、材料使用也千差万别,其价值是存在较大差异的。农民住房和宅基地的价值偏低,直接影响流转的市场价格,加之缺乏一套客观、科学和准确的评估体系,评估与认定农民住房与宅基地价值的工作较为困难。

其三,宅基地及房屋处置不畅,影响集体建设用地市场的运行。为保障宅基地及房屋流转得以实现,处置流转物时,必须克服两方面障碍。一方面是必须保证农户的基本住房权利。作为流出主体,除了用于流转的住房外,还必须另有备用的至少一套住房,以备将来流转实现时农户有房可住,否则会引起社会稳定问题。但事实上,对大部分农户而言,只有一套住房,“一户一宅”是法律法规明文规定。因此,只有少量农户,因为继承了父母的住房等多种原因,会有两套住房。可见,这一规定会造成大部分农户不能成为流出主体。另一方面是受让人的限制使其难以处置。法律法规对受让人有严格的限制,只能是本村取得宅基地资格且还没有取得宅基地的村民,本村村民有钱但已经有宅基地的不能购买,外村的村民和城镇居民就更没有资格了。有资格购买的少量村民中,有的没钱购买,有的会等待村里下一批无偿发放的宅基地,还有一些碍于情面不好意思购买。至于私下交易行为,无论是卖给城市居民还是无资格的农村村民,对于买方来讲都存在着买卖合同无效的风险。

其四,房屋与宅基地的"房地关系"处理限制了实现市场化流转。宅基地使用权的身份性、福利性、保障性以及目前房地一体原则的规定使得宅基地与农民住房难以实现真正的市场化流转。农民对房屋拥有所有权可以自由处分,而对宅基地使用权只有占有使用权,使得宅基地无法与房屋一起流转。是否允许农房转让时采取"房地分离"的模式?若以"法定租赁权"方式采取"房地分离"进行处理,房屋买受人的权利如何保障?上述问题的处理和解决,将在很大程度上影响宅基地流转业务的开展与运行。

其五,宅基地流转的风险释缓机制亟待完善。在国内各试点地区,大多设立了风险补偿基金,以解决失去宅基地农民的生存保障问题,但由于金额有限亦难以发挥大的作用;一些地区探索引入农业保险和保证保险等方式分散风险,但还需要扩大承保面。风险释缓机制的不完善,不利于农民宅基地使用权市场化流转的推行。①

(三)集体经营性建设用地的流转

1. 2015 年国务院试点前的各地区流转实践

在 2015 年国务院试点之前,国内各地区的集体经营性建设用地流转呈现自发、无序和无法可依的状态。目前可以追溯的最早基层流转试点是 1995 年的江苏苏州市试点,而后是 1997 年的浙江湖州市试点、福建古田县试点和河南安阳市试点,以及 2000 年的安徽芜湖市试点等。② 上述各试点地区的共性在于皆认可集体经营性建设用地使用权流转的合法性,并对其流转的程序、收益分配等事项进行有益的探索。

(1)乡镇企业改制驱动型流转模式

该模式以江苏省苏州市为典型代表,其以规范乡镇企业改制后的土地处置为契机,使得乡镇企业所占有的建设用地进入市场流转,所采取的流转形式以"出租为主,转让为辅",流转期限主要参照国有建设用地,如转让最高期限不得超过 50 年;土地流转收益的分配主要归属农民集体,其占到土地收益的 70%,主要用于发展集体经济、乡村基础设施建设和对农民予以补偿。市、县和乡镇三级政府参与分配其中的 30%,主要用于农村土地资源的开发与保护。

---

① 参见杜金向:《农村产权抵押融资创新研究》,经济科学出版社 2021 年版,第 144~145 页。

② 参见王佑辉:《集体建设用地流转制度体系研究》,华中师范大学出版社 2015 年版,第 54 页。

(2)政府推动型流转模式

该模式以安徽省芜湖市为典型代表,其以“开发复垦耕地和盘活存量建设用地”为特征,并在乡镇设立土地发展中心,集中负责集体建设用地的合同签订、前期土地开发和具体的土地流转。土地收益分配由县(区)、乡镇和农民集体按照 1:4:5 的比例进行分配,农民集体可得土地流转收益的一半,另一半的土地流转收益主要被政府部门用于乡村的基础设施建设。

(3)经济驱动型流转模式

该模式以广东省佛山市顺德区为典型代表,集体建设用地的流转被视为对农村集体土地征收制度的矫正与补充。为满足地方经济发展的需求,在国有建设用地市场之外,通过集体土地征收和集体建设用地流转两种方式向城市提供土地。在具体做法上,程序上必须经过农民集体成员 2/3 以上同意方能进行流转,土地增值收益分配上向农民倾斜,即留够土地收益的一半用于农民此后的社会保障等费用,另外一半的土地收益按照 2:8 的比例进行分配,农民享有其中 80% 的份额,剩余的 20% 留给农民集体作为集体收益。

(4)准国有化流转模式

该模式以浙江省湖州市为典型代表,其特点为允许用地主体与农民进行市场化磋商谈判,并且对所流转的集体建设用地先行进行市场化评估,在流转形式上包括让与(一次性将土地使用权期限转让流入方和一次性支付流转收益)、出租(一般租赁期限为 3~10 年,租金每 3 年调整一次,调整幅度不超过原租金 30%)和出资入股等。土地收益分配实行“谁所有、谁收益”,即除去缴纳国家税收外,剩余的土地收益金全部归属农民集体,打入集体土地收益资金专户,该账户资金主要用于农民的补偿(货币补偿或购买养老保险等)和社会保障。

2. 2015 年国务院试点后的各地区基本情况

国家的政策文件提出构建城乡统一建设用地市场,并明确经营性集体建设用地可以抵押、转让、出租等形式与国有土地一同进入市场,这对于推进城乡土地同等入市、同权同价和利用市场化机制合理配置城乡土地资源意义重大。

国内各试点地区的集体建设用地流转皆以使用权、用益物权作为交易基础。我国土地交易的客体不是土地所有权,而是以土地利用为内容的土地使用权和用益物权,即集体建设用地流转的权利客体为集体建设用地使用权。

根据 2016 年原银监会、原国土资源部发布的《农村集体经营性建设用地使用权抵押贷款管理暂行办法》（已废止），全国共有 22 个县承担探索农村集体经营性建设用地流转路径的任务，2015 年全国 33 个拟允许农村集体经营性建设用地入市的试点出炉后，原自然资源部批准了 15 个县（市）试点改革方案。集体经营性建设用地按照同权同价、流转顺畅、收益共享原则，符合规定的存量土地以出让、租赁、入股等方式入市交易。对于农村集体经营性资产，推行股份合作制改革，折股量化到成员，赋予农民对集体资产股份占有、收益、有偿退出和抵押、质押的权利。

通过调研发现，有近七成的农民同意集体建设用地市场化，部分农民不认同。关于在实现集体建设用地市场化后是否会影响到农民土地权益的维护，一半以上的农民不是很确定（57.84%），22.16% 的人表示不会有积极作用，仅有 20% 的人认为会起到积极作用。农村集体建设用地利用率较低，闲置浪费严重。此外，集体建设用地违法行为屡见不鲜。

3. 2015 年国务院试点后集体建设用地使用权的流转模式

（1）地票流转模式

此种模式为重庆市首创，所谓地票就是建设用地的指标凭证，它将农村闲置的集体建设用地进行复垦，变成符合栽种要求的耕地，经过土地管理部门严格验收后腾出的建设用地指标，由国土资源部门发给等量面积的建设用地指标。[①] 地票的流通一般需经过复垦、交易、落地和分配等环节。地票交易不仅包括买卖，也包括对其设定地票质押。随着二级土地市场的成熟，可在土地二级市场建立地票质押制度。一般的地票交易仅是在农村土地交易所进行的一级市场地票拍卖。以质押为例，地票作为一种预期权益，可以作为质押抵押的标的。地票质押，乃地票持有人以地票作担保物，向金融机构贷款的一种质押方式。如重庆市土地交易所分别与中信银行重庆分行、招商银行重庆分行开展地票质押贷款的试点。该项业务的启动，增加了地票的融资功能，对推动集体建设用地流转市场的发展意义重大。

（2）直接流转模式

广东省的集体建设用地使用权流转试点较早，广东省的地方性法规就规定集体建设用地使用权可以采取转让、出租和抵押等多种形式流转，其与国有建设用地使用权地位相同，但不得改变农民集体所有土地的性质，不能进行房地产开发。此种模式设置了诸多程序性条件，例如，须经农村集体经济组织书

① 参见杜茂华：《农村集体土地市场化实现路径研究》，经济科学出版社 2017 年版，第 72 页。

面同意，若所有权人不明，应由县级自然资源管理部门、乡镇和村委会共同审议确定；集体建设用地使用权的价值应参考政府定期公布的基准地价。

(3)土地股份化流转模式

成都作为统筹城乡综合配套改革试点地区，允许“两权一房”(集体建设用地使用权、土地经营权和农村房屋)进行市场化流转。同时，成都市实施“两股一改”，即集体土地股份化和集体资产股份化改革。“两股一改”将集体所有的土地和集体经营性资产予以股份股权量化，让农民由生产经营者转变为股东。农民变为股东后，按照股权及相应比例享有平等的收益分配权。原积极经济组织改造成股份经济合作社，合作社成员持有集体资产股和土地受益股，并对集体土地按照“按份共有”的产权分配相应权益。[①] 在此种模式下，农民对于所持有的集体建设用地相应股份权益，可将其市场化流转以达到融资之目的。

(4)政府主导型的流转模式

政府主导型的流转模式以上海为典型，集体建设用地使用权可以抵押、入股、出租等方式进行有偿、有期限地流转，并逐步向工业园区或城镇集中。宅基地复垦后有偿置换、自然村归并、集体股份制改革、集体转制等政府主导下的流转方式实现农村土地资源的集中合理利用。

以自然村归并为例，采取农民新村的居民点建设模式(变分散建房为集中建房)，并依托现有的大村，逐渐搬迁合并分散的自然村，从而盘活闲置的集体公共建设用地。同时，实行“集体转制”，即将原有的集体经济组织改制为股份合作形式的“实业公司”，原集体资产以股权方式量化给村民，村民变股东；原集体土地未办理征地手续的，使用权仍归转制后的企业，收益归企业，但是使用权不得计入净资产也不得分配。

集体土地使用权流出主体包括集体土地所有人或使用权人。就流转对象而言，具体包括乡(镇)村办企业、个体工商户、公益事业、私营或者联户办企业、公共设施以及村民建住宅等可使用集体建设用地。集体建设用地的初始流转被赋予诸多限制性条件。如需征得土地所有者同意，并需行政审批。[②]

---

① 参见王波：《改善民生是中国城乡统筹改革实践的原动力》，载《财经科学》2011 年第 7 期。

② 参见王忠林：《我国农村集体土地流转制度研究》，中国海洋大学 2011 年博士学位论文，第 104 页。

三、二元土地产权结构下集体建设用地流转的渐进式改良

学术研究上主要存在四种农村土地产权改造的方案：一为集体所有权实质化，其主张落实集体所有，让集体经济组织在法律和事实上成为真正的所有权主体，农民承包土地须付费。二为农村土地全部国有化，无论城市还是农村，所有的土地归属国家所有，法律上赋权农民永久的租佃权。三为农村土地归属农民私人所有，将农村土地所有权赋予农民，实现农民土地所有权和使用权的统一。四为对农村土地权利实行权利分离，激活农村土地的财产价值，如农村土地“三权分置”，无论是土地承包经营权——所有权、承包权、经营权“三权分离”，还是宅基地使用权——所有权、资格权、使用权“三权分离”皆属于该种制度方案的体现。全盘私有化或国有化都属于激进式的改革方案，在我国当前不具有现实可行性，而且尚需考量理论上的正当性；集体所有权实质化的方案看似理论上具有正当性，但是结合农村实际和农民的产权观念并不具有现实可行性，且长远观之，同样存在集体产权价值难以激发和维护的困境。尊重现有的农村土地产权秩序与观念，采取农村土地权利“三权分置”的渐进式改良方案更具现实可行性，且理论上亦具有一定的合理性。

1. 土地私有不是现代大众民主社会所追求的一种制度

平等、共富是一个可追求的价值目标，在没有找到更好地承载这一价值目标的土地制度之前，突然变革现行公有制的二元土地制度并不明智。不可否认的是，即使现行二元土地制度存在很多弊端与缺陷，但其在顶层制度上保护平等、共富的追求，而土地私有显然不能承受这一价值目标。虽然土地私有会提高土地的利用效率，却必然会加剧社会成员土地利益分配与分享的失衡，社会成员社会经济地位的差距也会被拉大。更重要的是，平等与共富已然成为现代大众民主社会之内在要求，只有能够承载这一价值目标的制度对现代大众民主社会而言才是可欲的，不足以承载这一价值的土地私有显然不是大众民主社会所可欲的一种制度。

2. 土地全盘国有化是对农民利益的再次重大牺牲，是造就超级强大的权利与权利拥有者的不智之举

土地全盘国有化，尽管可以由国家作为公共利益的代表并确保平等、共富之价值目标的践行，但其以牺牲农民的利益为代价，使已经为社会发展作出巨大牺牲的农民再次受到伤害。现行土地集体所有权事实上，极大地确保了农民的土地利益。虽然集体建设用地使用权、宅基地使用权、土地承包经营权等

土地使用权的转让性不足,但是农民对于农村土地仍享有土地财产权益,只要法律与政策上打破对农村土地权利流转的限制,允许其实现市场化的自由流转,农民的土地利益将会变现为现实的价值或物质财富。而一旦土地被全盘国有化,国家必然会参与分配土地利益,再加上官僚体系潜在的耗费,虽不至于剥夺农民既有土地利益,但可以预见利益的缩减。

3. 集体"实体化"不具可行性,并非我国土地制度改革的最优选择

集体"实体化"大体上属于渐进式改良主义,其改革仍然基于现行二元土地制度,旨在解决现行集体土地所有权的主体"虚置""缺位"问题,然而,无论是将集体改造成为合伙、集合共有、总有、法人还是股份公司,现行集体建设用地使用权、宅基地使用权、土地承包经营权等土地使用权体系发生重大变革都是不可避免的。现行地权体系下农民所享有的这些财产权利可能会因为集体的"实体化"改造而受到一定的影响甚至丧失这些权利,进而会破坏农村社会经济生活,也直接影响社会的和谐安定。

在我国现行二元土地制度中的土地使用权制度仍然有较大改良空间的背景下,理应优先考量改革土地使用权制度而非直接变更土地所有权制度,唯有当土地使用权制度的改革完善仍不足以满足社会发展需要之时,再考虑变革土地所有权制度,从下至上和由易而难的渐进式改革路径更为符合我国农村土地改革的实际。简言之,我国土地制度改革理应分为四大阶段:各种土地使用权内部革新、土地使用权体系革新、土地集体所有权与土地国家所有权内部革新,土地所有权体系革新。此前,国内各地区开展的集体建设用地使用权、土地经营权和林权等土地使用权的流转改革属于各种土地使用权内部革新阶段,其尚未触动整个土地使用权体系,更未改变城乡的二元土地所有制度。总之,在现有土地制度尚有改良之空间时骤然进行顶层制度革新不可取,当现有土地制度改革达到一定程度时,方可考虑土地制度的顶层制度设计。

集体建设用地立法改革应当通盘考虑、分步进行。因为土地制度的改革终究是服务于人的。换言之,单纯地缩小征地范围,放开集体建设用地直接流转的市场只是为农民的市民化积累财富,创造物质基础,但要实现农民真正的市民化,就必须同时对现有的户籍、就业、社保、教育、医疗、文化等二元体制进行配套改革,打破城乡分割分治的二元体制,消除城乡居民在户籍、社会保障和子女教育、就业政策等方面的不平等,使其在政治、经济与社会权利上相同,形成城乡发展一体化的新格局,促进农民的真正市民化,避免人口的城市化与土地的城市化出现脱节。

四、完善城乡统一建设用地市场的立法对策

面对集体建设用地的市场化流转问题,我国法律与政策呈现“两层皮”现象。在国家政策支持下,目前国内各试点地区的流转实践如火如荼,如果仍固守既往法律上的立法限制,否定集体建设用地的可流动性已经不符合农村的实际。然而,考量既有的集体建设用地隐形流转存在失范的现状,在立法上放松集体建设用地流转的法律限制之时,应对集体建设用地市场化流转的原则、主体与客体、流转形式与期限、流转收益分配等制定统一的规则,以适应构建城乡统一建设用地市场的客观需要。虽然国家立法机关制定的相关法律规范缺失,但是国内各试点地区在改革实践中已经积累了宝贵的经验,并制定出相关的规范性文件。梳理与总结各试点地区的规范经验与创新性做法,可为我国在城乡统一建设用地市场的立法与完善方面提供有益的借鉴。

1. 立法上应肯定用益物权的可处分性

用益物权的权能在学术界存在争议。有学者认为使用和收益是其主要权能。① 还有学者提出其权能表现为对土地的占有、使用和收益。② 也有学者主张占有、使用、收益和处分四项权能齐备。③ 有学者则认为,常规情形下用益物权兼具占有、使用、收益三项权能,但特殊情形下也可能只有其中之一或之二。④ 任意一项相对独立的财产权利绝不是这四项基本权能中的某一项或某几项的简单叠加,而是具有相当程度的开放性,上述四项权能的内涵与外延会随着社会经济生活的发展而不断发展。

用益物权是否具备处分权能,学术上存有争议。主流观点指出用益物权不具备处分权能,因为其从所有权分离而产生的权利类型,仅具备占有、使用和收益三项权能。⑤ 对此持反对意见的学者,提出不能局限于思维定式,反对采用传统的所有权视角去分析,因其忽视了用益物权的可处分性。也有学者赞同在用益物权上设立抵押或转让,体现权利主体对用益物权的可处分性。⑥

有学者基于权能分离理论而否定了用益物权的可处分性,并认为用益物权

---

① 参见屈茂辉:《用益物权制度研究》,中国方正出版社 2005 年版,第 5 页。

② 参见刘保玉:《物权体系论》,人民法院出版社 2004 年版,第 171 页。

③ 参见魏振瀛:《民法》(第 8 版),北京大学出版社 2013 年版,第 256 页。

④ 参见尹飞:《物权法・用益物权》,中国法制出版社 2005 年版,第 21 页。

⑤ 参见米健:《用益权的实质及其现实思考——法律的比较研究》,载《政法论坛》1999 年第 4 期。

⑥ 参见房绍坤:《用益物权基本问题研究》,北京大学出版社 2006 年版,第 192 页。

的可处分性源自土地所有权。就权能分离理论而言,用益物权作为子权,是从所有权中衍生出来的,因此,人们在考虑用益物权是否具有处分性的同时会与土地所有权的概念进行对比分析。换言之,所有权和用益物权之间的关系是相辅相成的,两者不具有独立性,必须要相互依存,因而用益物权并不具有处分权能。①

有学者根据所有权的整体性理论,提出用益物权不是一项从所有权分离出来的一项独立物权,故而并不能衍生出其他多种物权。从哲学的理论角度来分析,权利与权能在内容和形式上具备一定的关系,但不能一概而论。而这两者在权能分离理论中并不是母子关系,一般所有权是具有整体性的,并且不可分割,而权能可以分割,是可以单独存在的。权能分离理论误将权利与权能看作整体和部分的关系,其认为权能的组合即可构成权利。实则,所有权具有整体性,权能仅是其表现形式,所有权权能可分,而所有权不可分。王泽鉴先生亦认为:所有权既具整体性,则不能在内容或时间上加以分割。在所有物上设定用益物权或抵押物权,不是让与所有权之一部,而是创设一个新的、独立之物权。② 可见,用益物权与所有权之间,二者不存在权利转化的渊源关系,根据所有权权能分离理论并不能否定用益物权的处分权能。

用益物权人所享有的处分权乃是法律上的处分,其针对权利或法律关系。③ 对用益物权是否享有处分权能的分歧在于对处分权的概念的理解存在差异造成的,若将对标的物进行改良与对物的处分两个不同的概念混淆,则可能得出用益物权具有事实上的处分权能的结论;若忽略了处分权中法律上的处分这一情形,则可能得出用益物权不具有处分权能的片面结论。可见,用益物权具备一定的处分权能,用益物权人对用益物权设定抵押、租赁或转让等,实质上乃对用益物权的法律处分,然而却不能进行土地事实上的处分。

《民法典》规定了土地承包经营权、集体建设用地使用权和宅基地使用权等与农村土地相关的用益物权,并随着农村土地改革的进程,适时产生土地经营权、宅基地“使用权”等新的用益物权,立法上对于上述用益物权也不断拓展其权能,并允许其实现市场化流转。用益物权在各个国家的土地权利中都是一项十分重要的权利,各国立法例皆尝试扩大用益物权的权能范围,以适应

① 参见李珂、蔡岚:《水权与水权交易体制的理论分析》,载《甘肃政法学院学报》2004 年第 1 期。

② 王泽鉴:《民法物权(1)(通则·所有权)》,中国政法大学出版社 2001 年版,第 150 页。

③ 参见[德]卡尔·拉伦茨:《德国民法通论》(上册),王晓晔等译,法律出版社 2003 年版,第 337 页。

权利主体的需求，如在用益物权上设定抵押。我国台湾地区“民法”承认用益物权的可处分性，允许将其设定抵押权，且并不受任何原则上的约束。明确承认同一标的上多种用益物权的并存性，如在同一土地上可设定多个地上权。[①]在经物权人同意后，于同一土地上还可设定一个或多个内容不冲突的地役权。[②] 再以地上权和地役权为例，对土地的利用业已出现土地利用的空间化趋势，并出现“区分地上权”或“空间地上权”。《日本民法典》为此修改了第269条地上权之规定，追加“地下、空中的地上权”之内容。地上权如此，地役权亦然，在现代法中出现“空间地役权”，在欧洲国家中甚至将地役权适用于限制营业竞争。[③]

2. 建立城乡统一的建设用地使用权法律法规制度

目前的城乡二元土地法律制度下，立法上对城市国有土地与农村集体土地分别规定不同的土地使用权运行规则，故城乡的建设用地使用权并未在同一市场平台上运行与流转。为构建城乡统一的建设用地市场，应修改现行的《民法典》和《土地管理法》等法律法规，构建城乡建设用地统一的市场运行规则，赋予农民和农民集体对集体建设用地合法的土地财产权益，法律上允许集体建设用地使用权出让、出租、抵押和入股等利用形式。

此外，目前我国对于集体建设用地流转的规范性法律文件尚不完备，理应出台专门的规定，明确集体建设用地的流转条件、方式、收益分配办法和产权管理办法等。如制定“城乡土地市场促进法”，以取代现行的《城市房地产管理法》，明确规定农村集体土地和城市国有土地相统一的市场交易规范，以实现构建城乡统一土地市场的宏伟目标。

3. 立法上明确界定集体建设用地流转的原则与方式

公平原则、平等原则和意思自治原则理应成为指导集体建设用地流转的基本原则。同时，集体建设用地流转应遵循土地规划制度和土地用途管制制度。集体建设用地使用权流转的方式，可以按照初次流转和再次流转分别予以规制。对于前者可采取租赁、入股、出让、联营等方式，而后者可以采取转租、抵押、转让、入股等方式。集体建设用地使用权初次流转时一般需要经过

---

① 参见房绍坤：《论用益物权制度的发展趋势》，载《河南省政法管理干部学院学报》2003年第3期。

② 参见蔡耀忠：《中国房地产法研究》（第1卷），法律出版社2002年版，第38页。

③ 参见王泽鉴：《民法物权》，北京大学出版社2009年版，第114页。

农民集体的民主议定程序,但其再次流转的情况下,则无须征得农民集体的同意。因为初次流转之时,已经通过农民集体的民主议定程序设定了用益物权,当再次流转之时,享有用益物权的集体建设用地使用权主体可自由处分其权利,再无须经过所有权主体同意。

4. 集体土地所有权人以集体建设用地使用权设立抵押的问题

所有人自行设立建设用地使用权抵押实属其自由权利,立法上不应阻挠。建设用地使用权设立抵押,可以理解为以未来出让集体建设用地使用权可获得的收益设立抵押,亦可以理解为集体土地所有权人先设立无特定使用权人的建设用地使用权,然后再以此建设用地使用权设立抵押。就前者,按照我国《民法典》的规定以及学界的共识,以未来收益权设立抵押,并无不妥。就后者而言,放眼域外,为拓宽融资渠道,各国或地区早已突破担保制度的固有理念及规则,例如,德国较早地认可了突破担保物权从属性的土地债务制度,明确土地所有权人可以设立无明确收益人的土地债务,连一贯保守的《法国民法典》都一改保守之旧貌,在 2006 年修法之际积极突破抵押权从属性等固有之理念。在我国公有制及土地所有权不得流转前提下,可以在集体土地所有权主体之外设定一个无特定主体的集体土地使用权,以其设立抵押而获得融资,而不必固守旧有的担保制度理念。

5. 集体建设用地流转的权利主体与民主议定程序

集体建设用地所有权的权利主体是“农民集体”,既往的“农民集体”存在虚化和缺位的现象,其在实践中不具有独立的法律人格,而今在《民法典》中“农民集体”被界定为特别法人,但仍存在“非实质化”的隐忧。考量农村土地产权的习惯性认知和农民的普遍观念,在肯定“农民集体”的法人地位的前提下,应改革既往的农民集体三级所有(乡镇、村和村民小组)为村农民集体一级所有,让村农民集体成为集体土地所有权的唯一主体,以更好地发挥农民集体的作用与功能。

首先,可流转的集体建设用地必须进行确权登记,并依法取得建设用地使用权权属证书。其次,可流转的集体建设用地必须不存在权属争议,未被司法机关查封。最后,可流转的集体建设用地在初次流转之时,必须经过村民大会或村民代表大会的民主议定程序,取得 2/3 以上的村民表决通过。依据《村民委员会组织法》、《农村土地承包法》和《土地管理法》等法律法规,一般事项的表决采取简单多数通过,即达到 1/2 以上村民同意即可通过。但是,集体建设用地的流转属于关涉广大农民集体成员根本利益的事项,理应采取特别多数通过,即达到2/3以上村民同意方可通过。经过初次流转之后,集体建设用地使用权的再次流转无须经过所有权主体的民主议定程序,因为经过初次流转之后,享有集体建设用地使用权的主体范围较为宽泛,自然人、法人或非法人组织皆可成为其权利主体。

6. 集体建设用地流转年限的确定

法律对国有建设用地期限的规定明确而规范,国有土地使用权的流转可以为同级别和相同使用用途的集体建设用地初次流转年限提供参考。从意思自治的原则出发,具体年限的设置可在上述同级别和相同用途的国有建设用地使用权年限范围内,由流转双方主体自由约定,以此缓和僵化的立法规定,更好地适应集体建设用地利用的实际情况,提高土地利用效率。集体用地初次流转之后,再次流转之时,再次流转的年限必须小于或者等于自身使用权剩余的年限。

7. 集体建设用地流转中的土地收益分配

从价值取向观之,集体建设用地流转的土地收益分配存在争议,究其实质乃"藏富于农"和"集体归公"二元价值之间的取舍。前者坚持将集体土地收益分配给农民集体成员,而后者奉行将集体土地收益在全社会成员之间分享。假设将集体土地收益全部由本集体成员分配,等于是某个权利主体只要基于其成员身份,即可获得可观的土地财富,这将会把获益的农民异化为一个土地食利阶层,而远离城镇的农民却无法享有这样集体土地财产权益变现的机会,因为高寒山区或偏远地区的集体建设用地直接入市流转的机会较少,该部分远离城镇的农民不能享有集体建设用地增值收益。故而,较为妥当的处理方法是兼顾国家、集体和农民三者利益,将集体建设用地流转中的土地收益在国家、土地所有权主体和使用权主体之间进行合理分配。

如何确定农村集体和农民对集体建设用地流转中的收益分配比例是至关重要的问题。一方面,在初次流转之时,政府通过回收基础设施投入或是征收税款的方式分配收益;农民集体的集体收益部分,可用于发展集体经济、补助被安置人员生活、缴纳办理农用地转用和使用手续费、建设集体公益设施和基础设施、开发土地资源等;基于集体成员的社会保障问题,农民所分享到的集体收益比例应至少占到50%以上,支付方式上可采取一次性给付,或给付年金或缴纳社会保障费用等方式。另一方面,再次流转之时,建设用地的流转收益主要归属集体建设用地使用权主体或农民,但小部分收益仍可归属农民集体,双方可以在合同中约定其具体比例额。

第二章 城乡统一建设用地市场：法律制度建构的理论基础

第一节 构建城乡统一建设用地市场的必要性与法理基础

一、构建城乡统一建设用地市场的必要性

基于土地是重要的人类资源，对原有的土地权利制度予以补充或修正，始终是各国经济制度和物权法律制度中较为重要的突破或创建。土地在农村是农民赖以生存的依靠，大多数农民并没有其他工作经验和能力，世代靠土地生存，并且农民的任何经济收入基本上来源于土地。农民的土地权益在法律上由一系列的权利束组成，其本质上体现了农民的生存权与发展权。① 农民土地权益由生产性权益和非生产性权益组成，农作物的种植和农业补贴都属于生产性权益，而因为土地的流转收益或因国家征收土地而获得的赔偿属于非生产性权益，其中分别体现出土地赋予农民的生存权和发展权。以土地生存权分析，农民的温饱问题和生活质量与土地承包经营所获得的权益息息相关，宅基地保障了农民基本居住生活需求。简言之，农民生存权受到土地经营承包权和宅基地使用权建设权的基本保护。作为非生产性权益的土地发展权，其获得仍须借助农村土地权利的流转收益。②

我国的农村土地制度改革，正经历从传统土地权利以土地所有关系为核心向现代土地权利以土地利用关系为核心转变。土地功能的多样化，必然要求土地权利制度呈现出“权利束”的权利结构，单一的所有权保护制度并不能

---

① 参见宋才发：《民族地区城市化过程中农民土地权益保障问题再探讨》，载《西南民族大学学报（人文社科版）》2009 年第 1 期。

② 参见李政、冯宇：《基于土地政策变革的农民土地权益变迁分析》，载《经济问题》2009 年第 12 期。

适应土地功能的多样化需求。

现代土地法以土地利用为核心。从法学意义上讲,土地利用行为就是指人类按照自己的意愿对土地进行干预,以期获得预期收益的活动。土地利用行为有以下特征:(1)从主体上看,土地利用的主体是人类。(2)从主观要件上看,是人类有意识的自觉活动,人们对土地的利用,是依据一定的目的,是一种主动行为,而不是被动服从。(3)从行为的特征看,是人类对土地的干预过程,它包括对土地功能的改变、土地条件的改造、土地规律的运用等。(4)对象和客体是土地。(5)是以获取预期收益为目的的。人们利用土地总是希望自己的劳动能够得到预期收益,预期收益,既有物质收益,如粮食、食品、住房、货币等,也存在精神收益,即某种欲望的满足。现代土地法展现了许多新的特点:(1)在个人利益与社会利益的优先问题上,现代土地法从个人本位优先逐步转向社会本位优先。并在此基础上,建立了用途管制制度、土地征收制度,以及土地收益分配制度等。(2)以促进土地利用为导向,在土地所有权之上,设立了用益物权和多种类多功能的"权利束"。所有权绝对自由的观念发生变化,更为重视对土地利用的使用权的保护,为了保护土地的利用者,现代土地法对用益权予以保护,并赋予用益权以对抗土地所有权的效力。① 此种变革的目的在于适应资本的运动法则并促进土地有效利用,而强化土地利用权,以求得地尽其力。② 现代土地法不仅要关注土地利用的经济效率,也关注社会公平:一是私权限制。必须对土地私有与兼并进行某种程度的限制,避免激化社会矛盾。二是平均地权。在农业文明时期或者农村,国家有义务保证每个农民能够拥有安身立命的基本生产空间。

(一)打破城乡二元结构,消弭城乡土地权利配置的不平等

建立城乡统一的建设用地市场,可以促进土地资源在城乡之间合理配置,有利于打破城乡分割的体制壁垒、消除资源利用与转化方面的城乡差别,对统筹经济发展和缩小城乡经济差距具有十分重要的意义。③

对同样的权利(土地使用权)应当给予同等的保护,而对城乡土地使用权的不公待遇,表现出我国在立法和政策制定上存在不足(见表2-1)。我国的土地所有制度,包括农民集体所有和国家所有两种类型。根据权利平等的法

---

① 参见甘藏春:《土地正义——从传统土地法到现代土地法》,商务印书馆2021年版,第44页。

② 参见甘藏春:《当代中国土地法若干重大问题研究》,中国法制出版社2019年版,第61页。

③ 参见王卫国:《建立城乡统一的建设用地市场法律思考》,载《中国法律》2013年第6期。

理原则以及私法领域中的所有权平等保护原则,无论是农民集体所有,还是国家所有,皆应予以平等的权利配置和平等的权利救济,作为土地所有权人,其理应享受平等的土地所有权。根据《民法典》第207条的规定,国家、集体、私人的物权和其他权利人的物权受法律平等保护。故而,国家所有和集体所有在法律地位上应是平等的。

然而,法律上的平等,不能否认两种土地所有制在实践中权能的差别。首先,国有的土地可以存在于农村(属于国家所有的农村土地),但是农民集体所有的土地不可能存在于城市范围以内;其次,国家可以通过法定征收程序将农民集体所有的土地转换为国家所有,但是该种操作是单向的,并不存在国家所有的土地转换为农民集体所有的土地;再次,农民集体土地存在严格的土地规划与土地用途管制,一般情况下不得进行非农投资或建设;最后,国有土地使用权一般可以自由流转,但是农村土地使用权的具体权能受限,其流转受到法律上一定的限制。

表2-1 城乡二元的土地权利结构

	农村地区	城市地区
土地所有权	土地集体所有	国家所有
土地所有权的流转	流转给国家(征收)	不可流转
土地使用权主体	集体+私人	国家+集体+个人
获取土地使用权的方式	协议、出租、合资经营	"招拍挂"、协议、行政规划、出租
土地使用权市场	有限:农业用途+合资经营	完整:仅受制于城市规划

建立统一的城乡建设用地市场,是国家与集体土地权利平等的直接体现。实现了城乡建设用地市场一体化,才能维系国家和集体土地权利的平等性。[①]城乡建设用地市场要真正统一,必须使城乡之间在建设用地使用权的权利配置上实现平等。

(二)强化农民土地财产权益保障,推进农民市民化

农村土地之上附着农民诸多权益,农民的各类权益皆直接或间接地与土地相联系。农民的土地权益反映农民的根本利益,其由结构有序、层次分明的

---

① 参见陈燕:《中国城乡建设用地市场一体化是历史的必然》,载《福建论坛(人文社会科学版)》2011年第11期。

一束权利构成。[①] 在我国主要包括集体土地所有权、土地承包经营权、宅基地使用权，集体建设用地使用权。土地权益实质上所蕴含的是农民的生存权和发展权。[②] 农民土地权益主要由生产性权益（口粮、农业种养殖收入和农业补贴等）和非生产性权益（土地流转收益、集体土地收益、失地补偿收益等）构成，前者表现为土地生存权，后者反映为土地发展权。[③] 以土地生存权观之，如宅基地承载着农民在居住方面的最低生活限度需求。[④] 土地发展权是农民根据非生产性权益而获取的利益，其实现有赖于土地权利的自由流转。集体建设用地市场化流转过程中的巨大增值收益可以归农村集体和农民享有，从而更好地保障农民集体土地的收益权和农民的土地财产权益。[⑤] 农民在土地增值中获得的长期收益，成为推动城镇化战略和实现农民市民化的潜在突破口，促使农民在解决生存保障问题基础之上获得一定的经济能力而顺利融入城镇，实现农民向市民的转换。

（三）缓解城市供地压力，提升土地使用效率和保护农民土地权益

首先，在城乡建设用地市场二元结构下，农村集体建设用地的流转具有封闭性，集体建设用地既不能用于非农建设，更不能直接为城镇化建设和开发所利用，集体建设用地出现了荒置与使用的低效率现象。集体建设用地的市场化流转将推进现有供地制度改革，集体建设用地使用权流转交易市场和国有建设用地使用权交易市场，共同构成了平行的建设用地供给市场。在合理规划与用途管制的前提下，构建城乡统一的建设用地市场，可以提升城乡土地使用的效率与效益，也能在一定程度上缓解城市建设用地供应紧张的局面，助推城市房地产价格逐步趋于理性。其次，城乡统一的建设用地市场，将改变现行土地市场中政府部门“以地求财”的局面，源于土地征收出让的“土地财政”依赖将被破解，取而代之的则是政府部门通过税收制度改革，对集体土地增值收益进行调节。最后，构建城乡统一建设用地市场，可发挥市场机制对土地资源的配置功能，促进土地资源利用效率提高和有利于保护农民的土地权益。我国增量建设用地资源配置主要依靠土地征收制度实施，但是本来仅为公共利

---

① 参见胡建：《农村土地抵押法律问题研究》，西南政法大学 2015 年博士学位论文，第 52 页。

② 参见宋才发：《民族地区城市化过程中农民土地权益保障问题再探讨》，载《西南民族大学学报（人文社科版）》2009 年第 1 期。

③ 参见胡建：《农村土地抵押法律问题研究》，西南政法大学 2015 年博士学位论文，第 52 页。

④ 参见胡建：《农村土地抵押法律问题研究》，西南政法大学 2015 年博士学位论文，第 53 页。

⑤ 参见韩松：《论城乡统筹发展与农村集体经济有效实现》，载《河南社会科学》2011 年第 6 期。

益用地供给土地的土地征收制度被无限扩大了供地范围，加之征收补偿标准较低，征收补偿的分配也不利于保护农民的利益，因而过度征地极易造成对农民土地权利的侵害。同时，此种供地模式越来越受到耕地保护、粮食安全、生态环境安全等国家战略目标的制约。集体建设用地在符合土地利用和规划管制的前提下，由农民集体直接行使土地所有权人的职能，对其拥有的建设用地资源进行配置，在提高资源配置效率的同时，也有利于对农民土地权利的保护。

（四）缩限集体土地征收权范围的路径依赖

既往欲从农村获取开发利用的建设用地，唯有国家通过征收程序将农民集体所有的土地转换为国家所有的土地，而后按照国有建设用地进行开发利用。土地征收在法律性质上是为获取土地所有权而实施的一项行政行为，该制度设计的初衷而是对国家运用该项行政权力的边界予以合法规制，其根本目的在于保护农民和农民集体的土地财产权益。虽然我国目前可用的建设用地有限，但是现有建设用地并未充分挖掘自身所具有的潜力。假设农村的集体建设用地能够进入城乡统一的土地市场流转，则既能够增加城市建设用地的供应和缓和城市的人地矛盾，也能够改变既往通过土地征收获取城市建设用地资源的路径依赖。

（五）规范隐形集体建设用地流转市场的现实需要

虽然法律上对于集体建设用地的市场化流转设置了诸多法律限制，但是实践中一直存在农村集体建设用地的隐形流转市场，如农村集体土地上长期存在的“小产权房”问题就是典型的例证。集体建设用地流转的隐形市场不仅有其生存的土壤，而且随着城镇化战略的推进和城乡土地的供求矛盾日益尖锐，其有扩大之势。农村集体土地流转交易的形式大都是隐形的私下交易，由于不能得到规范的指导，致使土地使用杂乱无章、土地市场正常秩序被破坏，甚至使有些土地的产权关系模糊不清，这种不安全的交易将带来严重的危害。[①] 基于规范隐形集体建设用地流转市场的现实需要，必须构建城乡统一的建设用地市场。

二、构建城乡统一建设用地市场的法理基础

（一）土地正义理论

土地正义理论是农村土地权利流转的哲学理论基础。法治的最高价值是

---

① 参见张曙光：《博弈：地权的细分、实施和保护》，社会科学文献出版社 2011 年版，第 94 页。

正义,土地正义体现的是分配正义在土地领域的具体运用,其背后所折射的是公平正义的最高法律价值。一定社会的生产方式决定了一定社会的公平正义观,一定社会的公平正义观又决定着一定社会法律制度的具体制度安排。土地正义的核心内涵在于地权平等、地利共享和地尽其用。

首先,每个人都享有对土地的平等需要、平等利用和平等保护的权利。地权平等作为土地正义的理想而深入人心。农耕时代所提出的"平均地权"和"耕者有其田",以及工业文明时代,大量农民进入城市后对城市土地需求和城市居住问题,都反映出土地正义由结果平等向权利平等、权利平等保护的过渡。

其次,地利共享指的是土地收益的双重性,一方面,土地收益可以归土地权利人所得。另一方面,因为土地权利人可以依靠土地的自然垄断性获取垄断利益,故一定条件下的土地收益仅仅归土地权利人所得,也是不正义的,理应"涨价归公"。土地价值得被视为全社会的贡献,应设法让大部分的土地收益分配给全体人民。①

最后,地尽其用要求对土地充分有效利用,充分激发土地的财产功能和经济价值,禁止土地的闲置和撂荒。土地作为大自然馈赠的稀缺自然资源,它的总量是有限的,不能增加,但人类对土地的不断增长的需求与土地供给的稀缺性之间矛盾日增,这就要求对土地进行充分、有效、经济合理的利用。

回顾土地法律制度的发展脉络,无论古代,抑或现代,皆围绕如何解决公平与效率之间关系而展开。改革开放以来的历次土地制度变革,重点都在于如何实现公平与效率的平衡。所有权和使用权的分离方式为土地利用过程中的公平与效率的平衡问题提供了制度性框架,借助使用权的可流转和私主体享有,解决了土地利用的效率问题;通过坚持农村土地的公有制来实现社会的公平问题。现代的土地法,已经从所有权为中心转向土地利用为中心,与土地制度的正义性相联系,土地的本质属性在于土地的自然属性(自然形成、面积有限、位置固定和利用的重复性)。②

基于土地正义的理论,土地法还具有私法和公法二者相结合的法律属性。土地法中的土地权利,实质上就是土地利用权。基于促进土地的合理利用、维

---

① 参见[美]亨利·乔治:《进步与贫困》,吴良健译,商务印书馆2017年版,第96页。

② 参见甘藏春:《土地正义——从传统土地法到现代土地法》,商务印书馆2021年版,第54~55页。

护社会公平正义和防止侵害公共福祉的考量,公权力可以适当介入土地物权的内在权利结构。土地物权是以个人为本位,以绝对的支配权为中心;而土地法中的土地权利,则以社会为本位,以充分利用为中心。在土地利用过程中,土地法中的土地权利通过将政府设定的具体的土地利用条件植入土地物权的有机体中,形成新的具象的权利;此种新型权利,虽对外具有物权的一切效力与特性,但仍是带有一定公权基因的权利。简言之,土地法中的土地权利实际上是土地物权与政府管制权在权利结构内部的融合,外部对农村土地权利可基于公共利益的考量,对其在一定范围内予以合理限制。

（二）马克思的土地产权理论

马克思的土地产权理论是农村土地权利流转的经济理论基础。若从土地产权的一个角度观察,在世界范围内230多个国家和地区中,无论是中等收入国家,抑或贫穷的国家,致贫的一个重要原因就是土地财产权及其权能的缺失。① 马克思指出土地产权并非一个内容单一和形式固化的权利,而是由多种权能聚合而成的权利束。② 马克思的土地产权理论包含以下具体的内涵:

1. 动态土地产权理论。根据权利束及马克思土地产权理论,产权是一束权利,且权利束并非先验存在的一种固定结构,其因社会经济变迁而动态演进。集体土地所有权的权利束不断分化,农民在权能的不断分化中实际获取土地上的财产权益。马克思指出,财产在不同的历史时期具有不同的表现形式,在每个历史时期中所有权以各种不同的方式、在完全不同的社会关系下面发展着。③ 土地产权权能的核心是土地终极所有权,其为一切权能的前提与基础,具备唯一的专有性和绝对的排他性。以土地承包经营权为例,无论是家庭承包经营制度下的"二权分离",抑或当下承包土地的"三权分置",终极农村土地所有权归农民集体所有。在马克思动态土地产权理论下,在激发农民生产积极性的农村土地改革初期,可以通过从集体所有权中剥离出土地承包经营权,达到所有权归属农民集体、承包土地的使用权和占有权归属农户之目的,从而赋予农民生产自主权,提高农业生产效率。经过40多年的发展,家庭承包的分散性和农村土地经营的细碎化,与农业生产经营的规模化需求和农

---

① Working Group Reports, Commission on Legal Empowerment of the Poor, Making the Law Work for Everyone, 2008, 3(2), p.64.

② 参见洪名勇:《农地"三权分置"及其实现路径研究》,中国财政经济出版社2020年版,第54~55页。

③ 参见《马克思恩格斯全集》(第4卷),人民出版社1965年版,第180页。

产品的国际竞争渐趋不符，故从土地承包经营权中再次进行权利分离，实行农村承包土地的“三权分置”，通过“土地经营权”的设置达到农村承包土地市场化流转之目的。农村承包土地由两权分离到“三权分置”，乃平衡所有权、使用权、占有权的权能的理论产物，直接体现了马克思的动态土地产权理论。

2. 土地产权权能的可分离性。土地产权的所有权能既可以全部统一起来由一个产权主体来行使，也可以从中分离出一项或几项权能独立运作。[①] 此种权能的分离并非任意或无规则，分离后的土地产权须在经济绩效上获得提升，同时须使得土地产权的分离形成新的经济关系和法律关系。传统财产权理论认为静态的财产归属问题是物权法律制度的重心所在，但随着我国社会的发展，动态的财产利用问题渐趋成为物权法律制度的核心，农村土地权利体系亦随着社会实践之发展而逐步分离、细化。

马克思的土地产权权能分离理论，表明农村土地“三权分置”是有理论基础的。权能分离是在我国现行的农村土地立法体系下，实现农村土地权利有效利用的最优权利行使方式。我国目前的地权状况与人民群众对土地权利的期待仍存在一定差距，农村土地权利体系应按照其优先序位逐级分层，其不同位阶的权利相互叠加以实现其权利流转的经济绩效。当前已经构筑起以土地所有权为基础，以多形态的土地使用权为主干的静态权利体系。随着社会的发展，在坚持农村土地集体所有的基础之上，各类土地使用权的形态不断分离和细化。土地产权的诸多权能形态之中，土地抵押权仅是其表现形式之一。农村土地权利体系可划分为三个层次：第一层次是农民集体土地所有权，其处于核心地位。第二层次为土地用益物权，包括土地承包经营权、宅基地使用权、集体建设用地使用权等，土地用益物权是农村土地权利抵押的权利起点。第三层次是基于农村土地权能的处分需要，在农村土地“三权分置”背景下所派生的新权利类型。如土地承包经营权“三权分置”分离为“所有权、承包权和经营权”，新设“土地经营权”可以自由转让或抵押。宅基地使用权“三权分置”分离为“所有权，资格权和使用权”，将资格权从使用权中分离，资格权（若依据集体成员身份原始取得，具有专属性，不可抵押转让）具有保障功能属性，使用权（可抵押转让）体现了宅基地的价值属性。

---

① 参见吴玲玲、郑兴明：《乡村振兴战略下农村土地“三权分置”改革的困境与路径》，载《长春理工大学学报（社会科学版）》2020 年第 1 期。

（三）权利配置正义论

权利配置正义论是农村土地权利流转的法学基础。正义价值在法律关系中权利义务的配置，主要表现在两个方面：其一，权利义务的分配在总量上平衡；其二，面对权利义务失衡的内部法律关系，通过对弱者的倾斜性保护达成实质正义。对弱者权利的倾斜性保护，是正义不可或缺的内容。一个国家或一个社会，假若缺乏对弱者权利的特别保护，就是不正义的。传统的正义主要是以个人"得其所得"为标准。社会上不同权利主体存在强弱之分和力量悬殊之别，基于个人的自然属性与努力程度所进行的财产分配，虽然是"公平"的，但亦可能出现"赢者通吃"的局面。① 与传统的"得其所得"的正义观不同，对弱者的保护主要是国家运用公权力对权利义务进行倾斜性配置。

美国法学家罗尔斯在其《正义论》一书中，关于正义问题的理论框架就是"一个假定，两项基本原则"。"一个假定"就是"无知之幕"。罗尔斯认为，思考公正的方式就是要询问，在一种平等的原始状态中，我们会认可什么样的原则。罗尔斯同时提出了正义的两大基本原则，即平等原则与差异原则。② 罗尔斯的正义论是分配正义论，正义的分配应该是平等的。为什么正义的分配必然是平等的？平等是人类不懈的追求和理想，始终与正义相伴。人生而平等。作为自然之子，应该平等地享受大自然的一切自然资源。但是，实际情况是，大自然并没有把它平等地赋予每个社会成员。当人类进化到个体能够独立生存的时代后，人与人之间的不平等就开始出现。人，奴隶与奴隶主之间是最典型的不平等。封建社会的土地占有上的不平等，资本主义社会的资本统治造成的不平等。有了不平等，就产生了对平等的追求和向往，平等就作为正义的内容，成为人们为之奋斗的目标。如何做到平等呢？第一，机会均等。对于机会平等，有两种不同的平等观。一种是自给自足的自然经济状态下的平等观，这种平等观的核心内容就是"结果平等"，"结果平等"实际上把平等等同于平均分配。它是小农经济的思想的产物，其产生的背景与生产力欠发达、物质财富不丰富有关。另一种则是在社会化大生产时代产生的平等观。这种平等观的核心内容是"机会均等"。它的思想基础是鼓励竞争。只有竞争，社会才有动力和活力。只有通过公平竞争所获取的物品，才是正义的。但竞争

---

① 参见甘藏春：《土地正义——从传统土地法到现代土地法》，商务印书馆 2021 年版，第 137 页。

② ［美］约翰·罗尔斯：《正义论》，何怀宏等译，中国社会科学出版社 2009 年版，第 56 页。

必须是公平的。公平的竞争它包括权利平等、规则平等、机会平等。公平的竞争要求消除歧视，要求消除同等事项上的差别待遇。第二，实质平等。实质平等往往是指社会平等。在社会中竞争，机会平等、权利平等、规则平等都属于竞争过程中的平等，但并不能解决竞争外在条件的平等。但是，社会平等的构建是一个长期的过程，它只能随着经济社会的发展和社会变革逐步实现。并且，社会平等是一个永恒的主题，永远处在不断解决的过程中。还需要指出的是，实质平等不等于结果平等。实质平等仍然立足于促进竞争，它要解决的是每个参与竞争的人的外在条件的平等性。①

以土地流转中的抵押为例，城乡土地权利配置存在明显的差异，不同形态的土地使用权存在不一样的抵押权能。在城乡的二元体制之下，城市国有建设用地使用权可以自由创设抵押权。农村土地权利却并未享有与城市同等的地位与权能，按照已经废止的《物权法》的规定，除了个别例外情形，一般情况下农村土地权利禁止设定抵押权（见表 2－2）。

表 2－2　城市与农村土地权利抵押情况比较

<table>
<tr><th colspan="2">土地使用权</th><th>权利类型</th><th>抵押状态</th><th>法律依据</th></tr>
<tr><td rowspan="3">城市</td><td rowspan="2">国有建设用地使用权</td><td>划拨土地使用权</td><td>能</td><td>《民法典》第 395 条、第 397 条</td></tr>
<tr><td>出让土地使用权</td><td>能</td><td>《民法典》第 395 条、第 397 条</td></tr>
<tr><td>国有土地承包的土地经营权</td><td>土地经营权</td><td>能</td><td>2018 年修正的《农村土地承包法》第 47 条</td></tr>
<tr><td rowspan="5">农村</td><td rowspan="2">集体建设用地使用权</td><td>经营性乡集体建设用地使用权</td><td>能</td><td>《民法典》第 368 条、2019 年修订的《土地管理法》第 63 条</td></tr>
<tr><td>公益性建设用地使用权</td><td>否</td><td>2019 年修正的《土地管理法》第 61 条</td></tr>
<tr><td>宅基地使用权</td><td>使用权</td><td>有限制的抵押</td><td>《民法典》第 363 条、第 399 条</td></tr>
<tr><td rowspan="2">土地承包经营权</td><td>家庭承包的土地经营权</td><td>能</td><td>2018 年修正的《农村土地承包法》第 47 条</td></tr>
<tr><td>四荒地的土地经营权</td><td>能</td><td>2018 年修正的《农村土地承包法》第 49 条、第 50 条和第 53 条</td></tr>
</table>

① 参见甘藏春：《土地正义——从传统土地法到现代土地法》，商务印书馆 2021 年版，第 135 页。

第二节 构建城乡统一建设用地市场法律制度的价值目标与指导原则

一、农村土地权利的配置：土地之上公权与私权的博弈

某种意义上而言，土地权利就是指法律以土地为客体设置的权利的总称。从法律属性来划分，土地权利可以分为民法上的土地物权和土地法中的土地权利两种。唯有准确理解土地权利的私法与公法属性，并洞悉这两种形态的权利的异同以及相互关系，才可能对土地权利作出全面而准确的界定。所谓土地物权，是指土地权利人依法对土地享有直接支配的权利，包括土地所有权、土地用益物权和土地担保物权，在此不作赘述。而土地法中的土地权利，实际上就是土地利用权，是指土地权利人在利用土地的过程中，依照法律和规定的条件对土地享有的直接支配和排他的权利的总称，它是土地物权和政府依据法律设定的管制权的有机结合。与土地物权相比较，土地法中的土地权利具有以下区别：其一，土地物权是以个人为本位，以绝对的支配权为中心。而土地法中的土地权利，则是以社会为本位，以充分利用为中心。土地物权要解决的问题是对某宗土地某人享有什么权利。而土地法中的土地权利，不仅要回答对该宗土地享有什么权利，还要回答如何利用该宗土地的问题。早期大陆法系民事立法以个人主义为价值归依，根据 1807 年《法国民法典》确定的所有权绝对原则，国家或政府不得干预农村土地权利的行使。随着社会的发展，个人绝对的权利与自由受到一定合理限制。土地所有权的观念由所有权的绝对转向相对，所有权为负有义务的权利，所有权的行使应受适当的约束和限制，最终确立了禁止权利滥用、私权不得违反社会经济等原则。如《德国民法典》第 226 条规定：权利的行使，不得以损害他人为目的。《德意志联邦共和国基本法》第 14 条第 2 项规定：所有权负有义务，其行使应同时有益于公共福利。其二，土地物权属私法范畴，而土地法中的土地权利则是土地物权加政府的管制权的统一体，具有私法和公法结合的性质。土地法中的土地权利一方面具备土地物权的基本属性，另一方面又具有公法管制的特性。所有国家必须对土地利用进行管制和限制，管制和限制的原因是多种多样的，它包括环境保护、建筑标准、社会公平、公用设施的条款、公平税赋等诸多方面。简言之，土地法中的土地权利是土地物权与政府依公法设定在该宗土地上的管制

权的统一体。其三,就权利的内部结构而言,土地物权与土地法中的土地权利的区别就在于义务的内部性。土地物权在行使过程中必须履行的义务是在土地物权的外部,而土地法中的土地权利的义务则是在土地权利结构的内部。在土地法中的土地权利的内部结构中,权利义务是一体的,权利即义务,义务即权利。例如,某人在自己所有的土地上准备建造一建筑物,就得向政府申请建设许可,政府依据法律和规划批准建设,必然是附有用途、容积率、建设标准等条件,上述条件对于土地所有权来说就是义务。但是,申请人获得许可后,这些许可实际上就是这宗地的实际权利,体现的是土地权利人对该宗土地享有的实际和具体的权利。综上,土地法中的土地权利,是土地物权和政府的管制权力有机结合的一种权利,兼具私法和公法双重属性。[①]

传统中国是以农业为主体的社会,其最根本、最核心的问题是农民土地权利的边界及农民与国家相互关系的处理。在"普天之下,莫非王土"的思想下,封建专制国家试图建立起一套以皇权和中央集权为中心的自上而下的单一化的权力模式,然正如马克斯·韦伯所言,在农村,村民利益范围内的一个有实际防御力的联合体,是非常重要的。[②] 虽然土地对国家和农民皆至关重要,但是国家难以真正和农民发生直接的联系,而此种联系一般通过村庄共同体来连接。农民是村庄共同体中的一员,村庄共同体成为国家权力进入村庄直接获取土地资源的缓冲带。虽然农民由于村庄共同体的庇护,一定程度上规避了国家权力基于土地的盘剥,但是在封建租佃关系中,农民对地主有较强的人身依附性,农民被牢牢固着于土地并接受其剥削。农村土地权利结构最显著的特征是土地的终极所有权属于国家,国家始终拥有对土地行使最终处分的权利,而土地使用权逐步脱离并日益长期化,这一制度特征贯穿于整个中国封建社会发展和演变的始终。以宋朝为例,商品经济的日益活跃促使土地的商品化,土地被视为商品交易的大宗产品,其交易客体是土地所有权的转移。日趋频繁的土地交易过程中,土地权利从过去的单一形式逐渐被细化分割成多个层面,此种权能的分离促进了土地租佃制度的进化,而租佃权、永佃权和占佃权等法律认可的用益物权均可被作为商品独立有偿转让。从传统社会到近代以来的历程说明,在小农经济条件下,土地是国家资源的支撑,从中

---

① 参见甘藏春:《土地正义——从传统土地法到现代土地法》,商务印书馆 2021 年版,第 202～208 页。

② [德]马克斯·韦伯:《儒教与道教》,王容芬译,商务印书馆 2004 年版,第 147 页。

提取足够的资源并得到农民的合法性认同是每个朝代的核心目标，不同的历史条件会形成不同的国家、村庄共同体与农民之间的关系。

新民主主义革命后，新政权在各地建立了自上而下的系统化和层级化地方制度体系。作为此种垂直整合的结果，传统的村庄共同体被行政化的集体组织所取代，农民以成为其中一员的形式被组织起来。与之相适应的是土地被完全纳入国家的权力体系之中，先通过国家主导下的"打土豪、分田地"的土改方式将土地分配给农民，之后又以集体化的方式将土地从农民手中集中起来，并以集体名义经营，由此形成国家、集体和农民高度合一的结构模式。在此种组织模式下，国家以组织化的方式从农村提取足够的资源以支撑经济建设和城市发展。虽然农村土地集体化的过程并非一蹴而就，也伴随着公权和私权多元利益的博弈，但此过程大致经历了初级社（土地所有权归农民）、高级社（按份共有的集体土地所有制）、人民公社（抽象的集体所有）和1982年宪法修改四个阶段逐步完成（见表2－3）。国家、集体和农民关系模式的最终形成，为之后相关的土地制度改革设定了某种路径依赖。

表2－3　新中国的农村土地所有权形态与经营形态变迁过程

时间（年）	进程	土地所有权形态	经营形态
1953～1958	初级社	农民个体私有	初级社内劳动群众集体共用
	高级社	劳动群众集体按份共有	高级社内劳动群众集体共用
1958～1983	人民公社	抽象的劳动群众集体公有（公社—大队—生产队）	公社—大队—生产队三级劳动群众集体公用
1983年至今	后人民公社时代	抽象的农民集体所有［村小组农民集体、村农民集体、乡（镇）农民集体］	以家庭承包为基础，家庭私用

农村土地法律制度脱离不了政治上的关联。现有农村土地权利制度的决定性生成动力乃执政党于政治上的农村政策，其通过立法进而上升为国家的土地法律制度。20世纪70年代末期以来的农村家庭联产承包责任制改革，通过改变既往的国家权力高度集中式的、集体统一经营和统一分配的农村土地生产模式，农民很大程度上从国家依附关系中逐步抽离，土地回归到农民手中。国家从"资源再分配者"转化为"规约者"，不再干预农民具体的土地经营

行为,但也不再承担农民个人的消费分配。① 国家具有宏观管理权(如保障粮食安全、规范农村秩序和维护农民权益等)和终极权威(如掌握农村土地的征收权),农村的土地所有权被授予农村集体组织,农民进行土地的具体经营并享有其收益。家庭联产承包责任制尽管在一定程度上厘清了国家、集体以及农民之间的地权关系,但是尚未达到理性的制度化程度。

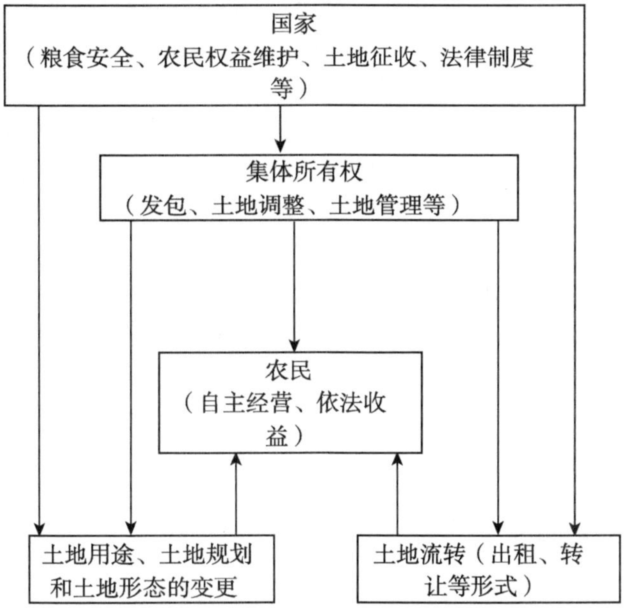

图 2－1　农村土地流转中国家、集体和农民的关系

国家、集体和农民三者之间尚无清晰的界限,农民的基本权利,特别是基于土地的各种权益易于被剥离出去。上述农村土地上的国家、集体和农民三者之间的权利区隔分离,为土地流转创造了条件,农民拥有了更多土地权限,可以依照市场需求和自身意愿在法律许可的空间下对土地进行处置(见图 2－1)。但是,农村土地流转依照市场经济的逻辑进行良性运行却由于农民权利的非保障性、国家权力边界的模糊性,以及集体权力的不确定性而受到制约。其突出体现于三个方面:其一,在权利主体上存在所有权主体虚化问题。

① 参见陆道平、钟伟军:《农村土地流转中的地方政府与农民互动机制研究》,清华大学出版社 2012 年版,第 107 页。

农民集体作为土地所有权主体，某种意义上而言，在实践中是一种抽象的存在，代替其行使权利的是基层的政权组织，包括但不限于对集体资产的处置，与他人订立土地承包合同、租赁合同等处置行为；农民、其他新型农业经营主体则以土地使用权人身份可以流转农村土地。在同一块农村土地上存在所有权主体、所有权的代理人和使用权人等多重身份主体，实践中处理相关土地权利时，上述与地权相关的主体皆可成为法律上所承认的直接或间接的当事人。其二，土地权利主体享有残缺的土地处置权。国家控制着土地的最终归属，农民可以根据市场需求理性选择对农村土地的流转模式（包括转让、出租、抵押等），以使自身获得最大的土地收益回报，但是，农民集体作为所有权主体，却无权转让、赠与、抵押土地，更无权变更土地用途与土地规划。农民或农民集体作为农村土地权利主体，其在农村土地流转方面享有残缺的土地处置权，不能逾越国家所限定的农村土地所有权或土地使用权的界限。其三，土地收益分配的弹性化。国家、集体和农民都拥有合法的土地剩余索取权，农民对收益分配标准的确定却没有话语权，加之某些农村基层组织“寻租”行为的存在，农民应得的合法权益得不到合法保障。

二、城乡统一建设用地市场法律制度的价值维度：共富目标下的平等、自由、效率与秩序

农村土地法律制度的构建应当接受一定的价值指引，并将该价值尽可能客观地植入其具体的制度之中。我们理应在尊重农村土地权利配置的历史和现实基础之上，以科学合理的农村土地立法价值论指导城乡统一建设用地市场法律制度的构建，以充分激活农村土地财产的权能。

（一）价值目标：城乡共富

法律的价值目标表现为广泛认同的预见和期望的法律价值关系运动的方向，其在人们的法律实践中具有重要的指引和导向作用。[①] 我国已经成为世界上城乡居民收入差距最大的国家之一。改革开放40余年来，农村所提供的土地、劳动、资本等生产要素对城市经济的发展起到不可估量的作用。当前我国社会已经发展到推行城镇化战略，实行城乡一体化发展的新阶段。市场化是农村土地制度改革的基本方向，它决定了农村土地法律制度的基本构造。城乡统一建设用地市场法律制度中，应当以构造促进农村社会持续发展、保障

① 参见谢鹏程：《基本法律价值》，山东人民出版社2000年版，第18页。

农村经济快速增长和解决农民生活贫困的法秩序为最终价值目标追求。简言之，实现城乡共富理应是农村土地立法的最高价值追求。

正确理解城乡共富的价值目标，有利于我们清晰地界分农村土地的资产功能与社会保障功能。既往的立法政策充分考量了农村土地对农民的生存保障功能，为避免包括集体建设用地在内的农村土地市场化流转可能带来的农民流离失所的风险，农村土地的流转在法律上限制较多。农村土地制度呈现所有权淡化和农村土地用益物权强化的趋势，农村土地的社会保障功能也在弱化。若过分强调保障功能，就会限制土地的财产功能。以宅基地为例，两者存在较为类似的功能越位和缺位问题，其为农民生产和生活提供社会保障的功能发挥较为充分，但是缺乏资产功能，其价值缺乏显化的途径。虽然集体建设用地可能在隐形的流转中展现出一定的财产价值，但此种流转并未得到法律完全认可，在法律的夹缝中存在，使集体建设用地难以发挥土地的财产功能。在城乡共富的价值追求下，城乡统一建设用地市场法律制度的构建应当以平等为基础、以自由为追求、以秩序为保障，效率优先并兼顾公平。

（二）自由

农村土地法律制度应以维护农民的权利与自由为终极价值，强调保护农民土地财产权益。既往的农村土地权利体系具有封闭性和内生性，农村土地更多被当作农民的生存手段，非商品，更非资本，农民无法从土地上获取更多的财产权益。农村社会经过长期的改革与发展，人地分离逐步凸显，农民对土地的生存依赖渐趋弱化，在国内经济较发达的地区，土地已经不再是农民收入的主要来源。随着城镇化战略的推进和城乡一体化的发展，如何激发农村土地权利的财产功能，让农民从土地上获得更多财产权益和自由，切实享受农村土地产权改革的红利，已经成为亟待解决的重大问题。允许农村土地自由流转仅是为农民充分利用农村土地及宅基地上房屋等财产价值提供一种法律上的可能性，最终是否选择农村土地流转，由农民或其他权利主体根据自身需求予以决定。私法领域的自由原则推定每位权利主体乃自身利益的最佳判断者，即理性经济人，其是否从事某一法律行为交由理性经济人自由选择、自由决定权利内容、自负义务、自担责任，充分彰显法的自由价值。囿于人类是群体性的社会生活，在法律的范畴内，不存在绝对的自由。每一位法律主体行使自己的权利与自由时，不得妨碍其他主体的权利和自由。所有法律主体享有的自由，都应是在法定范围内意思自治和自由行权，即农村土地权利行使不能突破耕地保护制度和土地用途管制。我国的农业的基础地位和现实国情决定了必须继续坚持实行最严格的土地用途管制制度和耕地保护制度。

(三)效率

农村土地产权改革的历史脉络彰显了效率与公平的互动变迁历程,当下农村土地权利结构的配置反映出从初始的公平逻辑向效率逻辑转变。[①] 农村土地归属农民集体所有,保障现在和将来生活在集体土地上的成员皆可获得公平的初始土地资源分配。[②] 其后,第一次农地权利分离的意图在于杜绝绝对公平的平均主义,调动农民生产经营的积极性,提高土地经营的生产效率和保障农民对土地的收益权,故在坚持农村土地集体所有的前提下,通过权能的分离衍生出土地承包经营权,并将赋予每一农户,按照"人皆有地、均衡配给"的原则分配土地,体现了法律的公平价值,第二次农地权利分离的意图在于克服农地的细碎化经营,家庭农地经营长期处于较低的保障水平,劳动生产率偏低,为适应农地规模化经营以实现土地资源的高效集约利用,提高农业生产效率,放活土地经营权,以土地经营权为载体实现农地的市场化流转,提高农村土地的流转效率,体现法律的效率价值。在农村承包地"所有权"归属农民集体所有的前提下,土地承包经营权进一步分解为"承包权"和"经营权",在此"三权分置"格局之下,经营权的流转并不会导致农民失去对土地的承包权,土地经营权行使期限届满,土地经营权复归农民本身。从目前农村保障水平和户籍制度限制看,农业就业人口和农民工都需要保留承包权作为生存和生活的最终保障,不宜将承包权予以流转。再以宅基地的流转为例,宅基地的所有权、资格权和使用权"三权分置",就本质上而言,亦是对宅基地权利束的细化和分割。借助宅基地"三权分置"的制度式设计,"使用权"可以发生转让、租赁、抵押等多种途径的效率性流动,增强了宅基地的收益权能与处分权能,提高了宅基地的财产效益。综上,城乡统一建设用地市场法律制度的设计,在兼顾公平的同时,应注重效率的提升。在宏观设计上应坚持共富价值目标下公平与效率的辩证统一,在考量农民的基本生存和农村社会稳定,并兼顾各方利益维护社会公平基础之上,突出农村土地流转的效率价值。在微观制度设计上,在流转规则的设计、运行制度和制度配套等诸多方面更应突出效率价值,确保城乡统一建设用地市场的顺畅运行。

---

① 参见张红宇:《农业规模经营与农村土地制度创新》,载《中国乡村发现》2013 年第 2 期。

② 参见刘恒科:《三权分置下农地经营收益分配的法治保障》,载《农业经济》2017 年第 8 期。

(四)平等

平等是法律的核心价值,现代的财产权理论要求对各类财产权予以平等保护。在农村土地法律制度的设计中,平等价值的要求集中体现为两个维度:

其一,城乡土地权利予以平等性保护。以集体建设用地使用权为例,城市的国有建设用地与农村集体建设用地本应在平等意义上受到平等对待,但是城乡二元结构导致集体建设用地承担一定的社会保障功能,具有社会福利性质,最终造成其与国家建设用地使用权隔离运行。[①] 从社会发展的历史进程观之,随着我国城乡一体化进程的推进,城乡土地市场必将从"二元制"向"一体化"转型。若只允许国有土地使用权进行抵押流转,却禁止农村土地使用权的抵押流转,此种差别化待遇和法律限制所体现的身份立法理念,与法律所追求的公平正义相悖。从法的平等价值观之,应在立法上改变此种城乡迥异的差别待遇。[②]

其二,农民集体成员之间予以平等性对待。以外嫁女为例,农民集体成员的土地权利不应因性别而予以差别待遇。同为本农民集体成员的外嫁女,若农村土地承包经营时仍在原集体经济组织,并在原集体经济组织实际生产和生活,且以原集体经济组织的土地为基本生活保障,则该外嫁女仍享有原农民集体土地的承包经营权,其仍可就"三权分置"下的土地经营权设定抵押等权益。简言之,基于平等法律价值的要求,外嫁女的原农民集体成员资格并不因户口转移或婚姻关系向外缔结而丧失,关键看是否具备以原集体经济组织农村土地为基本生活保障的实质要件,而非户籍等形式外观。[③] 再以进城落户的原农民集体成员为例,其宅基地使用权不能因其变更为城市户口而强制收回。不动产物权的变更,经依法登记发生效力,未经登记,不发生效力。依据《土地管理法》的规定,国家允许进城落户的农村村民依法自愿有偿退出宅基地,但并非强制收回。[④] 对于进城落户居民在其作为农民集体成员时所享有的宅基地使用权等财产权益应予以平等保护。

---

① 参见孟俊红:《集体建设用地使用权物权法建构研究——以"同地同权"为基础》,郑州大学出版社 2016 年版,第 2 页。

② 参见史卫民:《农民住房抵押权实现问题研究》,经济管理出版社 2021 年版,第 29 页。

③ 参见戴妹诉湘潭市雨湖区响水乡冯家村高墙组侵害集体经济组织成员权益纠纷案,湖南省高级人民法院民事判决书,(2019)湘民再审 286 号。

④ 参见崔兵兵诉高秀华宅基地使用权纠纷案,山东省滨州市中级人民法院民事判决书,(2021)鲁 16 民终 333 号。

(五)秩序

现代民主法治的社会,必然存在良好的社会秩序。秩序是法律所追求的基本目标之一,法律是实现秩序的手段与工具。法律杜绝无政府主义和失序的社会状态,其将规则引入各主体的行为交往,为各主体如何实施法律行为提供统一的标准与尺度。自2015年开始,我国在232个县(市、区)开展承包土地的经营权抵押试点,59个县(市、区)开展农民住房财产权抵押试点。国家在前面试点经验的基础上,2020年又启动新的宅基地制度改革试点,在全国104个县和3个地级市全面铺开。上述国内各试点地区的改革实践,呈现改革试验先行、理论分析和法律制度规范滞后的特点,且各地区的抵押条件、规则、程序、风险防控与保障措施等并不一致。法秩序的矛盾与冲突,势必造成实际适用的不统一与不协调。从法律的秩序价值出发,应整合国内各试点地区的不同规则,从制度价值、指导原则、运行机制、风险治理与制度配套等层面予以一体规范,最终实现法秩序的统一。

农村土地资源的市场配置离不开民事法律对土地权利的规范。现行立法未充分肯定农村土地权利的财产属性与收益权能,也未就其取得、转让、退出、抵押等权利运行的内在法律机理,以及外在的风险规避和制度配套等作出系统性的制度安排。随着农村土地资产功能的显化,如何适度放活"土地经营权"和"宅基地使用权",实现该权利之纯财产性质和拓展该权利之权能;如何让农村土地权利按市场法则有序运行,实现其多形式的市场化流动;在立法技术上如何将农村土地"三权分置"政策言语转换为法律语言,进而在农民集体、农民个体及社会主体之间形成清晰的权利义务配置等问题,这既是农村土地制度改革迫切需要补足的立法问题,也是《民法典》实施中的重大疑难问题。

三、构建城乡统一建设用地市场法律制度的指导原则

(一)促进土地利用的原则

现代土地法的核心是土地利用关系,农村土地权利抵押应以促进土地利用为导向。从法学角度分析,土地利用乃权利主体按照自己的意志对土地进行干预,以期获得预期收益的行为,其对象和客体是土地。

就土地使用权而言,土地利用关系在内容上包含三种关系,即民事关系、行政关系、人与土地的自然关系。在上述三种关系中,人与土地的自然关系具有特殊性,其通过转化为民事关系和行政关系予以实现。除去人与土地的自然关系,土地利用关系中所蕴含另外二重法律关系,具体分析如下:其一,平等

的民事关系,这集中体现为土地他物权(用益物权和抵押物权)的关系。该民事法律关系应在土地权利主体意思自治的范畴内尊重土地权利人追逐经济利益的本性,通过合理的产权制度安排,形成对权利主体的经济激励,降低土地利用活动的经济成本和交易费用,促进土地利用效率的提升。其二,行政法律关系,主体利用土地皆为追求利益的最大化,然而由于土地利用行为具有公共性,利用土地须受到诸多外部条件的约束。土地是"准公共品",具有非排他非竞争的可共享性,土地是人类共同的财富,每位民事主体皆享有平等地利用土地的权利,但是土地市场调节又具有明显的缺陷性,土地具有较强的自然垄断属性,并非一个完全竞争的自由市场,土地使用权的交易容易导致土地兼并问题,加剧贫富差距,增加社会矛盾。市场的局限性为公共性的介入提供了合法性与合理性的基础。将上述外部性约束条件(如土地用途管制、土地规划等)转化为法律管制,土地利用关系又具备了行政关系的性质,如土地规划与用途管制、土地征收与土地税收等。

在传统法治国家,私法领域以意思自治为最高原则和精髓,不主张国家公权力的介入。随着城市化工业化进程的加快,社会关系复杂程度提高,相互之间的影响也更为深远,某些私人的自由意志妨害了公共利益,为了寻求个人利益和社会利益之间的平衡点,国家公权力开始介入私法领域。将土地利用关系定位在同时兼具私法和公法的性质,是一种学术研究的抽象,绝不能认为土地利用关系或者土地法是由民法和行政法两部分构成的。

综上,从法律性质分析,针对土地使用权的土地利用关系同时兼具私法和公法的双重性质。在传统的土地法观念下,私法领域以意思自治为最高原则,不主张国家公权力的介入,但当某些私人的自由意志妨害到公共利益,为寻求社会利益和个人利益的平衡,公权力可以介入私法领域。构建城乡统一建设用地市场法律制度应考量到土地利用,同时兼具私法和公法的性质,它们之间不是"油与水"的关系,而是一种"水乳交融"的关系,这种交融关系贯穿到土地法律制度的每一个具体环节,如土地权利制度、土地规划制度、土地征收制度、土地税收制度等。①

土地利用行为双重性表现为自利性和公共性。具体而言,土地利用的内在性特征就是土地利用人的自利性,加之土地是"准公共品",土地利用行为的性质具有公共性。(1)土地法必须以社会利益为本位。在土地利用过程中

① 参见甘藏春:《土地正义——从传统土地法到现代土地法》,商务印书馆2021年版,第52页。

自利性和公共性的冲突是利益的冲突。土地法是用来引导、调和土地利用人在土地利用行为中的利益追求和冲突,激励那些与社会整体利益相一致的利益追求,遏制那些背离、损害社会整体利益的行为。平衡这种冲突的价值尺度就是应当以社会利益为归依。以社会利益为本位是指在处理土地利益冲突时,以社会利益为评价裁判的标准。土地的不同权利主体在行使各自土地权利时,理应遵循社会利益的原则。如在用途管制的土地制度背景下,土地的所有者或者使用者,对于自己的土地并非任意行使权利。(2)土地法必须以永续利用为目标。可见,现代土地法乃建立在社会利益基础之上,以永续利用为目标,调整人们在土地利用过程中的自利性和公共性之间关系的法律规范。现代土地法具有以下几个特征:第一,从价值形态上看,它是以社会利益为单位的。第二,从性质上看,它是私法与公法的有机结合。第三,从调整的对象上看,它具有观念调整的特点,既调整人与人之间的社会关系,又调整人与土地之间的自然关系。土地利用的法律规则,通过以下三种途径来实现:(1)转化。将土地法的价值、指导原则、制度安排转化为土地权利、义务、责任、程序等具体法律制度,从而将土地权利与政府管制措施有机地结合起来。(2)内化。将土地利用的外部约束条件,内化为行为主体的成本和代价,形成土地利用的内在约束机制,从而最大限度地减少土地利用对社会利益的损害。(3)法治方式。用土地法来规制土地利用关系,就意味着选择了法治方式,这就要求在执法司法守法各个环节,都必须依照土地法的要求行使权利和职权,都必须按照土地法的要求履行义务和责任。①

(二)坚持"三条底线"的原则

深化农村土地制度改革,要坚持土地所有权的公有性质不改变、耕地保护红线不触碰和农民土地财产权益不受损的三条底线。

首先,农村土地公有制是我国农村土地产权制度的核心,其中农村土地集体所有是我国农村最大的制度。学术界有的学者主张土地私有化,认为只有土地私有化才能实现真正的农业现代化,该种观点并不符合中国国情与农村土地的实际,长期以来我国人地关系紧张,一旦实行土地私有化,城市工商资本必将大规模圈占土地,出现土地集中与兼并问题,最终导致农民失业进而引发严重的社会问题。反之,有学者主张土地国有化,然其并未考虑制度转换所

---

① 参见甘藏春:《土地正义——从传统土地法到现代土地法》,商务印书馆 2021 年版,第 46~55 页。

产生的巨大成本。唯有实行农村土地集体所有制,积极探索集体所有制的有效实现形式,才能确保农民平等享有土地承包经营权、宅基地使用权和集体建设用地使用权等农村土地权利。

其次,应坚持耕地红线不触碰。我国人多地少,耕地总量不足,构建城乡统一的建设用地市场必须守住耕地红线,不能以减少现有耕地面积为代价换取暂时的发展。我国人地矛盾紧张,土地细碎化分散化程度严重,国内部分地区农村征地现象较为普遍,致使面临一定程度的粮食危机。"三权分置"下催生多元化的新型经营主体从事农地经营。专业大户属于自然人,家庭农场经过注册后拥有法人地位,专业合作社属于互助性经济组织,不以营利为目的,农业企业是营利性的经济组织,具有法人资格。各类规模经营主体的性质不同,决定了它们各自不同的特点。土地面积过大,资金和人工成本随之增加,土地经营风险相对增大。专业大户和家庭农产多为自主经营,从事更大规模经营的农业企业则多以高效的经济作物经营为首选,必然会选择在一定程度上减少粮食作物的种植面积。在坚持农地农用前提下,禁止非农化,控制非粮化,坚持耕地红线不被突破。①

最后,应坚持农民土地权益不受损的原则。实现好、维护好和发展好农民利益是一切农村工作的出发点。农民问题是中国革命与建设的首要问题,农民利益问题亦是马克思理论中重要内容。原有的农村土地权利制度安排已经不能满足农民获取更多土地权益,故诱发通过"三权分置"的权利调整进行制度变迁,其改革的动力来自农民土地财产权益的保障。以宅基地使用权为例,农村房屋对大多数农民而言是价值最大的财产,是农民基于其身份而取得的一项重要权利,从某种意义上讲,也是对农民长期受到城乡差别待遇的一项补偿。若法律对宅基地使用权及其地上房屋的所有权予以不适当的限制,则必将损害宅基地使用权这一用益物权,也会对农民享有的房屋所有权造成损害。故须进行宅基地"三权分置",允许宅基地使用权及其地上房屋采取有限流转方式。唯有制度改革的落脚点处处"以农为本",才能真正维护农民利益,确保农民利益不受损。

(三)社会本位的原则

社会本位原则要求土地所有权人或土地使用权人在行使土地权利和进行

---

① 参见袁云:《中国特色农地制度"三权分置"改革及实现路径研究》,人民出版社2021年版,第150页。

土地利用行为时,应当服从社会利益的要求。从土地权利主体对土地利用的角度分析,土地利用过程中存在自利性和公共性的利益冲突。一方面,不同的土地权利主体之间的利益追求,存在矛盾与冲突;另一方面,每位土地权利主体追求自己利益最大化,并不一定带来社会整体利益的最大化。自利性因追求效益的最大化,不断提高土地利用能力,它是提高土地利用效率的驱动力;土地的公共性,则是土地利用的外在约束机制,它是土地利用中的“刹车机制”。自利性和公共性的目标不尽相同,此种矛盾和冲突表现为两个层面:一为人口的不断增长与土地资源的有限性之间矛盾;二为人类增长的土地利用能力与土地承载能力的有限性之间矛盾。正是源于上述两方面的矛盾与冲突,土地法律制度的价值取向由个人权利本位转向了社会利益本位,现代土地法律制度不仅关注土地利用的经济效率,更关注社会公平与稳定和谐。具体而言,一方面可以进行私权的限制,对土地私有和土地兼并进行合理程度的限制,避免激化社会矛盾;另一方面平均地权。在农村保证每位农民能够拥有安身立命的生存空间,在城市努力实现“住者有其屋”。此外,应实现地利共享。对土地利用所带来的不平衡应予以适当的再分配,城乡发展所带来的土地增值收益应当惠及全体国民,增值收益归社会所有。冲突产生法律,法律的功能不在于根除冲突,而在于平衡冲突,并将其控制在合理范围之内。

平衡上述冲突的原则就是应当以社会利益或社会本位为最终归依。如在土地用途管制的背景下,土地的所有者或使用者,对自己的土地并不是任意进行利用行为,其土地利用活动必须符合社会公共利益。农耕社会中,土地的不平等最终体现为严重的土地兼并;工业社会中,土地的不平等更多体现为获得土地权益数量和获得土地增值收益的数量。政府可以基于社会公共利益,对土地权利人的土地实施土地管理。当然,政府的土地管理行为应尊重保护权利主体的土地权利和利益,不得任意侵害或剥夺其土地所有权或土地使用权,政府只能以社会利益为标准,严格按照法定程序和法律要求予以土地管制行为。

第三章　典型国家或地区农村土地流转制度的法律状况

第一节　英国、美国和法国的农村土地流转制度

一、英国的农村土地流转制度

（一）英国的农村土地权利状况

封建时代的英国,英王是全国土地的最终所有者,其他主体在法律上仅能以土地保有的方式享有土地产权。近代以来,在土地保有制度得以延续的前提下,保有制度的内涵已经实质性改变,土地保有者享有土地所有权的全部权利内涵。英国农业经营者对农村土地的权利,在坚持终极所有权归属英王的条件下,已然从“所有权中心主义”向“使用权中心主义”转变,更为强调对土地的实际利用,实现土地效益的最大化。

英国的工业革命和农业资本主义发展最早。它最初是以小农为主的国家,从16世纪开始进行圈地运动,将大量土地集中在一起形成大规模的农场和田庄。而在此前,除了大地主土地所有权外,尚存在许多小土地所有者的自耕农,以及小地块土地的租佃者。工业革命之后,小块土地制度和小农经营方式被消灭,直至19世纪逐步形成以雇工经营的农场为主的经营格局。[①]

英国的农村土地权利分三个层次:土地所有权—土地保有权—土地使有权。英国土地实行私有制,土地的所有权统一属于国家,但是国家允许自然人、法人或非法人组织持有土地保有权。[②] 换言之,英国真正的土地权利乃各种类型的土地保有权,而非土地所有权,该土地保有权在所有权的基础上派生

---

① Giovanni Galloni, voce Fondo rustico, in Digesto delle discipline privatistiche privatistiche, sezione civile, VIII, UTET, 1998, p. 378.

② 参见洪战辉:《我国农村土地流转模式研究》,中南大学2011年硕士学位论文,第11页。

所得,各类土地流转亦是在土地保有权的前提下运行。[①] 具体而言,土地保有权可划分为自由保有和租用保有两类。[②] 前者为保有人永久所有,以契约和居住、耕作使用等持续居住或使用该土地者达到较长期限视为土地保有者。[③] 后者是通过合同或协议来确定土地权利和内容,期限长短不一。英国土地法采用经验主义的方式逐渐建构,英国的土地权利制度自始围绕土地保有制这一基本的法律框架产生、发展与演变。英国土地法上土地权利的形成,是法律以保有制关系为基本框架对土地权益不断分割之结果。无论是普通法中在自由保有制下领主与保有人之间,还是衡平法下土地占有人与受益人之间,皆可能发生此种权益分割。若转换视角观之,从横向上则是不同的保有人之间以及保有人与领主之间进行的切分,从纵向上乃不同的权利人之间依据占有和享用时间先后在时间维度上进行的切分。

英国土地法上土地权益的分割是多维的,土地权利出现了多元化的结构。不仅包括普通法上的地产,也包括公簿持有人的占有权、承租人的占有权、衡平法上的受益权。反观大陆法系财产权制度,法律上的所有权强调权利人对实物的支配,且恪守一物一权原则,不可能在同一土地上设定同时共存且在时间上连续的所有权。英国的土地法没有所有权理论的束缚,土地权益被多维分割,且通过精细复杂的制度和规则可将土地权益在特定的时刻于不同主体间发生移转,此乃大陆法系所有权制度的国家无法成就。基于英国土地权利的多维分割特性,使其土地权利制度具有超越时空的稳定性和较强的灵活性。时至今日,虽然土地保有制已经失去设定之初的许多内涵,但是土地保有制的影响依然存在,土地保有权仍是英国土地法上最核心的概念。

(二)英国农村土地权利流转的特点

1. 注重对农民土地权利的保护和农地经营制度创新

英国的农地制度因为历史因素一直与其他国家有着明显的差异,其独有的土地保有制度自中世纪以来就成为英国农村一个标志性的制度安排。英国早期的土地权利制度乃将英王视为全国土地的所有者,个体唯有以保有地的

---

① 参见史志强:《中外土地流转制度比较研究》,河北大学 2010 年硕士学位论文,第 37 页。

② 参见洪旗、陈华飞:《差异化产权制度,多元化生态管护》,载《中国自然资源报》2018 年 5 月 19 日,第 4 版。

③ 参见高军:《我国农地所有权制度的正当性考察与改革路径探索》,西南政法大学 2016 年博士学位论文,第 125 页。

形式享有土地产权。[①] 近代以来,英国政府始终致力于对农村土地作出与时俱进的改革,在不改变约定俗成的土地保有形态下,其实质与内涵已经发生根本变化。若将英国农民对土地所拥有的权利放在任何一国的农地制度体系中考察,其保有制度已经具有了土地私人所有制的全部权利内涵。英国农民对土地的权利是在坚持终极所有权归属于英王或国家的前提下,注重对土地使用权的各种制度创新,竭力实现土地使用效益最大化。英国法律上不强调抽象的所有权归属,而注重财产权的具体利用和运转。[②]

2. 通过法律与政策支持农村土地流转

《英国乡村规划法》、《英国村社土地法》和《英国农业法》等规范性法律文件中,集中反映出政府通过法律方式对土地关系进行调整,并鼓励农村土地规模化流转的立法价值取向。如为产生规模效益,政府引导农场向规模化方向发展,立法规定对于放弃经营权的小农场主,政府给予补助金,另外政府为规模化的农业公司兼并小农场场提供一定比例的费用支持等。对于农村土地转用其他用途,立法上采取购买发展权的方式,土地利用人应向政府给付赎回发展权的费用。

3. 采取市场调节手段,允许农村土地收购、租赁和抵押

英美法系的财产法是以英国普通法土地保有权为基础建立起来的。诺曼征服后英格兰完备的土地保有制是普通法土地保有权产生的制度基础;亨利二世时期开始,自由保有制土地的司法管辖权逐渐集中到王室法院手中,借助王室法院的一系列占有性诉讼程序,当事人基于保有制享有的土地权益上升到法律的层面,成为土地保有权。英国注重采取市场调节手段,允许收购、租赁和抵押。如以抵押的形式成立的财产负担乃为英美法中担保权的最主要形态。抵押的发展经历了从权利转移到占有转移,再到权利和占有均不发生转移的演化。抵押的权利内涵不断丰富,权利结构不断分化,而更有保障的地权能够降低权利保护以及解决土地冲突所耗费的成本,刺激对土地的投资;地权更有保障增加土地信贷供给量,改善信贷供给不足限制投资的情形,促进投资增加。毕竟,农村土地权利的稳定性与完整性程度

---

① 参见梅夏英:《两大法系财产权理论和立法构造的历史考察及比较》,载《私法》2001 年第 1 期。

② 参见王桂芳:《英国地产权制度对我国农地制度改革的启示》,载《郑州航空工业管理学院学报》2007 年第 1 期。

关系到潜在的土地权利受让人是否能够对土地形成合理预期,愿意进行抵押、租赁和转让等土地交易。

4. 商业银行金融体系为农村土地金融提供服务

英国早期的农业发展主要依赖农业生产技术、土地制度变革来提高劳动生产率。随着国际霸权地位受到挑战以及农业危机的出现,英国政府又开始重视农业,以商业银行为主体对农业提供贷款是英国支持农业生产的最大特色,这主要因为英国是世界上银行制度建立较早的国家,并率先完成了工业化,城乡差别小,农业的市场化水平高于其他国家,其银行商业网点覆盖全国便于提供农地金融服务。

二、美国的农村土地流转制度

(一)美国的农村土地权利状况

美国实行土地私有制,农村土地的权利主体享有所有权的全部权能,故其自然涵括出售、担保、出租、入股、继承等权益。① 美国法律赋予农村土地所有人或租用人享有稳定而有保障的土地私有权利。除了土地所有者可抵押其土地所有权外,土地租用者因租赁而生的土地权益也可以转租、转让或抵押。然而,为保证美国家庭农场土地的完整性,促进农用土地的规模经营,法律规定家庭成员可以享有或继承农场土地股份,但不能退股或将股份作抵押,只允许内部转让,以保证农场土地在代际传承中不被细分碎化。

家庭农场占据美国农村的大部分土地,家庭农场对于美国农村经济发展占有举足轻重的地位。② 联邦和州政府对土地保留着土地征收权、土地管理规划权和征收足额的土地税。③ 从土地产权制度来看,美国土地主要有国有和私有两种基本形式,土地私有一般采取自有自营的形式。④ 土地的市场交易,则通过土地使用权、经营权的有偿转让,扩大农场的规模,加快生产要素的有序组合。总之,美国土地市场上的买卖、抵押或出租都有很大的自由度。⑤

---

① 参见何上华:《农村土地承包经营权抵押制度法律研究》,南京航空航天大学2011年硕士学位论文,第63页。

② 参见李竹转:《美国农地制度对我国农地制度改革的启示》,载《生产力研究》2003年第2期。

③ 参见王环:《从新农村建设的角度看美国农地产权制度》,载《世界农业》2007年第7期。

④ 参见李竹转:《美国农地制度对我国农地制度改革的启示》,载《生产力研究》2003年第2期。

⑤ 参见李威:《立法为先,市场是本,中介组织助发展——浅谈国外土地流转的经验及对我国的一些启示》,载《中国合作经济》2009年第11期。

（二）美国农村土地权利流转的特点

1. 农村土地可以买卖、出租和担保，且农场主拥有确定的土地私有权

美国农村土地基本被家庭农场占有，对于私有农村土地的买卖并不限制，只要农村土地不转化为非农村土地，皆可自由买卖。农场主按照国家和地方政府规定缴纳比较固定的土地税和房产税等。由于不存在历史负担，美国无须对地主土地进行赎买，制度成本较低，此种制度条件是我国等具有长期传统农业基础和漫长土地制度变迁历史的国家所不能比拟的。

美国农业的发展趋势是农业生产的集约化、社会化和农场规模的大型化。美国政府将土地经营权与所有权相剥离，以土地租佃等方式扩大家庭农场的发展规模；①除了形式意义上的土地所有权和相应的收益权，其他权益皆属于家庭农产经营者。② 根据美国法律，农场可以注册成公司或合伙关系以保证土地的完整性；农场土地股份可以作为担保，只允许内部转让，不能退股。农场规模的扩大受益于政府通过联邦土地银行等给农场提供的中长期担保贷款。美国农场生产性投资除自身积累外，外部资金来源占有相当大的份额。第二次世界大战后，美国农场投资的40%来自借款。③ 美国的农村金融组织由三部分组成，如表3－1所示。

表3－1　美国的农村金融组织

政府农村信贷机构	商品信贷公司
	农民家计局
	小企业管理局
私营金融机构	商业银行
	人寿保险公司
合作农业信贷系统	联邦中间信贷银行（中短期贷款） 生产信贷协会（中短期贷款）
	联邦土地银行（长期贷款） 联邦土地银行协会（长期贷款）
	合作社银行

① 参见马士正：《农地承包权与经营权分置研究》，河北大学2018年硕士学位论文，第98页。

② 参见李竹转：《美国农地制度对我国农地制度改革的启示》，载《生产力研究》2003年第2期。

③ 参见胡必亮、刘强、李晖：《农村金融与村庄发展——基本理论、国际经验与实证分析》，商务印书馆2006年版，第57页。

续表

个人及其他	个人(亲友、邻居)
	经销商

此种体系是美国在高度发达的国民经济基础之上形成的。美国的金融系统较为完备,基本上能满足美国农场主的各种资金需求。各种农贷渠道的所占比例大概为:(1)私营金融机构(商业银行和人寿保险公司)占35.3%;(2)农业合作信贷系统占29.5%;(3)个人及其他占25.5%;(4)政府农村信贷机构占9.7%。上述排列反映出其民间经济力量的强大和高度的整合度。由于美国农场规模很大且可以用作担保,使商业银行对农场贷款的风险较小,从而导致商业金融机构对农业的大规模资金投入。

2. 所有权权能分离程度较高

由于不存在历史负担,美国在农业现代化过程中解决农村土地问题时,既不需要废除封建土地所有制,也不需要对地主土地进行赎买,制度成本较低,此种独特的制度条件是我国等具有长期传统农业基础和漫长土地制度变迁历史的国家所不能比拟的。所有权权能(占有权、使用权、收益权和处分权)与所有权相分离是土地所有权制度发展的趋势与要求,美国就二者的分离程度较为成熟,土地所有权与土地使用权分离程度较高,土地使用权在财产法中地位日益凸显,土地使用权或土地利用权成为土地权利制度的重心。美国立法强化土地使用人的地位并扩张其所享权能,诸多土地权能已经发展为一项独立的权利而可进入土地市场流转,如土地抵押权、土地租赁权等。

3. 农村土地地籍管理制度完善

农村土地流转的安全性取决于是否有一个良好的地籍管理制度,其具体包括农村土地登记制度和土地评估制度等。其一,须具有完备的土地登记制度。农村土地融资担保时,须把土地的基本状况、权利归属、用途、设定土地担保的权利受限事实等予以详尽的登记。① 良好的土地登记制度,可以使得每块农地拥有自己的"身份证"以示区别。其二,须具有合理的农村土地评估制度。土地流转时会由专业的土地评估人员对土地进行评估,土地评估对于科学确定土地流转金额意义重大,也有利于降低流转各方的法律风险,提高其土

① 参见韩立达、彭迎:《国外农村土地使用权担保的经验借鉴及启示》,载《安徽农业科学》2009年第7期。

地流转的积极性，使整个农村土地流转市场处于一个良性循环之中。

三、法国的农村土地流转制度

（一）《法国民法典》中的土地权利

法国政府通过政策规定，对农地的使用、抵押和转让时，私有农村土地一定要用于农业，不得弃耕、劣耕以及在耕地上进行建筑；对弃耕、劣耕以及用于其他用途的，国家可以有权予以征购或者提高土地税。在土地流转上予以限制，明确规定土地的不可分割性，该土地只能整体继承或者出让。《法国民法典》中虽未明确规定物权之概念，但是就物权的相关制度进行了规定，对动产和不动产从其物理属性以及用途等方面进行了区分，且因某些权利的客体是不动产而被赋予了无体物的权利以及不动产的性质。

在土地用益物权方面，《法国民法典》第 581 条确立了用益权。规定用益权得就各种动产和不动产设定。在法国，民法理论中并未正式使用传统大陆法系“用益物权”这一概念，而是用了“所有权的派生权利”来指代与用益物权相关的权利。第 578 条规定：用益权为对他人所有之物，如同自己所有，享受其使用和收益之权，但用益权人负有保存该物本体的义务。[①] 虽然用益权是所有权的派生权利，但它是独立的他物权。同时《法国民法典》以立法的形式确定了土地的用益物权的流转包括出租、买卖、无偿转让和抵押等多种形式。法国高度重视农村土地的流转和利用，颁布了一系列的政策法规促进土地流转与经营集中化管理，在一定程度上缓解了土地的分散型经营管理。法国土地流转的形式具有多样性，既包括所有权流转，也包括使用权流转和农村土地的用益物权流转。1960 年法国政府颁布《法国农业指导法》，按照土地流转的性质等对农民实行不同的补助金额。为了促进土地流转，法国政府进一步增强了对流出土地的农民的财政补贴力度。按照《法国农业指导法》，法国要求全国各省成立“土地整治与农村安置公司”，这是非营利性的民间机构，也是土地流转的中介机构。为了增加土地流转，法国政府发布《法国农业指导法补充法案》，设立调整农业结构社会行为基金，对 55 周岁以上退休人员并放弃土地经营或者自愿让出土地的，发放离农终身补贴；由此进一步刺激了农民放弃土地，在一定程度上加快了农村土地的流转。

---

① 《法国民法典》，李浩培、吴传颐、孙鸣岗译，商务印书馆 1979 年版，第 88 页。

在担保物权方面,《法国民法典》第2085～2091条确立了不动产质权。《法国民法典》第2095条规定:优先权是依债务的性质而给予债权人先于其他债权人甚至抵押权人而受清偿的权利。[①] 在法国土地制度的发展过程中,农村土地流转制度较为成熟和完善,健全的农业财政政策以及完善的中介机构组织为其关键性因素。法国的财政政策对土地流转起着重要的调节功能,为土地流转营造了过硬的内部和外部环境;发达的中介机构组织推动了农村土地流转利益的最大化,促进了农业和土地的平衡以及可持续性发展,也为土地流转提供了较为全面的法律咨询,为流转土地的双方主体提供了土地的价值评估以及托管交易等服务。[②]

(二)法国农村土地权利流转的特点

1. 对农村土地实行土地集中,以提高土地利用效率

法国农村土地实行私有制。在历经法国大革命的洗礼之后,教会、僧侣、贵族和国王的土地被分配给农民,农民由此成为小农经济的土地所有者。法国小农经济长期大量存在,严重地阻碍和拖延其从传统农业向现代工业的转变。农民对土地的细碎化经营,成为农村土地规模化经营的障碍,其后政府实行土地集中的立法政策,促进土地流转的规模化。法国相继制定出台一系列土地改组和鼓励农村土地集中的法律政策。最为典型的例子是废止《法国民法典》中被继承人之间平等分配农村土地财产的遗产规则,为避免农场的土地在发生继承后被越分越小,最终影响农村土地的集中利用和规模化效益,《法国民法典》规定农场的继承权仅能给予其配偶或一个子女,但其他子女可以从继承人处获得继承金作为补偿。

2. 农村土地所有权与土地使用权高度分离,强调农村土地的经济效益

法国农村长期存在两种土地经营制度,一为农村土地所有权主体的直接经营,该模式主要集中在法国南部,多体现为农民作为小地块土地所有者的直接经营;二为租佃制经营,该租佃模式主要在法国北部,大多为中大型农场的租赁经营。《法国土地租赁法》规定农村土地租赁者在土地所有者转让土地时,享有优先购买权;在土地租赁合同的解除问题上,对于土地所有者的单方合同解除权限制较多;土地租金的价格上涨幅度不得超出土地上农产品的上

---

① 《法国民法典》,李浩培、吴传颐、孙鸣岗译,商务印书馆1979年版,第325页。

② 参见苏艳英:《三权分置下农地权利体系构建研究》,知识产权出版社2019年版,第26～27页。

涨指数等。为强化农村土地的规模化经营,法国政府对于中大型农场在赋税方面予以减免,且其在满足一定条件下合并农民小块土地的费用亦由政府承担。

3. 恪守农村土地的农业专用性,防止商业性开发

现代法国农业的主要经营主体是家族式农业公司和农工商综合体,法国建立了农用土地管制制度。《法国农业指导法》规定,农民的私有土地须用于农业用途,对于抛荒或弃耕的土地,法国政府有权予以征购。政府还成立专门的公司对农村土地进行整治,并对于“不生利农户”的小地块土地所有权以较高价格优先收购,购买之后再低价转让给中大型农场。其后的《法国农业指导法补充法案》,针对高龄而无力耕作土地的农民,设置了终身养老金制度,即凡年龄超出 55 周岁的农民,可以在退出土地并将农村土地交还政府之后,获得一次性的终身养老金。此外,为了促进农村土地的用途管理和充分的市场化流转,还设置了各类中介服务机构,如土地事务所、土地银行等。

第二节　日本和我国台湾地区的农村土地流转制度

一、日本的农村土地法律演进

(一)日本的农村土地法律演进

近代以来,日本改革封建时代的领主土地私有制度,最终形成农民租佃为特征的地主土地所有制。日本人多地少,但战后日本农业获得迅速发展,其中一个重要原因是实现了从封建性的农业转化为个体自耕农为主的农业,再转变为独具特色的农业协同组合系统。1946 年,日本开始实施农村土地改革,其主要是通过国家强制购买地主土地再将土地所有权分配给农民的方式,使每一个农民都可以获得属于自己的土地,即自耕农制度。

日本是土地法律较多的国家(见表 3 - 2)。为了巩固日本农民对农村土地的所有权制度,也为了提高农村土地生产力以解决第二次世界大战后日本粮食不足的问题,日本于 1952 年制定并颁布《日本农村土地法》,自此正式确立了农民对土地的所有制度。同时,由于该法的颁布,也使得日本农村的土地失去了商品价值,即除了从事农业生产的主体以外均不可以取得农村土地的

所有权,并且也不可以改变农村土地的耕作性质。[①] 此外,《日本农村土地法》强化土地管制和禁止土地抵押、买卖与租赁。

表 3-2 日本土地政策法规

时间	法规	核心内容
1952 年	制定《日本农村土地法》	确立农民对土地的所有制度
1961 年	制定《日本农业基本法》	培育自主经营的农户,降低农民兼业化经营比例
20 世纪 60 年代后	制定《日本农用地利用增进法》	创设农业人养老金制度,扩大经营规模,鼓励农田租赁、抵押和作业委托等形式
1993 年	修订《日本农村土地法》《日本农用地利用增进法》	提高农业生产单位竞争力,培养新型农业人才

《日本农业基本法》的立法目标在于培育"自主经营农户"、降低农民兼业化经营比例和提高农业生产力。《日本农村土地法》和《日本农用地利用增进法》等法律法规旨在加强农村土地专有性和秉持"耕作者主义"的立法价值,并通过权利管制和转用管制两个主要手段加强对农村土地的保护。以《日本农村土地法》为例,其前后历经五次修订,首先,修订后的《日本农村土地法》允许农村土地抵押、租赁和买卖。但是由于地价的不断上涨,农民把土地当作保值增值的长期资产,丧失抵押或转让的内在激励;而对于买地的农民,由于土地价格不断上涨而影响其买地的积极性。其次,为实现农村土地的规模化和集约化经营,提高农村土地的利用效率,立法不断促进土地使用权与土地所有权的分离,极力鼓励农村土地的市场化流转;划定农业振兴区域,以地域为单位实行集团化的农村土地流转,培育更为有效率的农业经营主体,促使从事农业生产的经营主体从单个农户演变为从事规模化和专业化经营的各种农业经济组织。[②] 最后,政府在农村土地流转的制度变革中一直起着主导作用,并通过不断制定或修改法律对制度创新予以确认和保障。如为扶持农村土地经营者,其通过税收、金融等优惠政策予以激励;为达成农村土地的规模化经营目标,废止限制农村土地出让、出租或抵押的法律规定,实现对农村土地的高

---

① 桥本贵义:《「所有」から「利用」中心の农地制度への再构筑一农地法等改正案一》,载《立法调查》2009 年总第 292 期。

② 参见[日]关谷俊作:《日本的农村土地制度》,金洪云译,三联书店 2004 年版,第 79 页。

效利用。[①]

（二）《日本民法典》中的土地权利

从土地现状看，日本现代的农村土地产权制度主要由所有权与使用权两种重要的权利类型组成。在立法上，《日本民法典》规定的土地权利包括土地所有权和土地他物权。土地他物权涵括土地担保物权和土地用益物权，前者包括抵押权、质权和先取特权等，后者包括永佃权、地上权和地役权。

（1）土地所有权。《日本民法典》第 207 条规定：土地所有权于法令限制的范围内，及于土地的上下。[②] 与德国类似，在日本，所有权人行使所有权时同样应受到其他因素的限制和制约，如土地之上所设定的用益物权以及担保物权同样是对土地所有权的一种限制，所有权人行使所有权时要受到用益物权和担保物权的制约。依《日本土地租用法》第 4 条，约定或法定期间届满后，若土地所有人无收回土地之正当事由，租地关系仍不消灭。

（2）他物权。他物权包括用益物权和担保物权。其一，日本的用益物权主要包括地上权、地役权以及永佃权。地上权，是以工作物及竹木的所有为目的而利用他人土地的物权。日本永佃权在民法典中被法律化，有其一定的社会历史原因。日本明治维新之前，土地主要是封建制所有，农民主要是土地的租种者，以出卖自身的劳动力维持生存；随着明治维新改革的进行，日本废除了封建制的土地制度。在《日本民法典》的制定过程中，日本的封建制土地改革正在进行中，为了维持改革成果，维护农民的土地的所有权，在《日本民法典》中对永佃权进行立法；所以，结合永佃权的立法背景不难获知，《日本民法典》中的永佃权已经不同于明治维新之前封建制时代的永佃权。《日本民法典》中的永佃权制度废除了封建制时期的不平等这一关系；其后，日本政府为了解决土地所有和土地利用这一恒久性的矛盾，在《日本土地租用法》中设立租用权并强化其效力。其二，日本的担保物权主要涵括抵押权、质权和先取特权等类型。[③]

（三）日本农村土地权利流转的特点

1. 农村土地流转制度的完善政府起主导作用

在日本农村土地流转制度的实际运行中，政府的功能和角色至关重要。

---

① 参见杨劲：《农村土地资本化：基于资本、产权和制度视角的研究》，广东人民出版社 2011 年版，第 169 页。

② 《日本民法》，渠涛译，法律出版社 2006 年版，第 15 ~ 16 页。

③ 参见苏艳英：《三权分置下农地权利体系构建研究》，知识产权出版社 2019 年版，第 29 页。

第一,鼓励其他经济主体参与农地经营。第二,以优惠措施鼓励农户抵押、租赁或转让土地,农村土地抵押、租赁或转让,再无须当地农业土地委员会之许可。第三,以农业协同合作为主,提出发展"有效率和稳定的农业经营体",鼓励农村土地向政府认定的"生产经营者"集中,促进土地经营规模的扩大。日本农业协同组合是连接中央农林公库和市、町、村农业协同组合的桥梁和纽带。日本农村金融合作体系由中央农林公库、日本农业协同组合及其市、町、村基层机构组成。中央农林公库的业务主要是在全国范围内融通、调剂、清算系统内资金,发行农村债券。

2. 严苛的农村土地交易管理制度

《日本农村土地法》旨在保护农村土地的专用性,其严格限制农村土地的处分行为,即在处分农村土地时必须要得到其所在管辖区域的行政长官的许可。对于该行政长官的许可行为,日本学界认为其并不是农村土地权利设定、权利转让时行为的成立要件,而是法定的效力要件。因此,如果没有取得行政长官的许可,则在申请农村土地所有权转让以及设定租借权时登记机关是不予受理的。也正是源于该法旨在保护农民对土地享有的所有权以及农村土地的耕作机能,在所有权以及使用权和收益权发生主体变更时需要该土地所在管辖区域的行政长官的许可方可生效。因为即使没有转移农村土地的所有权,在土地使用权和收益权发生主体变更时,也极有可能会出现使用权人对土地进行耕作之外的活动,这违背了日本对农村土地保护的原则,所以依然需要行政长官的许可。

3. 鼓励设置非营利性的农业土地管理公司和促进农村土地流转的中介组织

成立促进土地流转的非营利组织及中介组织是实现农村土地市场化必要条件,如日本成立了农业土地管理公司等促进土地流转的中介组织。农业协同组合、地方政府和中央政府共同成立农业土地管理公司,该农业土地管理公司从欲租赁或转让土地的农户处取得土地权利,而后再将该土地出租或转让给其他农户或农业生产单位。租赁期限一般为10年,土地管理公司采取一次性给付租金的方式向出租农户履行,而其他农业生产经营主体则需按照年度给付租金。此外,日本还成立了许多促进土地流转的中介组织,以推动农村土地的有序流动和利用。

二、我国台湾地区的农村土地流转制度

(一)我国台湾地区的农村土地改革

我国台湾地区的农村土地改革通过法令以自上而下的方式推动,最终以平和的形式消灭了封建土地所有制度,建立起自耕农为主的农村土地权利制度。清朝时我国台湾地区实行“地主所有,农民租佃”,土地集中在少数地主手中,种地的农民基本无土地之所有权。甲午战争之后,日本强占我国台湾地区,我国台湾地区的农村土地权利状况更为恶化。其一,土地所有权仍掌控在少数地主手中;其二,日本人大肆掠夺农民的土地,大量农民破产,土地集中进一步加剧,佃农数量剧增。日本人和我国台湾地区本地地主占有大量耕地,近半数的农民为佃农和雇农,基本没有土地。我国台湾地区光复前土地租佃制度的不合理,是土地问题的核心。光复后,我国台湾地区土地改革的政策是国民党大陆时期土地政策的延续。① 我国台湾地区的土地改革采取循序渐进的方式,分三个阶段进行:第一阶段,三七五减租;②第二阶段,公地放领;③第三阶段,私有耕地征收放领。其基本原则为:一是减轻佃农的地租负担,二是允许佃农享受到劳动果实的快乐。④ 希冀以和平的手段达到“平均地权”和“耕者有其田”。实施“三七五减租”,使我国台湾地区的地价大跌,地主的土地贬值,财产缩水,一些地主不得不以低价出卖土地。我国台湾地区的农村土地权利改革,实质上乃剥夺农村地主的部分财产权益,逐步设立以自主经营为主干的农村土地私有制度。

我国台湾地区农村土地改革的三个阶段是在工业化过程中对工农关系和城乡关系的调整。我国台湾地区的土地依其使用目的,立法上区分为建筑用地(如住宅、官署、学校、工厂、公园、船埠、码头、飞机基地、坟场等)、直接生产用地(农地、林地、渔地、牧地、狩猎地、矿地、水源地、池塘等)、交通水利用地,⑤土地

---

① 参见李国鼎:《台湾的现代农业》,东南大学出版社 1996 年版,第 61 页。

② 参见我国台湾地区 1947 年“私有耕地租用办法”和 1951 年“耕地三七五减租条例”。地租金额不能超出农产品全年收益的 37.5%;另外要求订立租约,把业佃双方权利义务详细地写在契约上,佃农过去承租耕地,多数是凭口头约定,租约的格式,由政府统一制定。“耕地三七五减租条例”确定了减租的强制性,使“三七五减租”政策具备有效的法律保障。

③ 参见我国台湾地区 1947 年“公有耕地放租办法”。

④ 参见李国鼎:《台湾的现代农业》,东南大学出版社 1996 年版,第 64 页。

⑤ 参见我国台湾地区“土地法”第 2 条。

为重要生产资料。

（二）我国台湾地区的土地权利

我国台湾地区的“民法典”大体规定了八种形态的物权：以所有权为物权的基本形态，其为本权或全权。相对于所有权，其他七种物权的存在，在功能上都形成对所有权的限制，称为定限物权或限制物权。若将这七种物权依其功能再予细化，则可分为两大类，一为担保物权，二为用益物权。前者包括抵押权（普通抵押权、最高限额抵押及其他抵押权）、质权和留置权。后者涵盖地上权、农育权、不动产役权和典权。

（三）我国台湾地区农村土地权利流转的立法

根据农村社会发展实际情况，我国台湾地区适时调整其农村土地立法，以适应农村土地权利变更的实际需求。我国台湾地区的“民法典”和“土地法”，系规范土地制度的基本法。为适应社会形态与经济结构调整、促进农地自由流转和合理有效利用的限制，对“土地法”前后进行 8 次修正。“土地法”在我国台湾地区施行期间，为适应社会形态与经济结构调整、土地使用方式的改变、促进农地自由流转和合理有效利用的限制，分别于 1955 年、1975 年、1989 年、1995 年、2000 年、2001 年、2005 年和 2006 年先后对其进行了 8 次修正。①

第三节 典型国家和地区农村土地流转制度对我国的启示

一、域外农村土地权利制度的共性特征

（一）土地所有权并非农村土地流转运行的地权秩序所需之必要条件

虽然各国农村土地立法的路径和方式不尽相同，但都以建立适应各自社会经济发展需要的土地权利制度结构为基本目标。农村土地权利制度创新要与生产力发展相适应。上述国家或地区已经实现了农业现代化，其农业发展都是从农村土地权利制度改革开始的。

综观大陆法系和英美法系的土地权利法律制度，主要包括两种类型：一种为“土地所有权中心主义”；另一种为“土地地产中心主义”。前者是指土地所有权反映土地的静态归属关系，其以土地所有权为核心构建土地权利体系；所有权享有最为完整的权能，其他土地权利皆为完整权能的某一或某些方面受

---

① 参见黄亮：《划拨土地使用权担保立法矛盾之探析》，载《中国土地科学》2007 年第 6 期。

限,而最终派生出来的土地权利类型。后者是土地使用权反映土地的动态利用关系,其以土地使用权或土地利用权为核心构建权利体系,更为偏重土地的流转和土地权利的变动,并在此基础上派生新的权利类型。①

我国有大陆法系的传统,理应参照大陆法系其他国家和地区的相关规定。大陆法系物权法的相关规定对我国农村土地权利体系构建以及权利具体内容起重要的参考作用。大陆法系国家对民法理论尤其是物权法理论发展产生重要影响的国家当数法国和德国。《法国民法典》采用"所有权的派生权利"取代大陆法系通称的"用益物权",法国农村土地流转的权利客体涵括所有权、使用权和用益物权,其中用益物权的流转可采用转让、租赁、抵押等多种形式。②《德国民法典》以立法形式规定了土地所有权、用益物权和担保物权,而用益物权有地上权、役权和实物负担三种。用益物权是在所有权的处分权能受限时所派生出的一种独立的物权,其权利内容主要是占有、使用和收益,其在一定程度上是对所有权进行的限制。③

英国法更为强调对物使用价值或交换价值的保护,摒弃重视物的占有支配等归属问题的传统观念,立法价值上倾向于物尽其用和最大化利用财产。在英国提及"土地所有权"在严格意义上是不正确的,一个人不能拥有土地本身,而只能拥有土地的财产权。在立法上,土地仍属于英王所有,但英王的土地所有权是虚化的,英国的土地利用流转关系与土地保有权密切相关,土地保有人的地产权可以自由转让、抵押和继承。地产保有人对所持有的土地在一定期限内获得持久性利益,该种利益并不具象,可以涵括法律所允许的所有土地流转方式,这种地产保有权客体的无体化对英国财产权利体系产生深远影响,其地产利用方式可以最大限度发挥地产的价值。④

虽然英美法系国家并无土地的物权法理论,但是两大法系在土地权利制度上很多理论却是相通的英美法系国家中存在土地的所有权理论。在英国,土地属于英王所有,权利的行使方式主要包括占有、使用、收益和处分。这与大陆法系国家土地所有权在内容上是类似的。在英美法系,地产权是对土地支配的法定权利。英美法系国家在地产中心主义的前提下,更为注重对土地

① 参见苏艳英:《三权分置下农地权利体系构建研究》,知识产权出版社 2019 年版,第 22 页。

② 《法国民法典》,李浩培等译,商务印书馆 2009 年版,第 76 页。

③ 参见[德]海因·科茨:《德国民商法导论》,楚建译,中国大百科全书出版社 2006 年版,第 14 页。

④ 参见苏艳英:《三权分置下农地权利体系构建研究》,知识产权出版社 2019 年版,第 35 页。

的利用和规划;大陆法系在传统上恪守土地产权主义,但是随着社会经济的发展以及土地制度的变迁,这些国家逐步通过立法或者政策调整土地利用关系,逐步向注重土地利用的方向发展。

土地所有权权能分离程度——不仅要求所有权与使用权分离,且应允许土地使用权具备流转权能。与所有权相分离是土地所有权制度发展的必然要求。土地所有权权能分离得不充分成为制约我国农村土地流转的重要因素。我国的土地所有权不能流转,在这种情形下,土地所有权与土地使用权相分离,用益物权的意义特别是土地使用权在民法中凸显出来。土地用益权作为土地权利制度的重心已经成为现实。城市国有土地使用权可以设定抵押或有偿转让,已经获得显著的土地收益,与之相较,进一步强化农村土地用益物权的流转权能是我国农村土地立法的必然选择。①

(二)农村土地流转方式有利于推动适度规模经营和激发土地财产价值

农村土地流转的主要目的在于扩大土地规模经营和激发土地自身的财产价值。纵观世界范围内典型国家或地区的土地立法,皆强调包括抵押、出租、转让等在内多样化的土地流转形式。② 1954 年《法国农业法典》为了解决农村土地分散经营的问题,极力倡导农地流转,甚至规定未成年人和配偶可以共同继承一定的土地,以避免农村土地在发生继承时被分割。近年来,法国政府进一步降低地租,且由政府承担合并小块土地的费用,同时政府成立了专门性的"土地整治与农村安置公司",负责收购分散的土地并出售给大农场,以有效地解决农村土地流转的规模化问题。③

日本通过废止限制农地租佃有关的法规,促进分离农地所有权和经营权,产生以租赁为主要方式的规模经营。1961 年《日本农业基本法》取消对农村土地买卖交易的限制,以提升农地流转的效率,并解决农地的细碎化痼疾;其后随着地价上涨和农民兼业化现象,政府又提倡农地租赁和抵押,引导农民进行产业化和规模化经营。④

---

① 参见杨柳春风、胡建:《农村土地抵押的历史源流与现代继受》,载《中国石油大学学报(社会科学版)》2016 年第 6 期。

② 参见刘颖:《淮安市淮阴区政府农村土地流转管理研究》,大连海事大学 2018 年硕士学位论文,第 65 页。

③ 参见[法]泰雷、森勒尔:《法国财产法》(下卷),罗结珍译,中国法制出版社 2008 年版,第 75 页。

④ 参见[日]速水佑次郎、神门善久:《发展经济学》,李周译,社会科学文献出版社 2009 年版,第 163 页。

美国的土地所有者分为三类：私人土地、州土地和联邦土地。土地所有者在土地的抵押、转让、租赁和继承等方面享有完全不受干涉的权利，只要按照法律规定上缴土地税、房产税和农产品销售所得税等。美国的农村土地流转集中体现为土地经营权或使用权的让渡，具体体现为买卖、抵押、租赁、继承等方式。以土地租赁为例，租赁者享有因租赁行为所带来的土地权益，该土地权益可以转让、转租、抵押与继承等方式流转。家庭农场是美国农村土地经营的主要形式，家庭农场经营者所获取的一般也是土地的使用权。虽然家庭农场经营者未必享有完整的土地所有权，但是就该土地使用权本身，无论是土地抵押、转让、继承等方面，抑或土地的收益分配，家庭农场经营者享有完全自主的权利，不受任何干涉。①

（三）坚持农地农用农民用，禁止农地“非农化”

农村土地的规模化与市场化发展，须严格执行耕地用途管制制度，杜绝土地流转中的“非农化”和“非粮化”现象，防止借助“三权分置”名义通过农地流转引入工商企业，逾越耕地保护的红线。国际经验表明，农村土地流转的规模化和产业化，世界诸国都会面临“农地农用全民用”，抑或“农地农用农民用”的选择。“三权分置”赋予农业经营主体更多的土地权能，随着土地经营权的独立，工商业资本入驻农业。从国家政策层面分析，国家对工商业资本参与农地经营持谨慎态度。在规范农村土地用途方面，各国采取不同的举措，以禁止农地非农化的开发。美国政府为有效防止农地非农化，实施“保留农田制度”，由政府买断农村土地的永久开发权，控制农地买卖中的农地非农化。在法国，农村土地的抵押等流转行为必须经过土地事务所的批准，否则，农地流转不具有法律效力，同时，土地事务所还享有对小块地的优先购买权。日本则通过农地保有合理化法人组织实现农地流转集中到“认定农业者”手中，多数以上的农地租赁或抵押等流转行为都是通过它来实现。该农地保有合理化法人拥有政府背景，其从农民手中买入或借入土地，再将土地卖给或借给其他从事农业经营的主体。为促进农地尽量流转到合理化法人，对于与之交易的农户，政府采取减少税收和一次性给付所有租期内租金的方式。借鉴上述国家的有益经验，我国须坚持农地农用的原则，对流转土地农业用途实施监管，实行严格的耕地保护制度。

---

①　参见窦希铭：《土地流转法律制度比较研究——以中国、美国和欧盟主要工业国的对比为视角》，中国政法大学2011年博士学位论文，第87页。

二、域外农村土地权利结构的特征

域外不同国家的农村土地产权清晰，不存在“三权分置”，但不同土地产权及其权能结构的设计却具有一个共同点，即合理配置农地权利，提高农地利用效率。

首先，农地产权清晰，农地产权权能细化并拓展。大陆法系国家用物权法来规制土地权利，各国的物权体系存在很多共性。从理论上看，物权体系包括所有权、用益物权和抵押物权。其中，所有权是一种完全物权，所有权的权能可以分离，分离的权能也可以收回。三权并不处于同等地位，所有权居于基础和核心地位，用益物权和抵押物权都是所有权派生出来的。根据大陆法系的一物一权理论，一个物上只能存在一个所有权，所有权人对物享有占有、使用、收益和处分的权能。从罗马法所有权发展轨迹来看，所有权的发展过程实际上是所有权的权能束不断分化的过程，使用形态的权利分化产生用益物权，价值形态的权利则分化产生抵押物权。[①] 任何一项相对独立的财产权利绝不是四项基本权能中的某一项或某几项简单叠加，四项基本权能的内涵和外延会随着经济社会的进步不断发展，或者几项权能通过相互间的分离和重组形成新的财产权利类型。大陆法系国家大多实行土地私有制，所以农户对农地有充分的自主权，可以按照市场机制自由流转土地。用益物权是指对他人之物的使用价值予以利用的权利。随着生产社会化程度的提高，为了提高农地产出率和劳动生产率，大陆法系国家允许用益物权以抵押、租赁、买卖、继承、赠与等方式流转，进一步细化和拓展了农地产权的权能。由此可见，大陆法系国家农地产权清晰，而且形成了比较完整的权利束集合。

而在英美法系，不存在所有权中心主义，也没有列举所有权权能的规定，但是与大陆法系在法律规定的精神与土地权利的内容上尚存在共同点——对土地享有合法利益的人都会享有对土地的相应产权。英国、美国等国家以土地利用为核心，构建其土地权利制度。例如，英国法律规定土地归国家所有，但这并不会减弱土地使用者充分享有土地产权的权利，个人保有土地进而拥有土地的占有权、使用权和收益权，该权利人可以通过占有、使用直接支配土地，也可以通过对土地收益的支配间接支配土地，国家所有权已经逐渐虚化。

综上，大陆法系和英美法系存在很大的差异，但两者在产权的设置上都是

---

① 参见马新彦：《罗马法所有权理论的当代发展》，载《法学研究》2006 年第 1 期。

清晰的，在法律规定的精神与土地权利的内容上也是相通的。土地产权关系“以归属为中心”发展为“以利用为中心”。随着社会经济的发展，早期“以归属为中心、以所有权为核心”的土地产权制度变得日益不合时宜了。因为此种产权制度旨在保护所有物的静态归属和支配。众所周知，产权制度的功能不仅是确认权利主体对财产的占有和支配，还能促进财产的动态利用。所有权只表明权利主体对财产的占有和支配状态获得法律的认可和保障，并不一定会带来财富的增值。而财富的增值是以财产的持续运动、合理利用和优化配置为前提的。因此，随着社会化分工越来越细，社会化大生产协作程度越来越高，物权由“抽象所有权”发展到“具体利用”，由“注重物的实物形态的归属”发展到“注重价值形态的支配”。各国农地产权制度经过历史变迁，到现代的农地产权制度，经历了由最初重视农地的归属转向后来重视农地的利用，农地所有权有所减弱，或者说农地所有权社会化趋势日益明显，承担的社会功能越来越多。当今很多国家都存在所有权社会化的趋势和相关规范，它们通过农业特别立法，强加给所有权人耕作等充分利用农地的义务，如果所有权人在一定期限内没有实际利用土地，那么将丧失所有权人资格或被强制出租。换句话说，不履行义务就被剥夺权利，履行义务是获得权利必需的前提条件。相比农地所有权的弱化，农地使用权有所强化，使用权围绕着提高农地产出率和劳动生产率越来越受到重视，而且这一趋势日益明显。

三、域外农村土地产权制度及其权利结构对我国的启示

首先，顺承大陆法系的思维方式，保留大陆法系国家土地用益物权制度的基本理论框架。长期以来，我国一直沿用大陆法系的产权模式，即土地物权包括所有权、用益物权和抵押物权，所有权是绝对的权利，具有占有、使用、收益、处分四项权能，所有权与用益物权都是物权，其内容都是由法律规定的，但用益物权是他物权，是由所有权派生的受限制的权利。我国设计土地归属和权利利用体系，一直沿用这一模式，并构筑了用益物权体系。我国《宪法》中明确规定了土地归全民所有和集体所有，土地使用权属于用益物权。

德国和法国等国家的制度基础和设计背景与中国相距甚远。[①] 大陆法系发达国家用益物权的基础是私有制，土地归属于个人私有，永佃权等用益物权虽然是为了保护土地利用人的权益，但它构筑了土地利用人向所有人负担租

① 参见高富平：《中国物权法：制度设计和创新》，中国人民大学出版社2005年版，第263页。

费的关系;而我国是土地公有,土地使用人面对的是集体或国家,而不是个人,虽然也向集体或国家缴纳使用费,但是为了确保土地的合理利用和调解供求矛盾。正是因为两者的制度基础不同,我国的土地用益物权制度不可能完全纳入大陆法系所有权和用益物权的制度框架。因此,我国在借鉴与沿用大陆法系国家用益物权制度的基础上进行制度设计,确保农地的有效利用,提高农地的经营效益。

其次,吸收英美法系地产权设计中的权利开放体系,使农地经营权独立化并拓展其权能。为了充分利用和优化配置土地,英美法系国家创设了地产权制度。地产权成为所有权的客体,设立地产权的逻辑是以无形物取代有形物。英美法系中,所有的地产权均有平等的性质,都是对特定土地利益的支配权,只是支配权的时间、内容等有所不同。这种权利体系设计是开放式的,有利于促进和推动土地的市场流转。

在我国,土地用益物权可以同英美法系的地产权一样定位为独立的财产权利,土地使用权人享有占有、使用、收益的权利,并赋予某些处分的权能。但是,土地使用权人并非完全拥有土地,他所处分的只是将土地使用权进行买卖、抵押、租赁、赠与、继承、信托、入股等使用权。此外,由于农地的稀缺性,同时承担着特有的社会功能和景观生态功能,这就需要确立相应的财产权利秩序调节权利主体之间的利益,以便达到对土地的可持续利用,所以,从拓展权能的角度看,其权利自由不是无止境的,而是必须要受到限制的。同时,从国家干预农地权利行使角度看,这种限制必须是合理的、适度的。对于我国农地制度改革的启示就是:必须尊重农民对农地承包经营权权能拓展和限制的意愿,以兼顾效率与公平为价值取向,进一步优化农地产权结构,平衡农地产权各相关主体的利益,既拓展农地承包经营权权能、保护农民土地权益以重构社会秩序,又通过国家的农地管理制度对其进行适当的限制,以满足社会公共利益的需要。

最后,赋予农民稳定和明晰的农地产权,同时推动农地产权流转的市场化进程。从国外农地产权制度的经验看,无论什么时期,只有使农民真正获得稳定、清晰的农地产权,才能真正从根本上调动农民的生产积极性,最大限度发挥农地的激励功能,从而实现农业持续稳定的发展。比如,美国在建国初期就把公有土地通过拍卖和赠送分配给私人,确立了家庭农场制度。无论何种形式获得的土地所有权归属都是清晰的。在土地占有和使用方面,在法律允许的范围内,土地私人所有者享有充分的自主经营的权利,政府若要管理和控制土地的利用,不能采用强迫和指令的方式,只能通过农业支持项目吸引农场主调整其产业结构;在土地处分方面,土地私人所有者享有完全的处分权,包括继承、转让、抵押等;在土地收益方面,土地私人所有者只需缴纳土地税和农产品销售所得税,放松对农地流转的各项管制,发挥市场机制在农地资源配置中的决定作用。

第四章　城乡统一建设用地市场：交易主体与客体

第一节　城乡统一建设用地市场的交易主体

一、农村集体建设用地的交易主体

集体建设用地使用权流转的流出方主体包括所有权人和使用权人。上述两主体皆可就集体建设用地使用权进行市场化流转，具体的流转方式包括但不限于出让、出租、抵押、作价出资或入股等。集体土地所有权人的流转，又称集体建设用地初次流转，初次流转须经过农民集体成员大会的民主议定程序；而集体土地使用权人的流转，只要在使用权期限内，其无须经过农民集体成员大会表决。集体建设用地再次流转时，应告知农民集体，但在其使用期限内无须征得农民集体同意；集体建设用地使用权的再次流转，属于土地使用人之间意思自治的民事行为，应由当事人自行选择。

农村集体建设用地权能释放的路径，乃明晰农村土地产权，发挥其土地的价值。理论上，集体建设用地的地权形态属于用益物权的范畴，理应坚持用益物权的独立性，土地权利的转移或于其上设定其他权利不受国家所有权和集体所有权的影响，其在一定范围内依法转移，实质是财产权利的转移。国家对集体建设用地流转方式的管制导致农民集体无法自主选择，法律上应当逐步放开对其流转方式的管控，允许农民集体或用地者根据实际情况自主选择并实施包括出让、转让、出租、转租、抵押、入股和联营等在内的集体建设用地流转，让权利主体和市场来决定流转的数量、范围和价格，避免行政权力决策的失误和节省成本，同时通过建立集体建设用地有形市场、简化行政审批和许可手续、出台配套政策支持等方式，积极营造集体建设用地流转的市场氛围，推动集体建设用地的有序流转。

市场经济的本质是法治经济，健全土地产权制度和流转顺畅的城乡统一建设用地市场，必须明晰城乡统一建设用地市场中具体交易主体的法律人格。作为农民土地所有权的主体，"农民集体"在此前呈现虚化、非实体化、权责不清等缺陷，为落实农民集体的财产权益，应赋予农民集体以法人地位，独立地享有民事权利和承担民事义务，并变更原来的"村民小组—村集体—乡镇集体"三级所有，为"村集体"一级所有。从历史传统、现实情况和文化心理等多角度考虑，村集体更容易为广大农民所普遍接纳和认同，基于上述习惯、文化和心理等考量，法律应赋予村集体以法人地位，并享有集体土地所有权。

（一）农村集体建设用地使用权的主体："农民集体"

在国家、集体和农民三者的关系框架内，农村土地权利结构的革新意味着至少要面对三个部分的限制：国家利益的维护、集体组织利益的维护、集体内部土地权利和义务的公平划分。[①] 法律本身是各个利益主体博弈最终达到的一种权利义务平衡的状态。[②]

对农民集体进行民法改造时，应选择法人形式抑或非法人形式是一个难题。个人认为应在法律中明确农民集体的含义，并将其界定为私法人，以便为农村土地权利担保等相关民事行为提供法律依据。

学术界针对农民集体的非法人团体改造提出三种典型观点，即合有、集合共有和总有。合有模式中农民集体的权利义务是由全体农民承担，农民以群体形式拥有集体土地所有权。[③] 但是，在集合共有模式下，农民集体乃是自然人以群体集合形成的共同体。这与我国国家性质和基本经济制度相背离，囿于政治的刚性约束，该种形式显然是不可行的。多数人的相互结合构成总有，但其是以一个团体的形式存在。[④] 总有权与现行土地所有权具有一定的相似性，但是分析整个历史发展进程，土地总有团体并没有持续保持非法人团体的状态，其受到罗马所有权理念的熏陶，终而形成了法人形态。何况因受罗马法传统的影响，我国集体土地所有权并非普通的私权利，而是表现了集体共有利益的私权利。故而，亦应抛弃把农民集体界定为财产是"总有"形态的其他组

---

① 参见刘守英：《土地制度与农民权利》，载《中国土地科学》2000 年第 3 期。

② 参见高飞：《论集体土地所有权主体之民法构造》，载《法商研究》2009 年第 4 期。

③ 参见王铁雄：《集体土地所有权制度之完善——民法典制定中不容忽视的问题》，载《法学》2003 年第 2 期。

④ 参见韩松：《集体所有制、集体所有权及其实现的企业形式》（修订版），法律出版社 2009 年版，第 136 页。

织的观点。[①]

从我国法律所确认的民事主体形式来看，唯有对集体土地所有权主体进行法人化改造。当前代表性的法人改造方案有四种模式，即农村社区法人制模式[②]、自治法人制模式[③]、农业合作社法人制模式[④]和股份合作社法人制模式[⑤]。农村集体土地所有权被虚置化是农村现实场景中无争议之事实。集体土地所有权欲成为一项真正的权利，改造的重点在于农民集体"实体化"，旨在解决现行集体土地所有权的主体"虚置"和"缺位"问题，从而祛除现行集体土地制度之病根。所谓"农民集体"本身即是一种社区集体组织，而在实践中可以将集体成员组织起来的途径是客观存在的。在江浙一带的农村，作为集体组织代表的各种经济组织在地方立法的授权和约束下行使着管理经济的职能，通过对"农民集体"的再组织化，做实集体土地所有权的行使主体——农民集体组织，将其定义成自主经营和自负盈亏的法人，并进行民法化构造。

保护农民的权利自由，进而实现农民的生存和发展，是民法化改造进程中应遵循的普遍价值准则。[⑥] 农民集体组织的建立需要以一定的农业人口和土地为前提，因而在很大程度上调整了农村的社会关系，也会牵涉国家政策，并不是完整意义上的意思自治。在设立农民集体组织时，需要采用特许的方式，并且需要经过法律和国家的许可。简言之，农民集体组织的设立应采取特许主义设立方式，必须经过专门的法律或国家的特别许可，从成立之日起即具有法人资格，不要求办理法人登记。

目前农村社会仍然存在村农民集体、村民小组农民集体和乡镇农民集体三种形式，而且此种情形在今后相当一段时间内不会改变。[⑦] 因此，立法上确认三种农民集体并存的社会现实，契合农村土地权利担保流转的现实需求，并

---

① 参见韩松：《论集体土地所有权的性质》，载《河北法学》2001 年第 1 期。

② 参见张广荣：《我国农村集体土地民事立法研究论纲》，中国法制出版社 2007 年版，第 131 页。

③ 参见黄辉：《农村土地所有权制度探讨》，载《现代法学》2001 年第 4 期。

④ 参见胡君、莫守忠：《集体土地所有权主体的反思与重构》，载《行政与法》2005 年第 12 期。

⑤ 参见綦好东：《我国现行农地产权结构的缺陷及重构的实证分析》，载《农业经济问题》1998 年第 1 期。

⑥ 参见高飞：《论集体土地所有权主体立法的价值目标与功能定位》，载《中外法学》2009 年第 6 期。

⑦ 国家立法上及地方立法上亦出现很多称谓，如农民集体、农村集体组织、农村集体经济组织、乡镇集体经济组织、村民委员会、村民小组、村集体成员集体等，这不仅一定程度上造成混乱，且极易产生农村集体土地所有权行使上的冲突。加之实践中，村民委员会往往代位"集体经济组织"行使集体土地所有权，作为村民自治组织的村民委员会具有了公私双重角色。

有利于减少当下制度改革的成本，但长远来看，待立法条件成熟时理应将三级农民集体改造为村农民集体为宜，即确立“村级农民集体”作为单一主体。①

农民与集体之间权利义务关系的不明确，是集体及其成员无法建立起真正民事法律关系的关键所在。二者的关系长期停留在计划经济时代所确立的固定模式化的公有制之上，其最大特点就是只有理论上的集体关系，而无实际上的可操作性。任何一个集体成员都不享有对集体任何部分财产的直接支配权，实际上是一种只具象征意义的所有制，而不能直接落实到民法的权利义务上。因此，有必要重新建立起集体与其成员之间的民事权利义务关系。

1. 农民集体民法化改造的直接方式

农民集体改造为民法上的法人，使其具有独立的法人人格。将集体与成员之间的关系股份化，可以设立村民（股东）大会、集体委员会（董事会）和村民监事会等机构，分别承担起权力机构、决策执行机构和监事机构的职责。农民集体作为法人对其集体范围内资产享有所有权，农民成为股东，其对集体享有股权，以行使表决权方式形成集体意思，同时通过从集体中分红（股息）的方式体现其对农村土地的收益权。

2. 农民集体民法化改造的间接方式

所谓间接方式，乃赋予产生于所有权的用益物权与所有权相同级别的地位与保护。集体成员作为集体法人股东和作为集体土地的用益物权人并不必然发生冲突。淡化农民集体所有权，而使其衍生出的用益物权具备“类所有权”属性，承担农村土地流转中权利起点的作用。如大陆法系国家，其德国地上权就具有类所有权性质。这种“类所有权”的属性不仅与大陆法系的物权法传统有关，而且于我国传统社会中的土地权利也是有据可循。如我国古代一直都存在所谓“田骨”（土地所有权）与“田皮”（土地使用权）相分离的产权经营模式。集体所有权的存在使得农民在法律上失去了对土地进行直接支配的理由，而集体自身的缺陷又使其无法真正承担起组织农民对土地进行支配与收益的职责，故直接越过集体所有权而给予集体土地上的用益物权以充分的法律保护，这就意味着在不改变所有制基础的情况下，实现了“地权归农”

---

① 乡镇规模的扩大带来了全乡（镇）农民直接参与的不可能性，组织全体成员参加决策势必面临高昂的组织成本；村民小组组织形式不健全、功能逐渐退化，其制约了集体土地的优化配置与规模经营；农村基层民主自治建设为塑造村级集体土地所有权主体提供了良好的民主土壤和丰富的自治经验。

的改革理想。给予农村土地使用权与所有权一样的保护,还需要法律的修改完善,以及对权利存续时间、权利流转的限制、权利内容的限定等问题予以细化。

(二)整顿农村集体经济组织的组织结构,明确集体土地入市的交易主体

在现行《民法典》已经赋予"集体经济组织"独立法人地位的同时,应对农村集体经济组织的组织结构予以改造,主体资质除民法规定的条件(民事权利能力和民事责任能力)外,还需要结合地籍调查和不动产登记程序加以确认。在主体制度完善方面,具体的立法建议如下:

1. 让农民集体成为交易的主体

集体土地入市的市场主体,在共同共有的农业生产合作社应是其社员大会或社员代表大会;在按份共有的社区股份合作社(或公司)应是其股东大会和理事会。只有他们才有权决定建设用地使用权是否入市,决定建设用地使用权人和宅基地使用权人是否可以转让其建设用地使用权和宅基地使用权,村支书、村主任和经理只是其办理入市事务的委托代理人,没有集体土地入市的决策权。所以,在集体土地入市之前必须做好集体经济组织组织结构的改造工作,对集体经济组织的内部治理结构予以完善,避免出现垄断土地交易的"村头""村霸"等负效应。

2. 拓展农村集体建设用地使用权受让人的范围

集体建设用地使用权流转之后的受让主体,既可以是本农民集体的成员、本集体乡镇企业,也可以是本农民集体之外的自然人或企业组织。集体建设用地流转的对象目前没有明确规定,在具体实施中理论上存在以下两种可能:其一,入市后只能与国家发生交易,此种方式下,国家处于强势地位,集体土地所有者或用地者与代表国家的政府协商土地价格时处于不利地位,最终只会形成新的土地垄断;其二,集体建设用地所有权人或使用权人可以自由选择交易对象,可以与政府交易,也可以与其他主体进行交易。集体建设用地使用权受让人范围的自由化,有利于保护土地权利人的土地权益。集体建设用地交易可以自由选择交易对象,唯一的缺点在于其必然涉及农民集体、农户、用地单位或个人等多方主体,且每一主体的权利义务内容都需要明确予以界定。

3. 以法律解释的方式对《宪法》第 10 条予以限定

全国人大通过法律解释对《宪法》第 10 条予以限定,撤除不必要的市场准入限制,城乡统一的建设用地市场必须是开放的、竞争性的。为此,需要修改或重新解释《宪法》第 10 条关于城市土地国有的条款,避免再次出现政府

将县改市、乡改镇,划一条城镇边界就把集体土地国有化的做法,以保护集体土地所有权,并使集体土地也能参与城市建设。

4. 法律上赋予集体土地与国有土地平等地设定和处分建设用地使用权的权利

修改《土地管理法》等法律法规,赋予集体土地与国有土地平等地设定和处分建设用地使用权的权利,赋予农户对农村宅基地使用权的处分权,保证集体经营性建设用地和宅基地在市场上与国有土地平等竞争、公平交易。

5. 由农民集体与土地需求者协商决定价格

土地入市的价格应该由交易双方谈判协商决定,而不是政府定价。政府可以建立交易平台,而不能成为集体土地交易的代理者,不能代替集体出让土地。赋予农民决定权、签字权。建设用地使用者如果决定购买集体建设用地,他可以自由地选择与农民集体谈判,而不是去找政府。政府主要是服务性和监督性的角色,也可以制定一些指导价,但不能过度干预。

(三)其他交易主体

1. 农民集体成员

作为交易主体的农民集体成员,必须具有非农职业或具备稳定的收入来源。农村土地的社会保障功能渐趋弱化,然而在一定过渡性的历史时期内仍需考量农民的社会保障问题。

2. 农户

农户并不是一个法律意义上的概念,同时也是一个不确定的概念,婚姻状况的变化和人员的改变皆能引起农户的变化,作为一个过渡阶段的民事主体,其将逐渐走向衰亡。但基于实践中以“户”承包集体土地和申请宅基地的事实,也应考虑以“户”的形式抵押的情形。内部关系上,户内部的权利义务并非均分,但农村土地权利抵押事务属于共同共有事务的处理,理应由农户中家庭成员共同决定,即使有的家庭成员尚不具备完全民事行为能力,也应家长通过法定代理程序为之。[①] 外部关系上而言,应类推适用《民法典》第 307 条规定,共有人对外债务的承担规则,即在法律上农户中的成员皆对外负连带清偿责任。

遵循自然人或法人权利主体为法律行为的法律本质,“农户”在农村土地

① 参见王冠玺:《从法律视角谈我国农村土地融资的相关问题与建议》,载《财政研究》2010 年第 8 期。

权利抵押法律关系中的民事主体地位将随着社会发展逐渐被农民个体，以及家庭农场、农民专业合作社和农业公司等新型民事主体所取代。

3. 家庭农场

家庭农场的法律组织形式为非团体法人，拥有独立的字号“意志”相对独立的财产，依据我国国情，家庭农场的法律地位介于专业大户与农民合作社之间一个过渡的经营主体。家庭农场以家庭为单位，民事主体上为非法人组织，享有名称权和独立的财产。[①]

4. 农民合作社

作为互助性的经济组织，其依法登记，并取得法人资格。[②] 以土地抵押合作社为例，其一，农民可以根据合作原则组建，并可将其作为农村土地权利合作的基层组织，负责贷款的发放与抵押土地权利回收等操作。其二，农民将土地权利证书交存合作社而取得社员资格，其办理农村土地权利抵押贷款，并清偿完土地银行的债务后，抵押的土地权利收回，则自动退社。

5. 农业企业

农业企业包括取得法人资格的农业公司，以及属于其他组织范畴的农业企业。如农业产业化龙头企业等新型农业经营主体。其他民事主体在外延上涵盖了合法取得土地经营权、宅基地使用权和集体建设用地使用权的一切民事主体（见表4－1）。

表4－1 现代农业经营主体

传统种植大户、专业大户和家庭农场	农户自营
专业合作社	合作社经营
农业企业	企业化经营

二、城乡统一建设用地市场交易主体之完善

（一）赋予“农民集体”法人地位，并实化“农民集体经济组织”

所谓“农民集体”本身即是一种社区集体组织，在实践中可以将集体成员组织起来的途径是客观存在的，在土地承包经营权和宅基地使用权的配给和

① 参见贾超翔、张新民：《论家庭农场的法律地位》，载《宁夏社会科学》2014年第5期。

② 参见周荣荣：《农民专业合作社法解读（二）——注意把握法律贯彻实施中的几个关键问题》，载《江苏农村经济》2007年第2期。

市场化流转的法定程序中，一般通过村民大会或村民代表大会作出意思表示，而在江浙的某些农村地区，作为集体组织代表的各类经济组织履行着对农民集体的经济管理职能。在实行土地股份合作制的地区，农民已经通过各种股权的设置明晰了其对集体资产的收益比例。上述地区实践不但说明集体资产的管理和使用呈现越来越清晰和有序的态势，亦体现出农民有进一步组织起来行使和维护自己权利的意愿和渠道。随着上述地区实践的拓展与推广，农民集体就可以进化为“农民集体组织”。选择在当前村民自治模式的基础上将其改造为自治法人形式，亦可选择合作社、股份合作社、公司制等法人形式。无论采取何种法人形式改造农民集体，其都应当定位为私法人，并去除一直承担的行政职能。保护农民的权利自由，进而实现农民的生存和发展，是对农民集体进行法人改造进程中必须遵守的普遍价值准则。从立法角度上分析，全国人大常委会可针对《民法典》中的集体所有权进行详细的解释。农民集体组织的建立并不是完整意义上的意思自治，其需要以一定的农业人口和土地为前提，必然在很大程度上调整农村的社会关系，也会牵涉国家政策，在设立农民集体组织时，需要采用特许的方式，并且需要经过法律和国家的许可。

《民法典》既未明确规定农民集体的构成要素和运行准则，亦未明确所有权人代表的产生方式和行为模式。除了还原村民自治组织、合作社和股份合作社等农民集体组织的私法主体属性，增强其在市场经济中的博弈能力和自主力量外，还要通过配置相应的法律权利，进一步强化农民集体作为行使主体的法律地位，激发集体土地资产经营的活力。农民集体是民事主体，首先，需具有民事权利能力和民事行为能力，即其要享有相应的权利和承担相应的义务。正如日本民法学家我妻荣所言：“在现代私法关系中，构成私法关系中心的是权利主体。权利的享有主体，同时也是义务的承担主体。”[①]其次，作为民事主体必须要有其自身的意思形成与表达的机制或方式。以在村民自治模式的基础上改造的自治法人形式为例，作为法人的一种具体类型，村民成员大会为集体土地法人的权力机关；另外，在村民委员会之外可设立一个负责管理村内日常事务的理事会，理事会的负责人为法定代表人。在理事会之外，农民集体成员人数较多的地区可以依据需要设置法人的监督机构——监事会，人数

① ［日］我妻荣：《我妻荣民法讲义Ⅰ：新订民法总则》，于敏等译，中国法制出版社2008年版，第40页。

较少的地区可不予设置。无论是否设置监事会,可在村务公开制度的基础上设立对应的监督制度,将监督权力赋予每位村民。

(二)农民集体"成员权"的判定

按照现行法律规定,只有取得农民集体成员的身份,才能初始获得集体建设用地使用权。既往农民集体"成员权"的判定,尚未存在统一的适用标准。将在"农民集体"主体状态下模糊的成员权转化法人状态下较为清晰而有序的成员权,是确保集体建设用地流转法律制度运行的前提条件。

1."农民集体"成员资格的确定

农民集体系农民个体组成的团体性组织体,农民集体的意志由作为集体成员的农民表达,权利和义务关系由农民来承担。究竟谁才是农民集体的适格成员?我国立法对此没有作出明确规定。按照相关规范性文件和惯例,农村集体成员的资格获得主要分三类:一是 20 世纪 50 年代创设农业合作社时的入社成员;二是农村集体成员所生子女;三是特殊情况迁入的人员,包括嫁入、入赘、收养迁入等取得农村集体成员资格。但在实践中,法律上成员资格固化的"农民集体"与现实中"集体成员"的动态性是相互矛盾的。农村集体成员资格的冲突层出不穷,如超生子女、户口迁出人员等的集体成员资格只能取决于习俗或村民意志。随着社会的发展,农业人员的流动性大大增强,农民集体成员在界定过程中会遇到户口、土地、身份等方面呈现的复杂化状况。无论是立法层面,抑或司法实践,理应考量其户籍登记情况、实际社会生活范围、对农村土地的生存依赖程度、对农民集体土地的贡献和实际的土地投入等综合因素予以判别。

土地是农民的生存之本。在集体经济组织内部,农民无论享有耕作权利自由的土地承包经营权,还有享有居住使用权利的宅基地使用权,都属于国家为保障农民的生存权而通过法律赋予农民集体成员的权利。故,农村集体经济组织成员应以是否以土地作为最基本的生活保障来源及是否长期在农村集体经济组织内部从事生活劳动作为最重要的判断标准,并综合考量其户籍登记情况、实际社会生活范围、对农民集体土地的贡献和实际的土地投入等因素,否则将会导致实质意义上的不公平。①

① 参见王炎梅诉长沙市开福区人民政府征收安置补偿纠纷案,湖南省高级人民法院行政判决书,(2020)湘行终 475 号。

2. 成员权的权利内容

所谓成员权，是指农民个人成为"农民集体"的资格权，获取该资格后对农民集体享有权利和承担义务。农民个人和集体的关系涉及成员权当中的重要问题，农民获取土地财产权的逻辑前提是首先得成为"农民集体"中的一员，假设其不具备该成员资格，自然无法享有农民集体所有的土地上所附着的所有财产权益。现行法律对于成员权的权利内容规定并不具体，但通过对相关规范性法律文件的解释，可以间接地推导出成员权的具体权利，包括但不限于以下权利，即农民集体相关事务的表决权、知情权、撤销权，农民集体财产的管理权与收益权，以及对农民集体的监督权。由于上述很多权利并非来自法律的直接规定，而需要间接性法律解释才能得出其权利内容，故而削弱了农民对农民集体的认同感，实践中上述成员权权利内容的落实遇到障碍。① 在学理上，德国法学家卡尔拉伦茨认为，成员权的权利内容区分为两类：一是机关形成权，即可以作为成员对集体事务的表决权，管理集体事务的被选举权，以及参加集体各类会议或决策的权利。二是收益权，即成员可以从集体本身获得相应的利益或权益。机关形成权是收益权的基础与逻辑前提，收益权是机关形成权的目标与归属。②

3. 农民集体的民主议定程序

农民集体的民主议定程序主要是指对于重大事项的决策，必须经过农民集体成员会议的民主表决程序。若将乡镇、村和村民小组的三级农民集体改革为村一级农民集体，则农民集体的民主议定程序主要指所有涉及农民集体的重要事务必须经过村民会议或村民代表大会表决通过。村民会议为村农民集体法人的权力机关，只要本农民集体内部具备完全民事行为能力的村民，皆可自动成为村民会议的成员。常规性重要事项应经过1/2以上的农民集体成员出席，并经过出席农民集体会议的1/2以上的成员表决同意；特别重大事项理应经过2/3以上的农民集体成员出席，并经过出席农民集体会议的2/3以上的成员表决同意，方为农民集体会议通过。

---

① 参见陈小君：《我国农村土地法律制度变革的思路与框架——十八届三中全会〈决定〉相关内容解读》，载《法学研究》2014年第4期。

② ［德］卡尔·拉伦茨：《德国民法通论》（上册），王晓晔，邵建东等译，法律出版社2003年版，第222页。

第二节　集体建设用地入市的交易客体

一、集体建设用地入市土地的客体范畴

(一)城乡统一建设用地市场背景下农村集体建设用地的客体分析

国家标准《土地利用现状分类》中一级和二级分类表中均未有"建设用地"类,只是在《市县乡级土地利用总体规划编制规程》的附录中列有农用地、建设用地和未利用地3个一级地类,并且续分了11个二级和33个三级地类。

若欲区分经营性用地和公益性用地,也即实现由土地集体所有与国家所有的传统的城乡二元土地所有制向新的双轨制转变,需建立适应当前市场经济的城乡统一的经营性建设用地有偿使用管理制度和城乡统一的公益性建设用地划拨使用管理制度。在国家标准方面,法律中有关"建设用地"的定义应与土地利用现状分类相协调,要在当前法律制度中对经营性用地进行定义并区分经营目的性和公益目的性。与国有土地同等入市并不意味着同步开放入市所有的经营性用途的集体建设用地。开放集体经营性建设用地市场的改革,需要综合考虑发展需要、风险控制、利益平衡、制度配套等诸多因素分步地稳妥推进。

集体经营性建设用地使用权和宅基地使用权,皆应属于集体建设用地市场化流转的客体范畴。① 以使用功能为标准,集体建设用地使用权可划分为经营性和公益性两类。

(二)集体建设用地使用权的客体区分经营性用地、公益性用地和宅基地

根据相关法律,到目前为止,我国并不存在一个法定的确切定义来界定"集体建设用地"。按照土地用途,集体建设用地使用权可分为公益性和经营性两类。② 集体建设用地,若根据其最初取得的权利主体进行划分,则可分为三种:其一,乡(镇)村企业建设用地。它是指乡(镇)村农民集体成员集资联办的企业和集体成员的个体企业使用的集体土地,以及农民集体兴办的企业

---

① 参见张坤、胡建:《农村土地抵押中的风险释缓:域外比较与中国实践》,载《河北法学》2017年第8期。

② 参见高富平:《建设用地使用权制度创新及其立法选择》,载《上海财经大学学报》2013年第2期。

和农民集体以该土地使用权出资于其他主体兴办的联营企业所使用集体土地。其二,乡(镇)村公共设施及公益事业用地。公益事业用地,是指集体组织举办的用于满足社会公益的公益事业而使用的集体土地或用于满足集体成员在教育、文化、医疗、体育等方面的需求而使用的集体土地,如建设医疗机构、学校等占用的土地。其三,宅基地。虽然《民法典》在"物权编"以"宅基地使用权"为题作了专门规定,将其定位为一种独立的有别于建设用地使用权的独立用益物权类型,但根据《土地管理法》的规定和法理的逻辑,宅基地使用权也是集体建设用地的一种,故本书在论述时也将宅基地使用权纳入集体建设用地使用权的范畴予以论述,仅因考虑其特殊性而予以单列。

(三)建立城乡统一的建设用地使用权制度

构建城乡统一的建设用地市场亟待拓展集体建设用地使用权权能,可以考量在国有土地出让制度的基础上,创设与其具有同等法律地位的农村集体土地出让土地使用权制度。存量集体建设用地基本上是低价或无偿取得,其使用权相当于划拨土地使用权,而且是一种保留集体土地所有权形式的划拨土地使用权。因此,可以比照城镇国有划拨土地入市进行准入市场管理,建立城乡统一的建设用地使用权制度。允许农村土地使用者缴纳一定标准的土地增值收益后,在继续保留集体土地所有权情况下取得出让土地使用权,并依法可以转让、出租、抵押和作价出资入股。对于经交易许可流转入市的集体建设用地以及存量集体建设用地和村组兴办公益性事业的新增建设用地,前者可依照保留集体土地所有权形式的划拨土地管理,后者可纳入出让土地使用权的管理轨道。简言之,将集体建设用地使用权细分为对应国有土地划拨制度的集体土地划拨使用权,以及对应国有土地出让制度的集体土地出让使用权,并在统一的出让土地使用权制度基础上建立统一的城乡建设用地市场。

2004 年修正的《土地管理法》对使用集体建设用地进行了严格限制,只有以下四种情形可以使用集体建设用地:(1)农民集体经济组织兴办企业;(2)乡镇村公共设施、公益事业建设;(3)农村村民建住宅;(4)集体经济组织与其他单位、个人以土地使用权入股、联营等形式共同举办企业或乡镇企业破产、兼并致使集体建设用地使用权转移。上述立法限制制约了市场配置土地资源决定性作用的发挥,影响了土地资源集约节约利用,限制了农民财产性收入增加。

2019 年修正的《土地管理法》将原来可使用集体建设用地的四种情形拓展至八种,除了上述四种之外,还包括以下四类:(1)规划确定的商业、工业等经营性集体建设用地,农民集体可将建设用地使用权以租赁或出让等形式流转给其他法人、非法人组织或自然人;(2)返乡下乡创业人员,可用闲置宅基地和房屋发展农家乐;(3)返乡下乡创业人员,可以租赁方式或者与农户合作形式改建自住房;(4)以出让、租赁、入股等形式所获取的集体建设用地使用权,可用于商业、工业、养老、乡村休闲旅游等项目建设。

(四)集体建设用地有偿使用

经过民主议定程序之后,获得集体建设用地使用权的民事主体必须向农民集体缴纳使用费用(出让金、租金等形式)。农民集体取得的集体建设用地使用权出让金、租金或者其他融资收益,首先用于本农民集体成员的各项社会保障基金的建立和缴纳,剩余部分在提取税收之后归农民集体。而集体建设用地再次流转之时,其转让的收益在缴纳使用费用(出让金、租金等形式)和相关税费后,剩下的全部归使用权人。

(五)集体建设用地使用权期限

法律对国有建设用地使用权的期限规定可作参考,同级别和相同使用用途的集体建设用地使用权,其最高期限范围可以参照国有建设用地使用权规定的期限执行。在上述最高年限范围以内,基于流转主体双方的意思自治,双方可以自由约定具体的流转期限。该做法改变了既往在立法上生硬规定具体期限的方式,使之在法律最高期限范围内保持一定灵活性,是对僵化的物权法定原则的缓和,更有利于提高集体建设用地的利用效率和土地效益。

(六)集体建设用地用途管制与土地总量控制

集体建设用地流转不得违反建设用地总量控制和用途管制。根据使用目的与土地用途,集体建设用地使用权的权利期限不得超过同类用途国有建设用地使用权的规定。集体建设用地使用权流转不得突破建设用地总量,不得违反土地用途管制和土地利用规划。国家法律限制农村集体土地自由流转的初衷是为了保护耕地,促进集体土地流转的根本目的是盘活农村集体资产,但保护耕地的基本前提不可违背,因此,农村集体土地必须在符合土地利用规划和城镇(村)总体规划的情形下方可流转,保持城乡建设用地的总量不变、用途不变。

二、农村集体经营性建设用地

农村集体经营性建设用地,主要指用于生产经营、通过获取经营利润实现土地财产收入的用地范畴,是农村集体建设用地中扣除完全居住用途的土地、公共利益用地(公共设施和公益事业用地)之外的土地。[①] 农村集体经营性建设用地可以直接入市。从已然形成的事实状态上分析,其主要包括三个核心要素:(1)除传统的农业生产经营之外的农村土地;(2)所有权仍然属于传统意义上的"农村集体",但其位置已经不在传统意义上的"农村"而是位于城市或城乡接合部;(3)商业性经营用地。

集体经营性建设用地应与城市国有土地同等入市和同价同权。如果将城乡接合部的土地要素、资金要素打通,打破垄断性行业,将带来很大的增长潜力,而这也是当下国家所提倡的供给侧结构性改革所要解决的问题。虽然集体经营性建设用地与国有建设用地在性质上都属于"建设用地"范畴,但二者在权属、管理体制和制度供给等方面仍然存在根本区别。因此在集体经营性建设用地流转的管控未有实质性变革之前,所谓"城乡统一的建设用地市场"在形成初期只是一个表象,要经历相当长的过程,尤其是要在我国土地二元所有制格局有了实质性的突破之后,才可能形成真正统一的建设用地市场。

欲通过农村土地权属制度的创新使集体经营性建设用地流转面临的"瓶颈"问题得以克服,并以此促进城乡统一建设用地市场的形成,需做好以下几方面工作:

首先,应当通过修改法律,明确集体经营性建设用地的法定范围。除应当承认属于因为历史原因形成的"既成事实"的集体经营性建设用地的合法性外,法律还应当明确,凡是因规划调整,原有的农业用地在用途上变更为工商业建设用地的,除具有公共利益用途的集体土地之外,均应当纳入增量的集体经营性建设用地的范畴。

其次,在农用地因为规划调整用途变更为工商业用地之后,农户持有的土地承包经营权证应当换发为集体经营性建设用地使用权证,其期限应当与土地承包经营权证的期限相同。如果因为规划的调整,原有的农地用途变更为公共利益用地,则此时仍然应当适用征收相关的法律规定,不再为农户换发建设用地使用权证,改为直接支付承包户征地补偿,并适当提高征地补偿标准。除应当依法征收的之外,外来投资者应当直接与拥有建设用地使用权证的农户谈判,以维护农户的土地权益。此外,为体现历史公平和社会公平,也可以考虑对农户转让集体建设用地使用权所形成的收入征收适当的所得税,并将

---

① 杨庆媛:《农村集体经营性建设用地流转模式思考及建议》,载《重庆国土资源》2015 年第 1 期。

这部分收入的适当比例返还给当地乡镇和村组，用于新农村建设和农村社会保障，或者由法律规定农户、村组和乡镇所应享有的土地收益比例。

再次，农户转让集体建设用地使用权之后，应当与国有土地使用权出让一样，办理过户手续，以体现其物权性质，维护交易安全。在农户以建设用地使用权入股公司、合作社时，也应当办理过户手续。与土地承包经营权不同，农户的集体建设用地使用权更具有市场价值，因此更容易流转。在因规划变更农用地为建设用地之后，农户不可能再从事传统的农业生产经营活动，而只能转行，因此应当允许农户根据市场行情自由地处分其土地使用权，实现土地资源的最优配置。①

最后，立法上须支持与鼓励集体经营性建设用地的入市流转。具体而言，需在立法上明确以下行为的合法性：其一，法律上对"出让、租赁、抵押、入股"的土地受让方或使用者身份不予限制。换言之，本农民集体成员、其他农民集体成员、非农民集体的城市市民或其他民事主体，皆可参与集体经营性建设用地的流转。其二，法律上对"出让、租赁、抵押、入股"等流转形式，可能涉及的土地产权转移不再干涉。以"出让"为例，其必将发生土地产权的实质性变动，立法理应允许土地产权过户登记至农民集体之外的民事主体名下，集体经营性建设用地应像国有建设用地一般，按照市场规律充分实现流转自由。产权的自由流动，才能吸引投资者或企业投入资金开发与利用集体经营性建设用地。假设将土地产权限制在农民集体内部封闭运行，意味着并不存在真正意义上的城乡统一建设用地市场。其三，对于"出让"之后的该土地的再次交易，法律上不予限制。换言之，集体经营性建设用地在"出让"之后可以再转让或变现。其四，"出让、租赁、抵押和入股"不仅限于存量集体土地，新增的合法集体建设用地，也应被准许进入市场。

综上所述，集体经营性建设用地流转，不应单纯地走国有建设用地流转的老路，而应当探索新路子，赋予农民或农民集体更多财产性权利和尊重市场规律，在坚守土地规划与用途管制的前提下，建立新型的更具"免疫力"的集体建设用地流转市场。

---

① 参见吴越：《集体经营性建设用地流转：从"既成事实"到法定转变》，载《中国土地科学》2014年第5期。

三、农村集体公益性建设用地

集体公益性建设用地是基于公共利益之目的，在农村区域内建设公益设施或公益事业的土地。[①] 经营性集体建设用地可以市场化流转，但公益性集体建设用地、城镇规划区内的集体建设用地、不符合城乡规划或土地利用总体规划者皆不可流转。因为公益性集体建设用地最突出的特征就是以公共利益为目的。公益性集体建设用地使用权的设置在制度价值上是为了保障集体经济组织、农村社区的共同利益，具有公法属性；对比农民集体其他土地财产，其具有价值位阶的优先性。公益性建设用地使用权的存续期限依托于地上物的公共目的，其具有权利存续的长期性和取得的无偿性。通常认为，公益性建设用地是为特定地域范围内集体经济组织成员的公共利益需要使用的土地（如建村民委员会、小学校舍等），故不得进入流转市场，其财产属性类似于公用物，不得由私人取得权利而蜕变为普通的民事客体。

集体建设用地作为一种土地资源，包含自然属性、经济属性和社会属性三种性质。土地的财产价值体现其经济属性，社会属性是以土地为基础来确保主体的生存需求。公益性集体建设用地体现着集体建设用地所承载的社会公益价值。公益性建设用地在本质上是一种公共产品，具有非排他性和非竞争性，也具有公益性。其中对“公益性”的理解应把握两个方面：一方面须满足目的公益。农村集体建设用地利用之终极目的在于为不特定多数人的公共福利。另一方面须达到效果公益。农村集体建设用地利用的实际效果必须惠及不特定的多数人。假设同时符合以上两个要件，则该农村集体建设用地为公益性建设用地。[②]

四、农村宅基地

（一）宅基地制度的立法演变

设立宅基地制度的初衷，乃在于满足农民的居住需求，故该制度从产生伊始就具有浓厚的社会保障属性，“一户一宅”成为法律的基本要求。1982 年

---

① 参见汪新胜、汪进元：《公益性建设用地与经营性建设用地的界分及其法律化》，载《江汉大学学报（社会科学版）》2011 年第 1 期。

② 参见徐文：《集体公益性建设用地政治与经济属性平衡论》，载《中国土地科学》2015 年第 9 期。

《宪法》和1998年修订的《土地管理法》皆规定宅基地属于集体所有,实行农民"一户一宅",且面积不得超过省级政府规定的标准,多出的宅基地须收归集体所有,出卖、出租或赠与他人住房后再申请的,不予批准。①

宅基地法律制度具有以下特征:第一,农民集体拥有宅基地所有权,宅基地使用权的获取须经过农民集体,农民集体可以收回宅基地,并对宅基地拥有支配与控制的权力。第二,宅基地的无偿性与身份性,集体成员基于其身份可无偿获取,非集体成员则无法通过交易获得宅基地。② 第三,赋予宅基地使用权用益物权属性,但其"收益"与"处分"权能受限,处分权具体包括转让、出租、抵押、继承和赠与等权利;③简言之,宅基地使用权不能转让或抵押,它的性质被限定为一种不可转让的用益物权。④ 在现实生活中,新型城镇化建设需要大量的城镇建设用地,而农村宅基地却大量闲置,这也造就了宅基地使用权私下流转的隐形市场。

(二)宅基地使用权的法律机理

宅基地市场化流转的客体,仅限于宅基地"三权分置"后的宅基地使用权,流转之后所转让的也是农村土地使用权,而非农村土地所有权。

1. 宅基地的所有权、资格权和使用权"三权分离"

对农村宅基地而言,农民集体土地所有权中衍生出"使用权",其后又从"使用权"中派生出"资格权",演化为"所有权、使用权、资格权"三足鼎立的局面。坚持土地集体所有制的前提下,"使用权"彰显农村土地的财产属性,"资格权"凸显农村土地的社会保障属性。本质上而言,"三权分置"是对宅基地权利束的细化和分割,更能彰显宅基地的财产属性,农户可以通过出让、入股和抵押等形式确保宅基地"使用权"的自由流转。"所有权、使用权、资格权"的分立状态,既明示了三者归属于不同权利主体,也确保了宅基地财产功能与社会保障功能之间的平衡。

2. 宅基地流转的客体——使用权

宅基地流转的客体为"三权分置"中的"使用权"。宅基地"所有权"归

---

① 参见胡建:《农村宅基地有限抵押制度的证成与支撑》,载《中国软科学》2015年第7期。

② 参见胡建:《农村宅基地使用权抵押的立法嬗变与制度重构》,载《南京农业大学学报(社会科学版)》2015年第3期。

③ 参见胡建:《农村宅基地有限抵押制度的证成与支撑》,载《中国软科学》2015年第7期。

④ 参见胡建:《农村宅基地使用权有限抵押法律制度的构建与配套》,载《农业经济问题》2015年第4期。

属于农民集体,其不得发生流转;宅基地"资格权"具有身份性和专属性,仅属于农民集体成员享有,具有浓厚的社会保障功能;宅基地"使用权"可以在不同权利主体之间发生流转,显现出其财产属性。在宅基地使用权流转时农户仍保留宅基地资格权,当实现流转时,农户的宅基地资格权并不当然丧失。农户仍有权通过其他方式从本集体经济组织中有偿取得宅基地使用权。

宅基地"使用权"流转应无须经过农村集体经济组织同意。国内试点地区往往要求须经集体经济组织书面同意宅基地使用权随农民住房一并流转和处置,但是该限定条件使得宅基地使用权权能不能充分发挥。同时,该限定条件将挫伤农户将宅基地使用权流转的自主性,与宅基地市场化流转的立法本意相悖。

(三)《民法典》与《土地管理法》等规范性法律文件的规定

宅基地使用权最早在《物权法》(已废止)的"用益物权"编中专章予以规定,[①]然而,《物权法》(已废止)中仅有4条,并不能对利益纠葛复杂的宅基地制度予以有效规范。[②] 在上述4个法律条文中,未明确规定宅基地使用权人的"收益"与"处分"权能,其设定抵押更是无任何法律依据;[③]对宅基地的用途予以限定,其主要满足农民的居住需求,不得基于经营性用途而使用;同时,立法上以引致性规范的方式,将宅基地使用权流转的法律规则赋予《土地管理法》等单行法律。[④] 但实际上,《担保法》(已废止)第37条第2款和《物权法》(已废止)第184条第2项的规定仅是禁止宅基地单独抵押,对于地上房屋的抵押,法律从未曾禁止,若按照"房随地走,地随房走"原则将造成宅基地使用权的实际流转。[⑤] 作为我国农村特有的历史产物,宅基地从产生到现在,对其管理在很大程度上依赖于规范性文件和地方政策。[⑥]

---

① 参见胡建:《农村宅基地使用权抵押的立法嬗变与制度重构》,载《南京农业大学学报(社会科学版)》2015年第3期。

② 参见陈小君、蒋省三:《宅基地使用权制度:规范解析、实践挑战及其立法回应》,载《管理世界》2010年第10期。

③ 参见胡建:《农村土地抵押法律问题研究》,西南政法大学2015年博士学位论文,第72页。

④ 参见胡建:《农村宅基地使用权抵押的立法嬗变与制度重构》,载《南京农业大学学报(社会科学版)》2015年第3期。

⑤ 参见胡建:《农村土地抵押法律问题研究》,西南政法大学2015年博士学位论文,第75页。

⑥ 参见胡建:《农村宅基地使用权有限抵押法律制度的构建与配套》,载《农业经济问题》2015年第4期。

2021年生效的《民法典》援引了《物权法》(已废止)的立法处理方法,将宅基地使用权具体的流转规范以转介条款的方式赋予“土地管理的法律和国家有关规定”,然而2019年修正后的《土地管理法》并未作出具体的规定。2021年修订的《土地管理法实施条例》也仅将“宅基地管理”单列一节,要求保障本行政区域内农村村民宅基地需求,并作出四项禁止规定:禁止违背农村村民意愿强制流转宅基地,禁止违法收回农村村民依法取得的宅基地,禁止以退出宅基地作为农村村民进城落户的条件,禁止强迫农村村民搬迁退出宅基地。

(四)“城乡统一建设用地市场”语境下的宅基地制度改革

1. 享有宅基地使用权的主体

宅基地作为解决农民居住难题的重要方式,其在主体上一直坚持以农民的需求为根本出发点,具有强烈的身份属性。随着农村经济社会的发展和城乡一体化的推进,宅基地上原有的身份性和福利性特征将渐趋消亡,宅基地的权利主体范畴亦必将突破本农民集体成员的身份限制。在各试点地区的改革举措中,有的地方将其扩大在县域范围内的农民,有的地区则扩大到经过农民集体的民主议定程序认可的非农民集体成员;乃至于城镇户口的自然人基于地上房屋的继承,也可以变相地对该房屋占用的宅基地享有受限制的权利。综上,宅基地使用权的主体已经不再限于农民身份,农民集体成员或非农民集体成员,皆可成为宅基地使用权市场化流转的主体。

2. 宅基地使用权的取得与有偿使用

宅基地使用权的获取需要经乡(镇)人民政府审核,由县级人民政府批准。然而,根据《宪法》和《民法典》的规定,“农民集体”对包括宅基地在内的集体土地拥有所有权,其自然应享有占有、使用、收益和处分的权利。公权力对“农民集体”的宅基地所有权的限制,理应限于公共利益的范畴。宅基地使用权审批制度是对农民集体私权的干涉。国家有关耕地保护和防止农村乱占、私建等要求,完全可以通过专门制订乡(镇)土地利用规划、土地用途管制或农村宅基地规划,以达限定宅基地用地标准和界定宅基地范围之目的,而无必要逐一行政审批和控制。宅基地使用权的获取须经本集体成员的多数人民主决策同意。

宅基地使用权可以原始取得和继受取得。前者乃每一集体成员自出生始,即可自动获得一定的宅基地指标,而后期在具备经济行为能力时(如年满18周岁）方可经申请而实际获批。宅基地使用权审批由县级下放至乡（镇）。[①] 后者乃受让人通过有偿使用与有期限使用制度，可以继受取得宅基地使用权。非农民集体成员可有偿获取宅基地，但需经过农村集体成员2/3以上表决通过。

地市一级的地方政府可以制定不同地区宅基地基准地价标准，供宅基地的权利主体参考。若受让者是非农民集体成员，须在基准地价以上合理确定宅基地使用费用；若受让者是农民集体成员，宅基地使用费用可以按照基准地价标准执行。

3. 建立宅基地使用权的期限制度

依申请原始取得的宅基地使用权一般为70年期限，期满后非基于社会公共利益征收且地上房屋存续则自动续展期限；地上房屋灭失或权利人死亡后无人继承，宅基地使用权收归农民集体。[②] 继受取得的期限为30年，自初始取得之日起算，后手期限为30年减去前手期限，期满之后使用权收归农民集体。[③]

4. 完善宅基地使用权的价值评估制度

健全对于宅基地使用权的价值评判体系，公平有效地对宅基地使用权的应有价值进行核算。宅基地使用权的价值包含市场价值和非市场价值。我国的农村宅基地的评估体系在现有市场经济条件的环境下已经取得了较大范围的改善和发展，但对宅基地使用权价值的评判主要基于其市场价值，非市场价值长期游离于宅基地评估市场机制之外。宅基地的非市场价值包含宅基地自身所蕴含的社会保障、社会稳定、风貌遗址，以及馈赠继承等价值，其考量了宅基地的住房保障、出租、副业生产、景观旅游、复垦为耕地等功能。综上，价值评估应综合考量宅基地的成本、位置、开发潜力、地上建筑物、期限等因素，并权衡宅基地的非市场价值后，合理地确定，我国城市房地产价值评估的相关制度与经验可为借鉴。此外，为保障农民的生存权，规避农民土地收益流失，可考虑建立宅基地基准地价制度，并要求宅基地使用权评估价值不得低于政府公布的基准低价。

5. 宅基地使用权与地上房屋的关系处理

房地关系中的结合主义与分离主义，各有利弊。结合主义使得房地法律

---

① 参见朱宁宁：《归纳试点经验为修法提供实践基础》，载《法制日报》2018年12月25日，第3版。

② 参见胡建：《农村宅基地有限担保制度的证成与支撑》，载《中国软科学》2015年第7期。

③ 参见胡建：《农村宅基地使用权担保的立法嬗变与制度重构》，载《南京农业大学学报（社会科学版）》2015年第3期。

关系简单明确，容易公示，便于实践，司法裁决亦较具可预测性，但是一定程度上损及当事人的交易自由，也难以凸显建筑物和农村土地两种不同财产的价值。采用分离主义，彰显土地财产价值的特殊性，并尽财物之最大用益，更尊重当事人的意思自治和财产自由。

宅基地及农村房屋流转涉及以下方面的法律关系：农民对集体土地所享有的宅基地使用权；农民对宅基地上房屋等建筑物的所有权；农村房屋或宅基地使用权通过转让、出租、抵押等流转形式，则造成房屋所有权或宅基地使用权的转移。农民对农村房屋享有所有权；房屋占用宅基地的权利基础便是宅基地使用权，宅基地使用权的“母权”则为集体土地所有权。① 当房屋所有权与宅基地使用权的权利主体相异，可法律推定两权利主体之间形成租赁法律关系。以抵押为例，新房屋的所有权人并不会因为在抵押权实现后自动获得宅基地使用权，其只能获得“租赁权”。同一农民集体成员成为受让人时，“使用权”的转让不存在法律阻碍，即买受人是本集体成员的，宅基地可以同房屋一同转让，买受人成为新的宅基地使用权人。若受让人为非农民集体成员（如城市户口的居民）或农房与宅基地“使用权”一同变价时，受让人仅取得房屋所有权而不包括宅基地“使用权”，以上两种情形皆可能发生“房地分离”现象。

首先，保障宅基地“使用权”的初始取得方式体现公平价值，以此保障农民的基本土地权利和生存权。其次，改变既往立法过于突出宅基地使用权的静态归属和高度统一的做法，保持宅基地“所有权”和“资格权”不变，但允许宅基地“使用权”在农民集体内外合理流转，实现宅基地土地资源的高效合理利用。最后，宅基地“使用权”市场化流转可以实现资本融通，对其有效利用可充分激发宅基地的财产价值。宅基地“使用权”是在集体土地所有的基础上为保障农民居住权益而设定的一项用益物权，在房地分离时房屋价值被贬抑。若农民不能主张和取得“使用权”的收益，则意味着农民宅基地使用权无任何市场价值。因房地权利流转导致房地权利主体不一致（房地分离）时，可视为存在租赁法律关系，在“房地分离”主义下，应赋予宅基地使用权人向受让人（新的房屋所有权人）收取法定孳息性质的租金的权利，农民集体凭借宅基地所有权的身份可以参与对土地收益的分配。上述宅基地“使用权”的流转中房地关系的处理，充分彰显了效率优先兼顾公平的价值取向。

---

① 参见彭诚信、陈吉栋：《农村房屋抵押权实现的法律障碍之克服——“房地一致”原则的排除适用》，载《吉林大学社会科学学报》2014 年第 4 期。

第五章　城乡统一建设用地市场:交易法律规则

第一节　城乡统一建设用地市场交易规则的现状

一、集体经营性建设用地入市改革试点的交易规则

我国集体经营性建设用地入市之目的,乃构建城乡统一建设用地市场,自2015 年推动集体经营性建设用地入市试点改革以来,已经取得明显实效。据不完全统计,截至 2018 年 12 月,集体经营性建设用地入市的地块达到 1 万余宗,面积 9 万余亩,总价款 257 亿元,收取调节金 28.6 亿元;办理集体经营性建设用地抵押贷款 228 宗、38.6 亿元。[①] 城乡统一建设用地市场的构建着眼于优化资源配置、完善市场经济和促进社会公平的整体目标,它确立了国有土地与集体土地所有权的平等地位,勾勒出一幅制度健全、市场活跃、城乡统筹的宏伟蓝图。然而,理论愿景的实现还需要现实制度的支撑,如何保障制度改革的走向中不会偏离预期的价值轨道,如何突破城乡土地二元格局下遗留的重重障碍,如何消弭传统土地制度下既得利益集团的抵触情绪,这些问题的解决均离不开一套合理交易规则的建立,需从入市主体、入市方式、交易用途、交易程序和增值收益分配等角度展开系统探讨,并涵括一级市场交易与二级市场交易、实物交易与指标交易的完善的建设用地交易规则。

1. 各试点地区对集体经营性建设用地入市的交易规则

早在试点改革之初的 2014 年,中共中央办公厅、国务院办公厅《关于农村土地征收、集体经营性建设用地入市、宅基地制度改革试点工作的意见》,就明确提出建立健全市场交易规则。以此为目标,各地试点改革已经取得一定的成效(见表 5－1)。

---

① 参见丁关良、陈奕玮:《集体经营性建设用地市场化之私法规制的完善研究——以〈民法典〉物权编与〈土地管理法〉衔接为例》,载《中国延安干部学院学报》2020 年第 5 期。

表5-1 2015年试点改革以来各地区的交易制度创新

名称	类型	典型地区	备注
入市主体	土地股份合作社	北京市大兴区、广东省佛山市南海区	农民集体、由农民集体委托授权的具有市场法人资格的机构皆可成为入市主体
	股份经济合作社	浙江省德清县	
	村民委员会	贵州省湄潭县	
	集体资产管理公司	四川省成都市郫县	
入市方式	就地入市	各试点地区普遍开展	直接出让
		广东省佛山市南海区、吉林省长春市九台区、辽宁省海城市	原址原主补办手续
	调整入市	贵州省湄潭县	改变原计划调整
		各试点地区普遍开展	村庄内零星、分散地复垦后调整
	城中村整治入市	广东省佛山市南海区	权属调整、地类变更、分割登记和连片开发等
政府收取土地增值收益	固定征收比例	贵州省湄潭县	12%
	差别化征收	浙江省德清县(按土地区位征收)	商业:乡镇规划内40%,乡镇规划外32%,县城规划内48%;工业:乡镇规划内20%,乡镇规划外16%,县城规划内24%
		山西省泽州县(按交易环节征收)	一级土地市场出让、租赁或作价入股按15%;二级土地市场出租、转让按增值部分50%
		广东省佛山市南海区(按转让方式征收)	出让方式,增值不超过100%部分按增值额20%,超过部分按30%
		河南省长垣市(综合考虑多重因素征收)	商业最高30%,工业最低5%,出租和作价入股按3%

此外,各试点地区的改革还确立了以下市场交易的规则:(1)入市的土地被限定为土地利用总体规划、城乡规划范围内的存量集体经营性建设用地。

国内各试点地区对于新增建设用地,一般未将其纳入入市范围。(2)土地用途被限定为工业和商业等经营性用途。(3)入市土地须进行登记。(4)入市的法律形式,一级市场包括出让、出租、出资、抵押等,二级市场包括转让、互换、出资、赠与、抵押等。(5)自然人、法人与非法人组织皆可成为一级市场中的土地使用权人。(6)入市须签订书面合同,且合同所作约定具有法律效力。(7)对不符合土地利用总体规划确定用途的建筑物、构筑物限制。(8)收回集体经营性建设用地使用权法定等。

2. 二级市场的交易规则

以集体土地所有权主体实行直接市场活动或间接市场活动为理论标准,集体经营性建设用地市场可以分为一级市场和二级市场。不同于国有建设用地使用权出让市场为一级市场,农民集体作为所有权人直接将经营性建设用地推向市场,对土地所有权某些权利内容让渡的处分性质的行为皆可构成一级市场,具体包括出让、出租、出资、抵押等法律形式,亦可称为初次流转;集体经营性建设用地使用权在经依法出让之后,因受让的经营性建设用地使用权再流转所形成的土地市场为二级市场,具体包括转让、互换、出资、赠与、抵押等法律形式,亦可称之为再次流转。[①] 2019 年修正的《土地管理法》第 63 条明确规定,土地所有权人可以通过出让、出租等方式,将集体经营性建设用地交由单位或者个人使用。同时还规定,通过出让方式取得的集体经营性建设用地使用权可以转让、互换、出资、赠与或者抵押。由此可见,新修正的《土地管理法》,不仅确立了集体经营性建设用地入市的两级市场制度体系,而且也明确规定出让法律形式是集体经营性建设用地使用权转让、互换、出资、赠与或者抵押。

集体经营性建设用地二级市场的交易规则:(1)二级市场的流转行为,无须经过村民会议或村民代表会议通过民主议定程序。(2)再流转,必须以出让为前提,未经出让,不得进入二级市场流转。(3)遵循土地规划与用途管制制度,未经审批不得改变规划和用途。(4)合理开发利用土地,履行土地保持与环保责任。若造成土地损害,应承担复垦土地的法定义务。(5)在土地初次出让合同约定的期限内利用土地。无论再次流转多少次,实际使用土地年限为出让合同约定期限扣除已经使用的期限后的剩余期限。(6)一旦集体建

---

① 参见刘俊:《新法明确集体经营性建设用地的二级市场结构》,载《土地科学动态》2019 年第 6 期。

设用地使用权期限届满,农民集体有权直接向土地的实际占有人收回土地。

二、立法上集体经营性建设用地市场化交易规则之不足

2019 年修正的《土地管理法》和 2021 年生效的《民法典》皆存在对集体建设用地市场化流转的法律规制。在市场培育初期,交易规则明确了具体流程和交易方式,指导交易主体采取合法途径积极参与交易。至市场发展至成熟阶段,交易规则又通过交易主体日渐程式化的交易行为,潜移默化地实现价值引导,防止市场发展偏离预期轨道。因此,笔者通过总结现有制度之不足,分析弊端及成因,旨在探寻一套行之有效且兼顾各方利益的交易规则,其价值不仅在于减轻制度变革过程中传统因素带来的阻力,更是希冀以此搭建一条通往理论愿景的捷径,实现城乡统筹发展的宏伟蓝图。现有制度的不足如下:(1)过度强调土地利用总体规划和城乡规划,却忽略国土空间规划。在存在国土空间规划情形下的集体经营性建设用地,无法适用土地利用总体规划、城乡规划,且按现行法律规定"已经编制国土空间规划的,不再编制土地利用总体规划和城乡规划"。(2)土地用途限制过窄,仅限于工业、商业等经营性用途。按照国土部门对建设用地的分类标准,工矿仓储用地包括工业用地、采矿地、仓储用地 3 种用地;商服用地包括商业用地、金融保险用地、餐饮旅馆业用地和其他服务业用地等 4 种用地。故按照上述分类标准,现行分类规则目前尚未包括除商业用地外的其他 3 种商服用地,亦未包括除工业用地外的其他 2 种工矿仓储用地。从各改革试点地区的实践观察,其实早已打破工业、商业用途的简单分类,如广东省佛山市南海区的入市土地主要为工矿仓储用地、商服用地;浙江省义乌市指工矿仓储、商服、旅游等用地等。[①] (3)集体建设用地使用权的主体过于狭窄。现行《土地管理法》只规定了一种情形可使集体建设用地使用主体扩展至本农民集体成员之外,即赋予农民集体以土地使用权入股、联营等形式与其他单位和个人共同举办企业的,除此之外均将农村集体建设用地的使用权的主体限制在本农民集体内部。立法者通过限制集体建设用地使用权的主体范围,以此达到禁止集体建设用地使用权的流转,此种立法思想随着对土地资源的开发和利用在实践中带来了诸多负面影响。应扩大集体经营性建设用地使用权的主体范围,既包括本农民集体成员,也包括本农民

---

① 参见丁关良、陈奕玮:《集体经营性建设用地市场化之私法规制的完善研究——以〈民法典〉物权编与〈土地管理法〉衔接为例》,载《中国土地科学》2020 年第 5 期。

集体之外的其他民事主体，包括自然人、法人和非法人组织。(4)集体建设用地使用权的权利内涵有待进一步扩展。如集体建设用地将村农民个体工商业建设用地排除在外。按照《土地管理法》的立法精神，农民个体工商户兴办工商企业的用地，也应申请经批准后使用国有土地。这是不切合农村实际的制度设计，在实践中引发了大量规避法律的现象。农户可以为居住申请而取得一定面积的宅基地，但是不能获得一定面积的土地用于商业或营利性事业建设，只有农民集体才能取得工商业用途的土地使用权，这是主体的不平等对待，况且农民完全可以在申请的宅基地中进行农副产品加工或其他经营活动，因为法律只规定了农民的宅基地使用权，而农民在自己住宅中所从事的一切合法的生产与生活事务皆应受到法律的保护。在农地权利体系构建中应该把农村个体工商户的建设用地纳入集体建设用地当中，这样可以在一定程度上减轻从事工商业的农民的负担，缩短不必要的审批程序，为了防止基层组织滥用手中特权，可以建立个体工商业的审批备案制度，加强上级机关的监督与指导作用。[①] (5)集体建设用地使用权应该与国有建设用地使用权并列规制。从国内各试点地区的改革经验和《土地管理法》的相关规定分析，集体建设用地一二级市场与国有建设用地一二级市场仍存在显著不同。如集体经营性建设用地不能用于商品住宅用地；国有建设用地可以采取出让或划拨的方式，集体经营性建设用地却包括出让、出租(租赁)、入股等入市方式。理应逐步取消对"国有建设用地使用权"和"集体建设用地使用权"分别作出法律规制的做法。[②] (6)建设用地供应渠道狭窄。在我国现行法律制度下，只有国有建设用地能够以"招拍挂"的方式在市场上合法流转，政府是城市建设用地来源的唯一提供方。在价值规律的作用下，有限供应的土地经过层层竞价，上涨幅度远远超出人们的心理预期。地价上涨的结果不仅造成"地王"频现，加大土地开发的成本，弱化普通居民的消费水平，而且势必引发新一轮的土地投机高潮。土地拍得者正是看中了地价必将上涨的利好之势，将土地圈屯而怠于开发，坐收土地溢价带来的高额利益。同时，土地投机行为还将引起大规模的土地闲置，造成土地资源的极大浪费，在国有建设用地供应本就紧张的情况下，土地投机行为又反作用于地价形成机制，为地价上涨起到推波助澜的作用。

---

① 参见苏艳英：《三权分置下农地权利体系构建研究》，知识产权出版社 2019 年版，第 154 页。

② 参见丁关良、陈奕玮：《集体经营性建设用地市场化之私法规制的完善研究——以〈民法典〉物权编与〈土地管理法〉衔接为例》，载《中国土地科学》2020 年第 5 期。

(7)法定的土地出让期限过长。按照现行法律规定,工业用地的最长使用期限为50年,且不存在其他可以变动的期限。工业用地规定时间过长,实则要求使用权人一次性缴纳未来长时间的用地成本,无疑会增加企业的用地成本,使企业在起步的时候举步维艰,不利于招商引资盘活经济。同时,工业用地使用期限缺乏弹性,更是与企业发展现状不符。与之相反,中小企业普遍运行周期不是很长,一般中小企业的平均生存期为10~15年,而当前建设用地实际出让年限远远超过了中小企业的生存周期,如此,规定长时间的建设用地使用权期限,只会在企业起步时徒增企业的负担。

第二节　城乡统一建设用地市场交易规则的重构

一、城乡统一建设用地市场交易规则的立法建议

(一)对城乡建设用地实行分类处置

对城乡建设用地的分类处置,具体应包括以下方面:第一,用于耕作的土地,应坚持"农民集体土地所有权"和"农地农用"两个原则,在此基础之上实现农业现代化和农业产业规模化。第二,对于集体经营性的建设用地,在符合规划和用途管制的条件下实行市场化流转,经营性用地流转的范围和法律形式不再予以严格的限制。第三,严格把控农地向非农建设用地的转换。目前实行的土地征收和土地"招标、拍卖和挂牌交易"机制尚未改变,只是减少征地的范围和提高对农民的补偿,地方政府对土地市场仍存在较强的干预。在农地向非农建设用地的转换环节,某些地方政府无限扩大公共利益范畴,滥用土地征收权,从而导致过度的农地非农化,侵害被征地农民的利益,并引发粮食安全和生态环境保护问题。

(二)完善城乡建设用地初次流转的民主决策机制

构建城乡统一建设用地流转市场,就是要进一步扩宽集体建设用地的权能,打破限制集体建设用地流转的桎梏。因此,不仅应当从立法层面上肯定城乡建设用地同地同权,更应该在交易程序上缩小城乡建设用地流转之间差异,要求城乡建设用地统一按照申报资料—编制出让方案—审查与核准—实施出让—办理土地登记的程序交易进行。同时,还应考虑集体建设用地所有权由集体成员享有而非全民共享的特殊性质,在土地流转前增设相应民主决策机制,要求集体建设用地流转必须经过本集体经济组织2/3以上成员通过,防止

土地流转侵害集体成员的合法权益。

(三)合理调整工业用地出让时间

为契合中小企业更新频率高、生存周期短和生产成本低的现实情况,应合理调整工业用地的出让时间。在坚持工业用地最长使用年限为 50 年的基本原则下,建设用地的出让方和用地方可以根据企业实际的用地需要适当缩短用地年限,但最短不得低于 20 年。同时,为了打击土地投机的行为,可以进一步提高建设用地再次流转的门槛,要求再次流转必须以建设用地使用权人已经完成土地开发为转让前提,即建设用地使用权人应在已经完成开发后,方可自由处分建设用地。

(四)缩小征地制度的适用范围,增设建设用地指标交易制度

在解决新增建设用地从何而来的问题上,应当转变依靠"土地征收"的传统思路,通过建设用地指标交易的方式获得增量建设用地。出于"缩小征地范围"的政策目标考虑,应将土地征收严格限制在公共利益的范围之内,只有公益性项目的建设才能通过征收制度获得建设用地,其他性质的建设用地统一通过指标交易的方式解决。

二、城乡建设用地使用权初次流转的交易规则

城乡建设用地使用权初次流转,是指城乡建设用地所有权人将建设用地使用权出让、出租的行为。城乡建设用地初次流转应该严格遵守以下规则:

1. 流转期限

城乡建设用地使用权的首次流转应当确定使用期限,其中建设用地使用权出让最高年限不得超过 70 年,建设用地使用权出租最高年限不得超过 20 年。

工业经营性用地期限应当与项目经营期限一致。

2. 流转方式

城乡建设用地使用权初次流转可以采用协议的方式,也可以采用公开竞价的方式。工业、商业、旅游、娱乐和商品住宅等经营性用地以及同一土地有两个以上意向用地者的,应当通过土地交易市场采取招标、拍卖等公开竞价的方式。

3. 民主决策的特别规定

初次流转的土地为集体建设用地时,应当经本集体经济组织村民会议2/3以上成员的同意。集体建设用地使用权初次流转还应当经过县级人民政府审

核核准。

4. 流转程序

城乡建设用地初次流转应当按照以下程序进行：

(1)申报资料

所有权人持土地所有权证书等权利证书，或者农用地、未利用地转用批准文件，城乡规划行政主管部门出具的规划意见，宗地勘测图，向县级国土资源管理部门提出申请；涉及对原土地使用权人补偿的，还应当提供安置补偿协议等证明。

(2)编制出让方案

受理申请的国土资源管理部门会同城乡规划行政主管部门指导所有权人编制建设用地使用权出让、出租方案，方案应当包括拟出让土地的具体位置、四至、用途、年限、价格条件、土地使用条件、出让方式、建设时间等。

(3)审查和核准

初次流转的土地为集体建设用地时，编制的出让、出租方案还须经本集体经济组织村民会议2/3以上成员同意，并报县级人民政府审核核准。对于符合城乡规划、土地供应政策、国家产业政策等的方案，县级人民政府应予核准。

(4)实施出让

以招标、拍卖、挂牌方式出让、出租的，由有形市场组织公开出让、出租；协议出让的，应当在有形市场进行公示。

公开交易完成或公示完成后，所有权人应当与建设用地使用权受让人、承租人签订建设用地使用权出让、出租合同，受让人、承租人应当按照合同约定向建设用地所有权人支付土地出让金。

(5)办理土地登记

土地受让人、承租人持建设用地使用权出让合同，建设用地批准文件，以及土地出让金、租金支付凭证，向受理申请的国土资源管理部门依法办理土地登记，领取建设用地使用权证书。土地出让金、租金未全额支付的，不予发放土地使用权证书。

三、城乡建设用地使用权再次流转的交易规则

城乡建设用地使用权再次流转，是指以出让、出租方式取得建设用地的使用权人再次进行转让、转租的行为。建设用地使用权的再次流转可以区分为转让行为和转租行为两类。前者是指使用权人将其使用权再次转让他人的行

为。后者是指使用权人将其使用权出租给第三人使用的行为。建设用地使用权再次流转应严格遵循以下交易规则:

1. 适度开发的前置规定

城乡建设用地必须已经按照规划与用途完成开发,方可再次流转。

建设用地使用权人无力开发的,必须经原批准用地的人民政府批准,方可再次流转。

2. 签订再次流转合同

城乡建设用地使用权转让、转租,双方应当签订书面合同。

城乡建设用地使用权转让时,建设用地使用权出让合同所载明的权利、义务随之转移;建设用地使用权转租的,出租人应当继续履行原建设用地使用权出让或出租合同。

3. 流转期限

城乡建设用地使用权再次流转的年限不得超过该建设用地使用权减去已使用年限后的剩余年限。

4. 办理土地登记

城乡建设用地使用权转让、转租的,双方当事人应当持土地使用权证书和相关合同,到县级国土资源管理部门办理土地登记。

四、城乡建设用地指标的交易规则

建设用地指标,是指将闲置的农村宅基地及其附属设施用地、乡镇企业用地、农村公共设施和农村公益事业用地等农村集体建设用地进行复垦,变成符合栽种农作物要求的耕地,经由自然资源管理部门严格验收后,发给等量面积建设用地指标的凭证。指标交易指在政府建立的交易场所交易复垦所获的指标。指标交易是与国家征地相平行的另一增量建设用地来源渠道,市场主体在获得建设用地指标后,能以自由协商的方式将相关地块转换为建设用地,最终实现指标落地。指标交易在解决新增建设用地从何而来的问题上,回避了“土地征收”的前置程序,这与“缩小征地范围,规范征地程序”的总体精神是高度契合的。具体而言,建设用地指标交易还需遵守以下规则:

1. 提出复垦申请的相关要求

集体建设用地权利人申请农村建设用地土地复垦,必须出具相关权属证明、土地勘测定界报告、土地利用现状图、土地分类面积汇总表;法人或其他组织作为集体建设用地使用权人申请的,还必须提交土地所在农村集体经济组织同意复垦的书面材料。

集体建设用地所有权人申请的，还应提供村民会议 2/3 以上成员同意复垦的书面材料。

2. 指标产生程序

(1)提出复垦申请：集体建设用地权利人(包括集体建设用地所有权人与集体建设用地使用权人)向县级国土资源管理部门提出土地复垦立项申请。

(2)开展立项审查：县级国土资源管理部门依据土地利用总体规划、城乡建设规划，对复垦方案进行审查，经县级人民政府批准后实施。

(3)组织复垦验收：在土地复垦完毕后，复垦方向县级国土资源管理部门提出农村土地复垦质量验收申请，县级国土资源管理部门应当按土地复垦有关规定组织验收。

(4)核发流转指标：县级国土资源管理部门验收合格后，应当向上级国土资源管理部门申请确认，并核发建设用地指标凭证。

3. 指标交易规则

(1)交易场所：建设用地指标须通过"招拍挂"方式在有形市场公开交易。指标交易可以根据指标所有者的申请在县、市或省级有形市场进行交易。

(2)使用范围：建设用地指标在省级进行交易的，可在全省范围内使用；在市级进行交易的，可在本市范围内使用；在县级进行交易的，可在本县范围内使用。

(3)交易价格：建设用地指标在有形市场公开交易时，通过公平竞价确定指标价格，建设用地指标由价高者获得。同时，市级国土资源管理部门须综合考虑土地指标获取及交易成本等因素，制定各县建设用地指标交易指导价格，并不得低于同类用途国有土地使用权基准地价的 15%。

4. 指标落地

建设用地指标可以用于增加等量建设用地，市场主体在获得建设用地指标后，可以寻找尚未被国家征收，又符合其市场开发需求的地块，通过平等协商从该地块所有权人手中购置该块土地，将其转换为建设用地，实现指标落地。

第六章　城乡统一建设用地市场：交易平台与交易价格

第一节　城乡建设用地市场的交易平台

一、城乡建设用地交易市场平台的现状

1. 农村集体建设用地市场交易平台

建立农村集体建设用地市场交易平台，是农村集体建设用地入市的重要保障。目前，各地区纷纷建立专门的农村土地产权交易平台，承载包括农村集体建设用地在内的各项土地权利收储、产权交易和权利变卖、拍卖等功能，以确保集体建设用地市场化流转顺畅运行。在制度设计上，对农村集体建设用地等土地权利的收储与交易存在两种操作方案：其一，建立以政府为背景的交易平台，如许多地方已有的农村产权交易平台、土地交易所或交易中心等，其缺点是工作效率较低、丧失市场监督等，优点在于设立成本较低、政府担保而信誉度较高等。其二，以社会资本的方式建设第三方市场交易平台。此种方式可以为各类市场主体提供平等和便捷的集体建设用地交易服务，但存在较大的信誉风险。①

从农村土地改革的各个试点地区的实践观察，各试点地区已经在运行的农村土地产权交易平台，土地经营权、集体经营性资产和林权等交易，占到目前所有交易种类的80%以上，农村宅基、农民住房等交易虽有挂牌但交易数量偏少。产权交易的交易市场资金来源和市场交易机制缺乏法律规范，一部分是非营利事业法人，另一部分是采用公司治理模式的营利性企业法人，产权

---

① 参见夏莲、沈舟：《集体经营性建设用地入市对城市土地市场影响研究——以浙江省德清县为例》，载《安徽建筑大学学报》2019年第5期。

交易市场的业务办理流程亦各不相同,亟须整合和优化交易规则和交易模式,形成示范性的交易操作规程(见表6-1)。

表6-1 国内典型的农村土地产权交易平台①

名称	交易类型	机构性质
重庆农村土地交易所	两类交易品种:第一类为实物交易,土地经营权、集体土地使用权交易(耕地林地等农用地、集体经营性建设用地、承包经营权入股后股权或收益分配权等);第二类为地票交易	政府出资设立的公益性事业法人,实行现代企业管理模式
成都农村产权交易所	四类交易品种:1.资源类项目(土地经营权、集体经营性建设用地使用权、林权、集体资产股权、建设用地指标、耕地占补平衡指标等)。2.资产类项目(资产处置、集体经营性资产交易)。3.农业农村类知识产权项目。4.投融资服务类项目(农村产权抵押融资、农村建设招标投标等)	实行现代企业管理的有限责任公司,市、县、镇、村四级全域覆盖,实现联网运行
武汉农村综合产权交易所	九类交易品种:土地经营权、林权、"四荒地"使用权、闲置宅基地使用权、农村房屋所有权、养殖水面经营权、农业类知识产权、农业生产性设施使用权、股权	政府出资设立的非营利性公司制企业法人
齐鲁农村产权交易中心	交易见证、抵押登记、融资抵押、风险补偿、风险释缓、不良处置等	由投资、金融和信托类企业发起设立的股权多元化机构

搭建交易安全和交易有效率的农村土地权利市场交易平台,不但有利于集体建设用地入市,也为构建城乡统一的建设用地市场奠定坚实的基础。②一个开放透明的交易平台及完善的配套服务体系的建立,可使建设用地市场供需双方充分磋商、交互以获取交易信息,从而获得交易机会,助力供需双方极大减少交易成本,同时亦可通过建设用地交易市场化的手段形成更合理的价格,并提升农村集体建设用地交易的效率。

2.城乡建设用地市场交易平台的建设模式

大多数地区仅建立了国有建设用地市场交易平台,但是并未建立集体建

---

① 参见史卫民:《农民住房抵押权实现问题研究》,经济管理出版社2021年版,第185~187页。

② 参见白佳飞、杨继瑞:《中国土地制度改革市场化路径选择》,载《西北农林科技大学学报(社会科学版)》2016年第2期。

设用地的市场交易平台。总结我国成都、重庆、广州、上海、北京、杭州、天津、武汉、长沙等地的建设用地市场交易平台的地区实践，可总结为两种建设模式：

(1)国有建设用地交易平台(土地交易中心)一元模式。我国各地区都建立了国有建设用地交易平台——土地交易中心。土地交易中心一般为从属于自然资源管理部门或者自然资源与规划部门的事业单位。各地的土地交易中心大同小异，其区别在于：第一，在省、市、县(区)的多大区域范围建立统一的土地交易中心。部分地区由市一级建立统一的土地交易中心，如深圳、杭州、长沙，而部分地区尚未建立统一的土地交易中心。第二，业务范围。大多数地区的土地交易中心仅为国有建设用地出让服务，而少数地区的土地交易中心还代为公告法院拍卖不动产、土地以及委托拍卖公司进行拍卖的信息，为不动产产权交易服务。第三，是否开展网上电子交易，少数地区探索开展网上电子交易，如江西省土地交易中心。因国有建设用地市场交易的繁荣，其服务体系亦随之发展，而集体建设用地交易服务体系尚未建成。

(2)国有建设用地交易平台(土地中心)与农村产权交易平台(农村产权交易所)二元模式。作为统筹城乡综合配套改革试验区的成都、重庆以及武汉、广州、上海、北京、天津、杭州、温州等少数地区，在国有建设用地交易平台之外，设立了农村产权交易平台，即农村产权交易所或农村土地交易所，为农村的土地权利流转服务。并颁布了相关配套的规范或交易规则。农村产权交易所与土地交易中心有两点重要不同：第一，设立主体及性质不同。土地交易中心一般是由国土部门设立的事业单位，而农村产权交易所是各地试点探索的产物，一般由各地政府直接设立，但其是公益性的公司法人。第二，负责业务范围不同。土地交易中心负责国有建设用地、采矿经营权等出让活动，但是主要为国有建设用地出让服务；而农村产权交易所是综合性的交易所，不仅为建设用地流转服务，而且服务于承包经营权等流转。各地的农村产权交易平台亦有所不同：第一，建立的交易平台不同。部分地区建立全市统一的交易平台，如重庆；部分地区不仅建立了统一的交易平台，还建立分支机构，如杭州建立了市、县(市、区)、乡镇(街道)三级联动服务中心。第二，业务范围不同。各地农村产权交易所服务范围可概括为三类：第一类是大多数地区的做法，从事综合性业务，且主要为土地经营权流转服务。如武汉农村综合产权交易所为土地承包经营权、集体经济组织股权、产权、农业生产性工具及设施、农业类知识产权、集体林权、小型农田水利设施使用权服务、农村房屋及宅基地交易服务,而在交易所进行的交易中,土地经营权流转所占的市场交易量较高。第二类是在土地承包经营权之外,也为集体建设用地使用权和林权等农村产权交易服务。如成都农村产权交易所,在为土地经营权流转提供服务的同时,也为建设用地指标交易、林权交易、集体建设用地使用权交易等提供服务。第三类是主要为集体建设用地市场化流转提供服务。如重庆农村土地交易所,其主要提供集体建设用地指标交易服务。在集体建设用地交易方面,大多数的农村土地产权交易平台仅提供集体建设用地的实物交易,少部分的农村土地产权交易平台开展建设用地指标交易。

二、城乡建设用地交易市场平台的弊端

城乡建设用地交易平台是集体建设用地入市顺利交易的重要保障,然而目前存在的交易平台制度面临诸多问题。

首先,部分地区尚未建立城乡建设用地交易平台。第一,交易的达成需市场交易双方获得对称的信息,而缺失城乡建设用地交易平台,无法为出让人和受让人供求双方提供需求信息,交易主体获得的市场信息不充分,无法完成市场化的土地交易,最终使得出让建设用地者无法完成出让,需求建设用地的主体在市场上又寻求不到合适的土地。对于指标交易,更是如此,缺乏信息交流平台,完全无法展开指标交易。第二,有的地区并未设立建设用地市场交易平台,实践中发生的建设用地流转因缺乏交易平台,其只可通过协商方式交易,而价格未经充分的市场竞争,偏离本应有的价值,且因缺乏公开监督,可能导致权力寻租,损害农民权益。第三,因缺乏信息交流平台,单个的交易无法为后续交易提供价格等参数。第四,私下协商交易缺乏规范流程,易留下了很多矛盾隐患。如因缺乏对受让人资质的审查、出让价格偏低导致后续纠纷,使建设用地的流转处于无序状态。

其次,现存的农村土地产权交易平台作为农村集体建设用地市场化流转的交易平台存在诸多弊端,其人为地分裂建设用地交易市场,且随之伴生建设用地交易市场的二元模式,致使集体建设用地使用权价格远低于国有建设用地使用权价格。如以成都为例,国有建设用地价格最低挂牌出让价格接近100万元/亩,而集体建设用地价格为10万~50万元/亩,与建设城乡统一的建设用地市场目标相悖。

最后,现有的交易平台缺乏土地交易配套服务体系。例如,在多大区域内建成统一的平台,可在多大区域内实现信息共享、进行统一交易;再如,土地交

易中心集中为新增建设用地出让交易服务,尚需拓展服务功能,为存量建设用地交易服务,从而盘活存量建设用地。大多数地区缺乏集体建设用地交易平台与配套服务机构。交易需要供需双方畅通获取信息渠道,通过信息的交汇而获得交易机会,达成交易。而当下,大多数地区缺乏集体建设用地交易平台,导致集体虽有意愿出让建设用地使用权,农民虽有意愿通过复垦的方式转让新增建设用地指标,也无法寻找到受让人,无法交易,因交易市场平台的缺失而导致土地的闲置。与此同时,诸如建设用地价格评估机构等配套服务机构的缺失,进一步阻碍了建设用地交易市场的形成与发展。此外,国有建设用地虽然建立了交易平台,然而,一方面,其服务于新增国有建设用地的出让,未能为大量的存量工业用地提供交易服务;另一方面,从省到县、区的各级政府均建有自己的交易平台,并未能建成统一的建设用地交易平台。

第二节　城乡统一建设用地市场交易平台建设

一、建设城乡统一建设用地市场交易平台的困境

1. 以行业为标准抑或以区域为标准建立城乡统一的建设用地交易平台

建设用地交易平台的建设存在两种思路:一是采用现有以区域为标准的二元模式,即以城市土地交易中心作为国有建设用地交易平台,其同时服务于其他国有土地使用权的交易;以农村土地产权交易平台作为集体建设用地交易平台,其同时服务于林地、农村承包土地等农村产权的交易。二是以行业为标准设立建设用地交易平台,将集体建设用地与国有建设用地的交易平台合二为一,构筑城乡统一的建设用地交易平台,而农村土地产权交易平台不再涵括集体建设用地的交易。第一种思路的优点在于能实现农村土地权利交易的一体化,但是缺点也显而易见,人为割裂建设用地市场,将其一分为二后分别运行。与农村承包土地的土地经营权市场化交易不同,其仅仅是改变权利主体,并不变更土地规划与用途。无论城市抑或农村,建设用地的市场化流转有可能改变土地用途,且需要土地监管部门的监督,基于此,欲达到建设统一建设用地市场之目的,理应根据建设用地的特殊性,将其纳入统一的建设用地市场进行土地交易。

2. 入场交易的选择性抑或强制性

在未建成交易平台时,集体建设用地只可通过私下交易的方式进行,而在

建成建设用地交易平台之后，需明确当事人是可以选择入场交易抑或必须入场交易。为确保集体建设用地交易的公开透明，发挥土地资源的最大效益，应明确所有的建设用地都必须入场交易，而不可场外私下交易。

3. 建立统一建设用地交易平台及明确其主体性质

第一，由哪一部门或哪些部门共同设立城乡统一的建设用地交易平台，并负责对该平台履行职责的监督。第二，在多大区域范围内建成统一的建设用地交易平台，为供求双方提供交易平台，尤其是提供指标交易平台。第三，与单独国有建设用地由国土部门提供不同，集体建设用地由集体提供，交易平台建设需满足集体、村民申请流转的便利性，为此需要思考如何建设便利交易的交易平台体系。第四，如何界定交易平台的性质，其是单独的居间机构抑或同时兼有土地监管、土地价值评估和土地产权登记等职能。

4. 统一建设用地交易平台的职能及工作流程

以规范的形式，明确交易平台的职能，包括接受申请、审查土地流转用途、发布信息、审查当事人资质、组织交易、提供鉴证以及提供信息咨询、地价评估、产权经纪、委托管理相关配套服务；明确具体交易规则与交易流程；突破现有土地交易中心仅为国有建设用地出让提供服务的局限，将存量建设用地流转纳入交易平台的服务职能之中。

二、构筑城乡统一建设用地市场交易平台

1. 建立城乡统一的土地权利收储与市场交易平台

农村土地市场是促进土地权利流转的重要基础，土地市场中的中介组织是引导农村土地权利流转的重要辅助。首先，建立城乡土地权利收储与市场交易中心，使之既可作为农村土地权利的收储仓库和农村土地权利交易的市场平台，又可作为农村土地权利拍卖、变卖的平台，为农村土地权利实现提供渠道。对村、镇合作社等集体经济组织的全部集体资产，如土地、物业、合同等，进行清产合资，纳入统一的财务监管平台，进行信息化监管，使交易以市场竞争的方式，公开、透明地进行。其次，农村土地权利的交易具有专业性和复杂性，无论是农村土地的直接使用者或者经营者，都必须有一些提供技术咨询、价值的评估、地籍的测量、业务代理以及法律的仲裁等中介机构参与，才能完成土地市场化的交易。最后，城乡土地权利收储与交易市场中心的建立不仅起到一个媒介作用，它还能有效降低流转法律风险，并可以起到一个规范、引导和监督作用。可以尽可能地避免农民因为知识的匮乏、力量的薄弱而在

缔约中处于劣势。通过统一平台建设，确保建设用地以市场化的方式进行交易，解决当下集体建设用地私下交易面临的交易价格偏离应有价值、缺乏监督等问题。

城乡统一的土地权利收储与市场交易平台的设立，应秉持公益性的原则，其定位应为非营利性法人。虽然各地因为建设资金缺乏而变相采取多元投资、市场化运营和政府监管的模式，但是因为机构本身所提供的服务为纯公共产品，将其定性为公益性的非营利法人更符合其性质。① 公益性本身并不否认交易盈余的存在，但其盈余只能用来维持交易平台自身的运转与发展。农村土地权利收储与市场交易平台的建设，应以县域为主，在县一级设立市场交易平台；对于经济发达和人口稠密的东部地区，若有必要可以在乡镇一级设立。交易平台的服务对象主要为农村集体经济组织、农户、农业企业、其他民事主体等，交易的类型以土地经营权、宅基地使用权、农民房屋所有权、集体经营性建设用地使用权、林权、集体资产股权等农村产权的交易，服务内容贯穿信息收集与发布、合同见证、权利登记、交易跟踪、风险补偿、风险释缓、不良处置、资产评估、保险服务、纠纷调解和法律服务等多个业务环节。随着互联网的发展和大数据平台的运用，农村土地权利收储与市场交易平台还应建设网络交易平台，条件具备时构建基于政府监管的全国性统一的土地产权收储与交易平台，实现各主体之间的产权信息互联和共享，以此降低农村土地权利的交易成本。

2. 制定基本规范，明确市场交易平台的职责

制定统一的建设用地流转管理办法，明确交易平台的功能定位、业务范围、交易方式、交易流程、部门职责、监督管理等。以制度化系统化的方式确保交易平台的有序运作，既保障其履行土地流转的居间功能、为建设用地流转服务，又确保其履行土地用途监管功能，贯彻耕地保护、可持续发展等战略目标。

3. 建立配套制度，健全建设用地交易服务体系

根据服务的需要，制定交易规则、登记鉴证、动态报价、转让拍卖、网络竞价、资金结算、收费管理等系列配套规范，以及各类操作细则和合同范本，从而为建设用地流转，尤其是集体建设用地流转提供系统的服务。建立既全面统筹城乡建设用地交易，又便利集体、农民申请建设用地流转的多级互联城乡统

---

① 参见林才珺、徐秀英：《浙江省农村土地产权流转交易市场发展探讨》，载《中国集体经济》2018 年第 1 期。

一建设用地交易平台,确保建设用地以市场化的方式进行交易,解决当下集体建设用地私下交易面临的价格低廉、缺乏监督等问题,既促进集体建设用地流转公开、公正、规范运作,又突破现有城乡二元交易市场的局限,促进城乡统一建设用地市场的健康发展。

第三节 城乡统一建设用地市场的交易价格形成机制

一、建设用地市场价格形成机制存在的问题及其成因

1. 城乡建设用地市场价格形成机制存在的问题

市场机制的核心是市场价格机制,价格系市场化改革先期要解决的问题,建立城乡统一的建设用地市场,必须先行解决好建设用地交易价格问题。而当下的价格形成机制面临诸多问题。首先,就国有建设用地而言,虽已形成以基准地价和标定地价为核心的较成熟的价格形成机制,但是居住用地价格过高、工业用地价格过低,导致资源利用效率降低、产业结构失衡。其次,集体建设用地的价格评估缺乏相对应的价格评估规则,集体建设用地的价格远低于其应用价格,致使集体建设用地资产属性无法显现。最后,前两者相互结合,形成了现有的城乡建设用地二元价格形成机制,导致“同地不同价”,阻碍城乡统一建设用地市场的形成。

国有建设用地已经形成较为稳定的市场定价机制,其主要依据《城镇土地分等定级规程》和《城镇土地估价规程》,并综合考量土地位置、土地用途、土地面积、容积率、建筑密度、建筑高度、宗地基础设施完备程度和场地平整程度等影响因素确定其具体价格。而对集体建设用地而言,因政策和法律对其市场化流转的限制,尚未形成价值评估流程和规范,其价格主要以两种方式形成:第一,试点地区的政府定价。该价格并非由市场竞争所决定,而由政府行政性定价;如广东省、大连市等地制定集体建设用地基准地价测算方法。第二,交易双方自主协商确定具体价格,此种集体建设用地隐形市场交易所形成的协议价格,并不为法律所承认和保护,亦缺少科学合理的价值评估与价格监督。

此外,目前的城乡建设用地价格形成机制还面临以下问题:第一,国有建设用地的价格差异较大,住宅用地价格畸高,工业用地价格畸低,工业用地价格与商住用地价格差异悬殊,同一块土地,仅因用途规划不同就产生悬殊的价

差，并且工业用地低成本的危害，已不再局限于导致城市住房价格居高不下，而且会导致产能严重过剩，企业产出效率低。第二，集体建设用地入市流转缺乏规范的市场定价机制和配套的评估体系。与国有建设用地因交易频率高可为价格评估提供丰富交易资料不同，农村集体建设用地的市场交易不活跃，交易量稀少，信息不畅通，使缺少必要参数而无法客观真实估价。国内各试点地区的土地流转实践中，集体建设用地交易价格基本由政府确定，而个别地方政府的过度行政干预，导致价格确定的随意性，偏离了建设用地应有的价值，例如，地票交易的指标、地票价格根本未反映指标交易，基本采用“成本测算法”，极易挫伤市场主体交易的动力。私下的集体建设用地交易的交易价格由交易主体随意定价，甚至在村委会的干涉下直接确定价格，因为缺乏法律依据或相应的法律保护，存在极大的法律风险，并导致农村集体建设用地流转价格低廉，严重偏离其应有的市场价值。第三，建设用地的价格呈现市场与计划并存的二元化形成机制，并未形成城乡统一的价格形成机制。城乡统一建设用地需要建立统一的价格形成机制，而伴随“招标、拍卖、挂牌交易”等国有建设用地有偿使用制度等改革措施的出台，国有建设用地价格已基本由市场机制决定。而集体建设用地市场尚处于发展的初级阶段，其价格形成机制主要采取计划形成机制，更多地受到当地政府、村民委员会等人为因素的影响，并不能形成有竞争力和真实反映市场价值的价格。同时，计划形成机制产生的集体建设用地交易价格，价格信号的指导性不强，丧失了对农村集体土地市场交易行为的引导作用。

2. 城乡建设用地价格扭曲的成因

分析当前城乡建设用地价格扭曲的成因，可为后续构建城乡统一建设用地价格形成机制提供方向，具体分析其成因，主要包括以下三方面：

其一，集体建设用地价值评估存在技术困境。评估依据存在先天性不足，一方面，大多数集体建设用地不存在基准地价，加之因集体土地未入市，缺乏较多的土地交易数据作为评估参考。在实际的价值评估操作实践中，具体的集体建设用地交易情况，如交易量、创造的净收益和社会平均利润等对于客观反映土地的市场价值具有重要影响的因素无参考标准，所以无论采取何种评估方法都难以客观真实地反映其应有价值。另一方面，不同于城市建设用地，现行法律上集体建设用地的使用年限难以明确。《土地管理法》等法律法规对城市国有建设用地规定了最高的使用年限，却尚未有相关法律法规对农村集体建设用地使用年限予以明确界定。因土地价格的评估涉及被评估对象的使用权期限,假设期限不明确,难以确切获得客观理性的土地使用权价值。

其二,内生性的市场失灵。现行的建设用地市场,供应量基本由地方政府决定,只有需求量才由市场决定,加之地方政府的权力缺乏必要的监督和约束,导致供应量和价格完全由政府决定,这既引起农村集体建设用地价格偏离其真实的土地价值,也导致国有建设用地价格畸形增长。首先,在 2021 年之前我国实行分税制改革造成地方政府对土地财政的过度依赖,某些地方政府为获得更多土地出让金,限制城市国有建设用地的市场供给,人为抬高居住用地的价格,甚至通过修改城市规划、基础设施的配套等方式带动商业用地和居住用地价格上涨,在地方政府政绩考核的晋升激励机制下,为获取地方经济增长而不断推高土地的价格。而土地数量有限,为弥补工业用地出让的收入空缺,政府进一步通过各种途径推动住宅用地价格的上涨,而工业用地挤占住宅用地面积,进一步导致住宅用地价格上涨。为此,政府的过度垄断及政府内部之间的博弈,造成资源的低效配置,生产要素价格产生扭曲。总之,地方政府部门对土地市场价格的过度干预,导致内生性的市场失灵,土地的供求关系并不能真实反映土地的应有价值。2021 年 5 月财政部等四部门发布《关于将国有土地使用权出让收入、矿产资源专项收入、海域使用金、无居民海岛使用金四项政府非税收入划转税务部门征收有关问题的通知》,将由自然资源部门负责征收的国有土地使用权出让收入、矿产资源专项收入、海域使用金、无居民海岛使用金四项政府非税收入,全部划转给税务部门负责征收。简言之,地方政府收取国有土地的出让金制度"寿终正寝",地方政府对土地财政的依赖度和对土地市场干预度正逐步减弱,正常的土地供求关系对土地价格的影响将逐渐显现。

其三,引致性的政策失灵。对建设用地价值的认知模糊,引发地方政府的政策失灵。因某些地方政府决策时对建设用地属性、功能及价格存在认知上的误解,导致当下的价格形成机制中,某些地方政府将国有建设用地完全作为一种商品对待,却忽视了土地与一般商品的区别、忽视了土地的资源属性与保障功能;而就集体建设用地而言,又忽视了其财产属性,最终导致当下扭曲的城乡建设用地价格体系。建设用地作为一种特殊的商品,其价格不同于其他商品价格。第一,土地区位直接影响其价格水平。相同利用条件的土地因处于不同的位置,存在明显的价格差别。第二,从长期看,建设用地总量的有限性决定了土地价格将一直处于上涨的趋势。作为一种稀缺的土地资源,随着经济发展和城市扩张,对建设用地的需求将不断增长,从而决定了建设用地价格普遍存在上涨的可能。第三,极易形成垄断的土地价格。建设用地的总量有限和位置固定,决定其容易形成一定的垄断价格。正如亚当·斯密所言一般,地租"是一种垄断价格"。上述特殊性决定了建设用地价格的变化规律区别于其他商品价格,也决定了建设用地价格的本质。①

二、构建城乡统一建设用地价格形成机制

构建城乡统一建设用地市场的交易价格形成机制及评估方法,需要逐步建立与城镇建设用地定级估价体系相衔接的集体建设用地价格评估体系,通过市场机制决定土地价格。探索同地同价的价格形成机制,建立城乡一体化的土地价值评估方法,彰显集体建设用地市场化流转应有的真实价值。

1. 克服政策失灵,形成合理的比价机制

基于对建设用地价格扭曲成因的分析可知,地方政府垄断建设用地一级市场,其作为土地的所有者与土地的规划管理者,尚缺乏有效的监督与约束,其垄断并控制着建设用地的市场供应。因供方市场的垄断最终导致建设用地的价格与其真实的应有土地价值严重偏离。基于此,可采取下列举措:其一,改变地方政府对建设用地市场垄断性供应的现状。让农民集体、建设用地使用权主体等多元主体参与土地的流转与交易,由市场供求关系决定建设用地的价格,最终形成科学合理的建设用地价格体系。其二,清晰辨别与认识建设用地与一般商品的区别。建立完善的合理配套制度,避免市场失灵、遏制因政策错误干扰市场的情形,全力确保形成理性的建设用地市场价格体系。例如,基于对建设用地资源属性的认知,转变将其作为一般商品交易的认知,借鉴世界范围内其他国家或地区的做法,通过限购、普遍推行征收房地产税等行为,避免投机行为。再如,提高工业用地出让最低价,改革地方政府的考核机制,避免地方政府为追求政绩而低价出让工业用地,应将工业用地的产出率作为考核指标,对于工业用地产出率低于公认合理的产出指标的企业课以重税。

2. 建立城乡一体化的地价形成机制

首先,构建城乡一体化的土地交易市场平台,让城乡建设用地处于同一市场和同一平台交易,以"招标、拍卖、挂牌交易"的市场竞争方式,形成市场所决定的建设用地市场价格,并将频繁交易所形成的建设用地市场价格作为实

---

① 参见朱道林、李瑶瑶、张立新:《论土地价格的本质及其来源》,载《中国土地科学》2021年第7期。

现城乡一体化的基础地价。

其次，建立科学合理的建设用地价格评估机制。(1)借鉴《城镇土地估价规程》和《国有建设用地地价评估技术规范》等技术标准，制定“城乡统一建设用地定级估价规程”。具体内容可以包括各类建设用地的土地级别、基准地价的确定方法、交易价格的评估方法等。(2)城乡统一建设用地市场交易价格的评估方法，可综合采用市场法、收益法、成本法等方法。如采取“招标、拍卖、挂牌交易”等土地流转方式，可以获得充分的市场交易数据，可考虑采取市场法评估其土地价值；对于有收益或有潜在收益的集体建设用地评估，可考虑采取收益法进行评估；若未有农村集体建设用地使用权基准地价但有区片价的，可用区片价修正。地块在城镇末级基准地价覆盖区外缘附近时，可采用城镇基准地价修正法修正后，再进行减价(社保价格部分)修正。(3)在价格体系形成过程中，还应考量土地发展权对价格的影响。因土地规划所确定的区域发展权，会赋予集体建设用地流转额外的价值，基于此所产生的收益应在集体建设用地权利主体和规划区域内公民所共享。(4)确立最低限价制度。为避免政府、集体寻底竞价，严格实行最低限价制度，流转评估价格不得低于该区(市)县人民政府制定并公布的最低保护价。

再次，在实物交易价格评估之外，建立合理的指标交易价格评估机制。当下的“地票”交易等指标交易制度，并未充分反映指标的价值。结合土地规划之下土地价值认知、土地发展权理论和地役权法权模型，建立反映指标市场机制的合理的价格评估机制，提升农民集体或农民进行土地整理的积极性。在坚守18亿亩耕地红线的前提下，按照市场规律形成合理的指标交易价格。

最后，应构建城乡统一的建设用地价格机制的相关配套制度。如建立完善的信息公开制度，建立建设用地流转市场及交易情况信息库，并随时更新信息资料，设立建设用地评估机构、土地交易服务机构和土地保险机构等中介机构。

第七章　城乡统一建设用地市场：土地增值收益分配

第一节　农村建设用地土地增值收益分配的现状与缺陷

一、农村建设用地土地增值收益分配的现状

集体建设用地入市之后的土地收益分配所涉及的各利益主体具有多元性，土地收益分配制度改革必须统筹分配格局，平衡各利益主体之间的关系。具体而言，须在农民、农民集体、国家和土地开发主体或投资主体之间建立合理的土地增值收益分配分享关系。

集体建设用地入市收益，是指集体建设用地使用权在初次流转和再次流转过程中所产生的收入与利得之总和。从法律关系的角度分析，根据相对性原理，集体建设用地入市收益共有三层分配关系。第一层分配关系指入市总收益在农民集体和政府间的分配关系，决定了农民集体的土地净收益；第二层分配关系是政府所获收益在各级政府和不同地区间的分配关系，关系到地区利益的平衡；第三层分配关系是农民集体的土地净收益在集体与成员、成员与成员间的分配关系。①

各试点地区对于集体建设用地入市后的收益分配采取各不相同的分配方案，例如，广东佛山南海区，地方政府和农民集体采取按照比例分配的方式对集体建设用地入市后的收益进行分割，即通过税收的方式，地方政府可以获取集体建设用地市场化流转收益的20%，剩余的80%市场化流转收益由农民集体所有。每年该土地上可以获取的物业租金等收益，在扣除其他税收之后，也

① 参见石小石、白中科：《集体经营性建设用地入市收益分配研究》，载《中国土地》2016年第1期。

按照上述比例进行分配。据南海区城乡统筹办的测算,在征地模式下,按照2010~2014年土地出让成本性支出占出让收益的平均比重(75%)来计算,假设一块地通过征地模式卖了1000万元,政府土地净收益是250万元。假定是集体土地自主入市,按照南海区集体土地基准地价与国有土地基准地价的比价,估计卖500万元,"二八开"的结果是地方政府获取100万元。静态地看,确实比250万元的净收益少了。动态地看,政府则省了许多隐性成本,比如土地征收过程中的"官民冲突"以及土地出让过程中的腐败行为。即使只算经济账,地方政府每年还可以从集体土地上的物业租金中分享20%的收益,以长久计,亦是"得大于失"。①

江苏苏州土地流转收益分配采用市、县以及乡镇政府分级分成的政府参与方式,即从集体土地流转收益总价款中提取30%给政府,其中市政府核定额每平方米收取1.5元,剩余部分按县政府30%,镇政府70%的比例分成,总价款的70%归集体所有。

安徽芜湖在从流转收益中扣除原土地使用者补偿费和其他税费成本后,土地所有者(农民集体)、乡(镇)、县(区)、市政府按2∶5∶2∶1的比例分享土地收益。

河南安阳的流转收益分配方式是,对于存量建设用地按照所有者和管理者(村民委员会和市、县、乡人民政府)4∶6的比例分配,农户宅基地流转收益按所有者与管理者8∶2的比例分配,所有者所得收益按所有权人和原农户2∶8的比例分配。

浙江则完全按土地所有权隶属关系进行分配,即分乡(镇)、村两级所有,市、县财政不参与收益分配,乡镇级所有的土地收益全额归乡镇集体经济组织所有,村级所有的土地收益,考虑到乡镇人民政府对本乡镇区域范围内基础设施等方面的投入,由村与乡镇两级分成,村级集体经济组织分配比例为80%,乡镇土地所按5%收取手续费。

上海南汇区则保证集体建设用地所有权人的收益占总收益的85%,并对其流转收益规定最低基数为每年每亩1500元,支付给原集体土地所有权人,每年每亩800元的收益用于对本农民集体成员的生活补贴。

归纳现行的农村建设用地土地增值收益分配格局,具有以下特点:农民集体和政府都参与了土地收益分配,其中农民集体是集体建设用地流转收

---

① 参见邵挺:《"集体土地入市"动了谁的奶酪?》,载《中国发展观察》2015年第6期。

益的主要享受者。尽管政府主体的参与者因不同地区而有所区别，但是农民集体始终在流转过程中居于主体地位，他们为了实现土地价值而要求流转，在流转中转让、处分自己的产权，使其在经济上得以实现，最终在流转中受益。政府与农民集体之间的土地增值收益分配比例一般处在3∶7的平均水平。农民集体收益中包含了农民个人的收益。虽然各地出于经济发展水平的差异对集体与农民个人的收益分配比例作出了不同的规定，但是，农民个人利益毕竟在流转中得到了体现。对于各级政府和农民集体以及农民个人参与土地收益分配更多的是依据经验和习惯，而对于分配的具体原则，目前尚缺乏统一认识。①

二、农村建设用地土地增值收益分配的缺陷

1. 未准确定位国家和地方政府在利益分配中的地位与分配方式

学术界对于国家和地方政府在土地增值收益分配中的地位，存在迥异的两类观点。一类观点坚持认为集体建设用地使用权流转等环节完善了相关的基础设施服务，亦是因国家主导的城镇化战略，从而极大地提升了农村集体建设用地的经济价值，故而国家应当直接参与土地增值收益分配。另一类观点认为国家和地方政府负有公共服务的基本职责，其所投入集体建设用地使用权流转等环节的成本不应当成为直接参与收益分配的基本依据。综上所述，国家和地方政府不应直接介入初次利益分配，然而，因国家和地方政府的基础设施建设和相关配套设施给集体建设用地带来了增值的可能，所以国家和政府可以通过税收的形式分享部分集体建设用地的增值收益。

2. 现行的土地增值收益分配具有行政主导的色彩

现行土地增值收益分配规则的既得利益者是控制土地的地方政府和从土地增值中获得收益的土地开发主体或投资者，而作为土地提供者的农村集体和农民，以及中央政府和下届地方政府的利益皆受到不同程度的损害。首先，在现行土地增值收益分配规则下，农村集体和农民作为农村集体建设用地的权利主体可以参与分配，但也只是被动地参与分配：一方面，集体建设用地的适用范围被严格限制，经济价值备受压抑；另一方面，土地征收决定的作出、土地补偿费的确定与分配、征地农民的安置等皆由政府相关部门操办，农村集体和农民只能被动参与土地利益分享，获益有限。其次，地方

① 参见王佑辉：《集体建设用地流转制度体系研究》，华中师范大学出版社2015年版，第141页。

政府在集体土地增值收益的分配中发挥主导作用,容易诱发地方政府滥用土地征收权,从而伴随着较大的法律风险。最后,城乡建设用地市场被人为分割,致使我国的土地要素市场发展滞后,一方面,其限制了农村集体建设用地市场的形成;另一方面,其发展存在垄断的风险。

3. 缺乏各利益主体之间的矛盾协调与权利救济机制

建立利益冲突解决机制和利益矛盾化解机制。利益协调机制是协调和处理多元利益矛盾的必然选择。如以举行村民议事会、协商会、听证会等多种渠道畅通利益诉求的表达,通过充分的沟通和协商了解各利益主体的关切点,并在重利益差别的前提下达成利益共识,妥善处理多元利益主体间的利益对新利益冲突。既关注不同主体的近期利益,更要关注农民的长远生存与发展权益。为此,一是要丰富利益协调的形式和手段。在集体建设用地产权改革和利益分配过程中,利益协调的手段是多种多样的,包括法律法规手段、行政调节手段、民主协商手段等,这些利益协调手段各有优劣,需要在利益分配过程中配套使用、审慎选择,以化解利益矛盾和冲突,实现利益共享。二是要逐步完善各利益主体的权利救济机制。在集体建设用地市场化流转的改革实践中,因涉及的主体多、利益体量大,加之法律法规不健全和受行政管控惯性思维的影响,由此产生的维权事件也不断增加。为此,不断创新利益受损的权利救济机制,也是建构利益保障机制的重要内容,更是弱势群体权利维护的最后选择:(1)不断畅通并扩展弱势群体的司法维权渠道,实现维权选择向法治化轨道的转变,积极促进弱势群体依法维权。在依法治国的前提下倡导农民依法维权,更需要畅通弱势群体的司法维权渠道,大力推行“法律下乡”,培育农民的依法维权意识,提升农民的法律素养,提高农民依法维权的能力。(2)完善弱势群体的信访维权机制,由于信访维权仍然是目前维护农民权利的重要救济手段,因而在基层治理中畅通群众来信来访、电话热线等多种维权方式,尤其注重对群众利益诉求的回应效率和回应速度,既有助于提高信访维权的实效性,增强农民对政府的认同感,也有利于提高基层治理的效果。(3)努力创新信息时代下的网络维权机制,规范网络利益表达渠道和方式,与此同时,相关部门也要重视网络民意的表达,并将其作为政策调整、决策制定的重要参考,提高对群众网络维权的回应性。

第二节 城乡统一建设用地背景下土地增值收益分配制度的构建

一、城乡统一建设用地背景下土地增值收益分配的原则

1. 主体多元、利益共享的原则

就当前农村集体建设用地利益分配格局而言,需将农民、农民集体、地方政府、外来的开发主体和投资者,乃至国家都视为利益主体,并逐渐完善各利益主体之间的利益共享机制。长久以来,集体建设用地的权利主体限于农民集体和农民,故利益分配也限于二者之间,其具有鲜明的封闭性。随着城镇化战略的推进,集体建设用地入市之后其所承载的巨大财产利益将被激发,各种利益主体纷至沓来,期望通过自身的投资或贡献从中分得一杯羹。从构建市场化运行的城乡统一建设用地市场的角度出发,亦急需各种主体投资或开发利用集体建设用地,使潜在的财产价值得以真实地变现,故而集体建设用地流转的土地收益分配的价值理念秉持开放与包容,只要凝结着人类无差别的智慧、劳动或资金的投入,无论是农民、农民集体、地方政府、外来的开发主体还是投资者、国家都可以按照特定比例科学分割各自的利益份额。综上所述,城乡统一建设用地背景下土地增值收益分配应塑造包容性的价值理念,考量多元主体的正当利益诉求,建立多元主体之间的利益共享机制。

2. 公平优先、兼顾效率的原则

多元主体之间的利益共享机制之下,需要以公平优先、兼顾效率的原则分割各主体之间利益份额。在各利益主体之中,集体建设用地的所有权主体(农民集体)和初始使用权主体(农民)的分配利益是应当优先予以考虑的。既往的城乡土地二元体制,使集体建设用地潜在的财产价值和收益权能未能实现,其唯一的命运就是随着城市的扩张而等待国家的低价征收,作为所有权主体的农民集体和使用权主体的农民,并未分享城镇化发展所带来的土地增值收益。故而,集体建设用地入市之后,理应赋予建设用地增值的机会,回馈为城市发展作出巨大牺牲的农民和农民集体。除了“公平优先”原则,利益共享机制的构建还须按照“效率”原则参考各个利益主体在集体建设用地市场化流转过程中的贡献大小,按照其贡献大小分配其利益份额。例如,关注建设用地开发主体或投资主体的利益,完善外来的土地开发主体或投资主体与村集体经济组织、股份经济合作社、农民经济合作社、农民之间的利益分配方案,

强化契约履行效力。

3. 初次分配按产权的原则

初次分配按产权的原则，根本目的在于保障农民和农民集体在利益分配中的主体地位，这既是对长期以来农村集体建设用地用途转换加以限制的一种补偿，也是对农民土地发展权益的重视与保障，防止地方政府、土地开发主体或投资主体凭借强大的行政权力或资本压缩农民的生存权与发展权。农民集体作为建设用地的所有权主体，自然享有由土地所有权所带来的利益份额，主要体现为分享地租收入和土地发展权衍生出的价值增值收益。例如，成都温江区成立股份经济合作社，并成为建设用地使用者或经营者，其通过所有权的股份化改造使农民集体的利益与农民的切身利益紧密相连。集体建设用地市场化流转的土地收益在使用权人、股东之间分成，用以维护集体资产的保值和增值。而重庆的"地票"交易模式中，通过建设用地复垦产生的地票指标交易的收益，农民集体分享部分提成，以维护农民集体在建设用地利益分配中的合法权益。①

二、城乡统一建设用地土地增值收益分配制度的构建

土地增值收益的分配既要确保农民和农民集体的土地财产权益得以实现，也要注意统筹兼顾，防止出现土地食利阶层。建设用地的土地增值收益应在全社会的公平分享为宗旨，兼顾国家、集体和个人的利益，并结合国情予以系统设计，合理提高失地农民和农民集体的收益分配比例。在城乡统一建设用地的市场平台上，享有土地所有权的农民集体和享有使用权的农民等土地利用主体，对于集体建设用地土地增值收益的主要部分进行分配，而政府主要通过税收的形式对土地增值收益进行局部分配。地方政府一直扮演着地方公共产品提供者的角色，对城市级差地租Ⅰ和城市垄断地租的形成发挥直接作用，因此可以分享土地增值收益中包含的城市级差地租Ⅰ和城市垄断地租；同时城市公共产品的提供也有利于城市宏观级差地租的形成和土地价值的增值，地方政府也应参与城市宏观级差地租的分享，并对土地使用者征税和土地增值税实现地租增值的溢价回收和公平分配。此外，可考量运用"地票"制度推动边远地区和欠发达地区的建设用地流转，以"地票"交易方式参与土地增

---

① 参见吴晓燕：《农村集体建设用地产权改革与基层治理转型研究》，人民出版社 2018 年版，第 192 页。

值收益的分配。此外，对于国有建设用地出让收益的分配而言，基于国有土地的全民属性，必须通过立法增加土地出让收益投入公共服务领域的比例，实现土地增值收益在全社会的公平分享。

1. 尊重集体建设用地的独立物权地位，初次流转收益以农民和农民集体的分配为主

在城乡统一的建设用地市场环境下，集体建设用地入市后初次流转的土地收益应主要归属集体建设用地的所有权主体和使用权主体，政府作为分配主体并不能直接分享该土地收益，唯有借助税收的方式参与土地收益的再分配。[①] 地租是土地所有者凭借土地所有权和经营权的垄断在经济上的实现形式。由于农村集体土地的所有权性质和使用权性质，农民集体应该是获取集体建设用地流转收益的绝对主体。按照马克思的地租理论，集体建设用地流转中，集体土地所有者获取绝对地租和级差地租Ⅰ，集体土地的所有者和使用者分享级差地租Ⅱ。土地使用者获取在土地使用合同期内的投资级差产生的级差地租Ⅰ，合同期外的投资级差产生的级差地租Ⅱ归属于土地所有者。集体建设用地流转过程中的土地收益中，地租的构成部分应该采取扣除法，即全部土地收益，在扣除土地开发成本（包含投资利息与正常的投资平均利润）、政府税收和行政规费之后，剩余部分为地租，地租归农民集体所有，而政府部门并不参与地租性质收益的分享。

2. 政府以税收的方式参与土地收益分配，增设集体建设用地的土地税种

土地税收既是政府参与土地收益分配的形式，也是经济杠杆，具有调控功能。为了规范政府部门对于集体建设用地流转收益的分享，并调节集体建设用地流转过程中的土地增值收益，需对税收结构进行调整，调整或增加对于集体建设用地流转行为的税收手段。农村集体建设用地使用权在流转过程中，需要逐步削减和降低各级政府在土地出让巨额收益中的占比，逐步建立和维持稳定的税收来源，实现基层政府由依赖“土地财政”向依赖“公共财政”的巨大转变，实现从“与民争利”到“与民谋利”。具体而言，针对集体建设用地流转，应该增设下列税种：（1）行为税类。例如，农地转用税除了严格用规划手段和行政手段控制农地转用行为外，还要引入税收经济杠杆，增加农地转用的经济成本，并且利用农地转用税建立长期稳定的资金来源，用于对农地资源的

① 参见安体富、窦欣：《我国土地出让金：现状、问题及政策建议》，载《南京大学学报（哲学·人文科学·社会科学）》2011年第1期。

保护。再如,土地空置税、荒地税主要针对已经转用,但是没有实质性的土地开发投资,导致土地被抛荒和闲置浪费的情况。(2)流转税类,如转让收入为税基的营业税、增值税。我国目前尚未对集体建设用地的流转设立税种,但是,一方面,集体建设用地入市后在初次分配领域必然形成收入差距,有必要采取税收手段予以调节;另一方面,政府需要以税收手段获得建设用地的部分土地增值收益,以增加地方政府的收入。(3)所得税类。例如,农地转让所得税,直接针对农地转用中的土地转让所得开征专项的所得税。源于农村集体土地的税收,应该主要由中央政府享有,同时减少地方政府分享的比例,以便消除地方政府获取土地收益的经济冲动,弱化地方政府"经济人"的性质。利用归集的集体建设用地流转增值收益的税收,成立国家收购虚拟农地发展权的基金,或者用于修复被农地转用破坏的生态环境等,确保"取之于农,用之于农"。①

3. 正确处理政府与农民之间的分配比例,且最大限度地实现在全社会的公平分享

对于农民和政府之间的利益分配关系的处理,一方面,政府通过税收方式分享土地增值收益,其分享的数额应有所节制,本着藏富于民的理念,不应扩大税收征收的对象与范围。税收是针对特定对象和范围而收取,一般应具备对等补偿性,如政府投入基础设施的征税应与其所提供的公共产品的成本相对应,并以此为限,不宜无限扩大。另一方面,农民所分享的土地增值收益比例不应以保障其基本生活为标准,与之相反,理应将农民可能获得的土地收益比例逐步提升,让农民切实享受集体建设用地入市后土地增值收益,分享推行城镇化和城乡一体化所带来的改革红利。农民享有集体建设用地入市流转后所带来的土地增值收益,是农民享有城市化和工业化发展成果的重要体现。②

4. 土地增值收益的分配方式多元化

失地农民对土地增值收益的具体分享方式应当多元化,相比于一次性的现金支付,采取年金或社会保障等方式的支付更具实效性。此外,处于边远或欠发达地区的集体建设用地直接入市流通的可能性很小,农民就无法直接分享到土地增值收益。针对上述情况,一方面可以通过税收和财政转移等制度

---

① 参见吴晓燕:《农村集体建设用地产权改革与基层治理转型研究》,人民出版社 2018 年版,第 143 页。

② 参见汪晖、陶然:《论征地制度的系统性改革与突破》,载《东南学术》2009 年第 6 期。

安排,让偏远或欠发达地区的农民间接分享到部分土地增值收益的好处;另一方面可以通过“地票”交易等方式,让偏远或欠发达地区的农民能直接分享到土地增值收益。

5. 改革土地出让金的收取与使用方式

改革土地出让金的收取和使用方式,促进地方经济的可持续性发展和区域平衡。就国有建设用地使用权的收益而言,应当由过去的一次性缴纳改为一次缴纳与分年缴纳并存;由过去的定量缴纳,改为定率缴纳;整合归并已有的具有专项性质的计提项目,改为按照统一固定比例滚动留存净收益,设置土地收益储备基金,并有效衔接公共预算与基金预算,统筹使用土地出让净收益。

6. 运用“地票”制度推动边远地区和欠发达地区的建设用地流转

农村集体建设用地在边远地区和欠发达地区处于“有地无市”的尴尬境地,基本无法实现建设用地的市场化流转,可以采取“地票”制度破解困局。在不改变土地规划和用途管制的基础上,远郊地区和中西部地区富余的集体建设用地可由农村集体在征得农民同意后进行复垦。复垦所得耕地由当地土地部门进行验收,在保证数量的基础上确保复垦地质量。腾出的集体经营性建设用地指标形成“地票”,进入农村土地权利收储与交易平台公开交易,所得价款扣除复垦成本和管理费用后全部归农民集体所有,政府不参与分成。独立市场主体通过竞买取得地票证书后,可在城市近郊和发达地区按规定取得符合规划的待开发土地。

第八章 城乡统一建设用地市场：配套法律制度及其衔接

第一节 城乡统一建设用地市场的相关配套法律制度

一、农村土地权利登记制度

(一)农村土地登记的性质:私法行为抑或公法行为

土地登记制度在农村土地流转实践中发挥着至关重要的作用。[①] 以美国为例,20 世纪初时其农村土地登记制度亦已相当成熟,除了未开发的土地,所有其他农村土地的开发利用均应符合法律规定,并且政府部门的登记内容须详尽,包括权属、用途、面积等基本状况。若土地所有者欲以农村土地作担保从金融机构融资时,应提交土地产权登记证明,以此避免非法担保或重复担保的情形。[②]

学界对于土地登记的性质颇有争议,存在公法行为说、私法行为说和折中说。[③] 其实公法与私法之间不存在绝对的严格界分,公法行为能够导致私法关系的形成。[④] 公法规则与私法规则可以共同存在于同一部法律。从私法的视角观之,土地登记作为一种物权公示方法,其目的在于维护市场交易安全,确认和固化民事主体对不动产的财产权利属性。反之,若从公法的角度审视,则土地登记是行政登记,履行国家对土地进行行政管理的职能。至于公法属

---

① Eric Stubkjaer, Cadaster and Economic Development, Heiderlberg: Spinger Berlin Heidelberg, 2009, p. 265.

② 参见刘云生:《中国农村土地银行法律问题研究》,法律出版社 2017 年版,第 207 页。

③ 私法行为说提出土地登记是私法行为。公法行为说又区分为司法行为说与行政行为说,前者指出土地登记是一种司法程序或司法管理行为,后者认为土地登记是一种行政主管部门实施的行为。折中说则提出土地登记在不同的阶段登记可能具有不同的性质。

④ 参见[日]美浓部达吉:《公法与私法》,黄冯明译,中国政法大学出版社 2003 年版,第 149 页。

性的内涵中,司法性居多,抑或行政性占优?乃由具体履职的登记机关予以确定,如德国的土地登记机关是司法机关,自然其持司法行为说观点,而我国的土地登记机关乃行政管理机构,故行政行为说更具有说服力。简言之,土地登记的性质需糅合两种法律属性,而不能简单地一概而论;在两种属性之间以何为主,则需立法者根据现实的需求和社会的发展予以合理判断。

就我国而言,农村土地登记兼具公法和私法属性,但主要应认定为具有私法属性。理由在于,其一,既往公权力对农村土地的干预过强,农民对土地财产权的私法观念淡薄,制度上需要强化农民等民事主体对土地的私权属性。其二,登记行为之目的,意在保护登记人的财产权利。只要符合法定的登记条件,登记机关须按申请登记人的意思表示予以登记在册。其三,法律效果上观之,土地登记主要产生私法上物权设定或变动的法律效力。

(二)不动产登记制度的立法例

各国农村土地登记制度,依其社会经济条件之差别,各自发展出不同的制度安排。然而在立法例上,主要分为大陆法系登记制度和英美法系登记制度两种,兹简述如下:

1. 大陆法系的登记制度

大陆法系的登记制度具体表现为两种立法体例,即登记意思主义和登记生效主义。

(1)登记意思主义

登记意思主义,是指农村土地权利的生效不以登记为要件。① 仅根据民事主体之间的合同便可生效,无须进行登记公示,但考量交易安全的需要,未经过登记的土地权利不得对抗善意第三人。法国和日本皆为此立法例。此种立法体例下,土地登记本身仅是简单的公示作用,对于民事主体农村土地权利的产生或变更不具有决定性。

(2)登记生效主义

登记生效主义,是指农村土地权利的取得和变更必须经过登记,方发生法律效力。② 土地登记具有法律强制性。此类型的立法例以德国和我国台湾地区为典型。此种立法体例下,农村土地权利的登记具有决定物权设定或变更的效力。以德国为例,德国的土地登记簿上所登记的土地权利不仅关系土地

---

① 参见高圣平:《融资租赁登记制度研究》,载《金陵法律评论》2006 年第 2 期。

② 参见高圣平:《融资租赁登记制度研究》,载《金陵法律评论》2006 年第 2 期。

所有者,还关涉其他人的权利,如土地担保权、土地共同所有权等。土地所有者要废除某项权利时,需要与因此权利受益的第三方协商,征得第三方的同意方能废除;若第三方设置了与其他人共享的权利,土地所有者也需征得其他人同意后,方能行使废除土地的权利。土地登记簿上的权利按照时间先后顺序进行登记,政府依据登记内容确认权利主体所拥有的土地权利。

2. 英美法系的登记制度

英美法系的土地登记制度主要采用托伦斯登记制(澳洲登记制),该制度由澳大利亚的托伦斯爵士于1858年创立,该登记制首先进行土地清查,再将其记载于土地登记簿,而后将土地的权利人"对号入座",即在权利确权的基础上进行地籍(该土地法律层面上的各项权利)总登记。当土地权利人发生变动时,仅需在地籍总登记的基础上进行变更登记。从实质上分析,托伦斯登记制的主要功能在于确定了该土地法律层面上的各项权利即土地的地籍,且上述权利一经登记具有不可抵抗的法律效力,受到国家强制力的保障。此种立法体例下,土地登记具有一定的国家公信力,土地登记机关必须进行实质性审查,若出现登记错误则必须承担赔偿责任。

(三)我国农村土地权利登记制度的完善

1. 土地登记的审查模式

如上所述,农村土地登记的性质立法上明确确定为兼具公法和私法属性,但主要具有私法属性。《民法典》出台之前,土地登记被视为一种行政管理手段,立法部门亦认为,土地登记应由行政法调整,应用公法的调整手段强化对土地登记的管理。在此理念的影响下,登记被规定为民事主体的一种行政法上的义务,违反此义务需承担行政法上的责任。随着《民法典》的颁布,立法观念一定程度上亦考虑了土地登记的私法属性,废除了申报低价、证书查验、地籍调查测绘、不登记按照非法占地与违法占地处理等行政管理色彩浓厚的规定,已经明确了土地登记的物权明示功能。在上述工作之基础上,立法上应进一步肯定土地登记主要是为贯彻物权公示原则而设立,其发挥向社会公示的作用,主要具有私法属性。此外,土地登记属于国家相关政府部门依职权所实施的行政行为,其蕴含着政府利益,故土地登记具有一定的公法属性。①

2. 建立两种农村集体经营性建设用地登记制

(1)属地登记制。采用属地登记制的土地范围包括农村集体经营性建设

---

① 参见常鹏翱:《也论不动产登记错误的法律救济》,载《法律科学》2006年第5期。

用地中正在生产经营的土地、存量土地中低效用地和增量土地。具体操作程序是：按照《土地管理法》的相关规定，将集体土地所有权确定到每个具有所有权的农民集体，由县级人民政府登记造册，核发所有权证书。[①] 所谓属地登记制，是指依据权属渊源和现状坐落等，对农村集体经营性建设用地进行登记造册，核发所有权证书。属于村农民集体所有的，其所有权依法归属村集体经济组织或者村民委员会；已经分别属于村内两个以上农村集体经济组织的，其所有权归属村内各农村集体经济组织或者村民小组所有。这类土地入市流转后获得的收益，属于所有权价格的部分归村民委员会或村民小组所有，主要用于发展壮大集体经济、建设公益性公共设施和基础设施等；属于使用权价格的部分归土地使用者享有。

（2）代理登记制。对因行政区划调整后权属不明的农村集体经营性建设用地可以尝试采用代理登记制，即镇政府享有土地所有权，县级人民政府进行登记造册，核发所有权证书，其上要载明土地入市流转后获得的收益主要用于原乡（镇）发展壮大集体经济、建设公益性公共设施和基础设施等。

3. 农村土地权利的取得与转移——登记生效主义

农村土地权利登记，如同给土地发了身份证，给农民吃了定心丸，其为农村土地流转法律制度有效运行的前提。在原《物权法》（已废止）的制度框架之下，宅基地使用权不须登记而经政府审批设立；土地承包经营权自承包合同生效时设立，无须登记即发生效力。[②] 在逐步实现农村土地市场化与资本化过程中，应健全农村土地使用权登记和公示制度。采用登记生效主义，更侧重于维护市场交易安全。农村土地权利登记机关对于登记之申请，须为实质审查，审查的内容主要是申请书所载事项是否与土地登记簿所载内容相符。审查若有瑕疵，应予辅正或驳回；若审查无误后，即交付登记或公告。简言之，登记生效主义较之登记对抗主义，要求更为严苛，更为侧重于维护市场交易安全。

4. 组建专门机构对农村土地及不动产统一登记管理

建立统一的土地或不动产登记机构是各个国家或地区的主要做法，关于不动产登记机关国际上的做法主要包括三种：其一，由法院统一主管不动产登

① 参见郑太福：《城市化进程中农民集体土地所有权的保护》，载《社会科学家》2008 年第 6 期。

② 参见于建嵘、石凤友：《关于当前我国农村土地确权的几个重要问题》，载《东南学术》2012 年第 4 期。

记;其二,由中介性质的机构负责不动产登记;其三,由行政机关主管不动产登记。如英国负责登记的是土地登记处,美国是土地登记办公室,澳大利亚则是土地登记局。世界上主要国家和地区的土地登记皆乃由一个登记机关完成。然而,我国的不动产登记因土地登记、房产登记和林业登记等不同,分别由不同的登记机关登记。由于登记标准、产权界限和测量标准等依据存在差异,设置诸多登记机关的结果就是导致产权不清晰、责任不明,妨碍了不动产交易的顺畅运行。借鉴国外不动产登记制度经验,我国应建立以土地登记为核心的统一不动产登记管理体制。

我国现实的土地登记包括农村土地登记皆由行政机关登记和管理,集体土地所有权、土地经营权、宅基地使用权、集体建设用地使用权、林权等由县级以上不动产登记局登记和管理。严格意义上而言,土地登记机关并未独立于国土部门,尚涉及行政管理。可以借鉴国外土地登记管理的制度经验,由专门的土地登记部门——不动产登记局负责土地登记事宜,并不参与行政工作,可将全国或各省划分为多个登记区,区土地登记处设置一个统一的登记机关,负责整个区域的土地登记事项。

5. 完善土地登记的相关法律法规

世界上主要的国家或地区都有专门的《土地登记法》对土地登记予以规范,目前为止,我国尚缺少专门的由全国人大或全国人大常委会制定的规范性法律文件规范土地登记制度。我国规范土地登记的法规皆分散于其他规范性文件,进行土地登记的法规依据虽多,但是涉及核心问题和重大问题的可操作性条文较少,而且诸多法规之间存在矛盾或冲突,难以保障土地权利登记人的合法权益。缺乏专门的土地登记法律,既难以保障农民的合法权益,也影响了土地登记的公信力。因此,应制定专门的“土地登记法”规范农村土地的登记行为。

6. 提高登记员的登记水平和建立责任追究制度

现实的登记状况是登记人员的情况较为复杂,登记要求的门槛较低,登记录用人员较多,登记人员大多未经过专业学习,更缺乏相关的责任追究和约束机制。借鉴国外的制度经验,我国应提高土地登记人员的入业门槛,通过全国统一考试进行资格选拔,赋予其独立进行土地登记的权利,保证其履职行为不受外界干扰,提高土地登记的公信力。同时,我国实现统一登记标准、统一登记流程和建立统一责任追究制度,以信息化、电子化为依托,建立统一的土地登记查询机制,为潜在的市场交易主体提供可供查询的信息服务和资料查询平台，保证农村土地权利登记的安全，削减农村土地融资的法律风险。

土地登记的性质和土地登记的审查模式是建构土地登记错误救济制度的逻辑起点。因土地登记主要具有私法属性，兼具有公法属性。故而，土地登记的错误救济横跨私法和公法两大领域，立法者应从动态法体系的角度观察，协调好公法规范和私法规范的关系。[①] 民事救济和行政救济是土地登记错误救济的两条红线，土地登记错误必须根据不同情况考虑民事救济和行政救济两种不同的救济路径，而不能简单地将其视为行政行为，而忽略土地登记错误民事救济的必要性。如农村土地抵押登记立法上应增加登记错误的民事赔偿责任规定。赔偿资金实行依法筹集、专款专用、公开透明的原则，登记机构设立一个独立的部门，专门管理赔偿基金，其工作职责主要为管理赔偿基金、发放赔偿金和配合监督机构的调查等。此外，可考量实行登记员的职业化，并设置登记人员职业责任保险制度，以保险资金弥补赔偿金的不足。

二、农村土地权利管理制度

在集体建设用地市场中，政府的职能定位应是为各市场主体提供公共产品和公共服务，例如，推进集体建设用地流转制度的法治建设，提供完善的创新性集体建设用地流转制度；加强规划管理，以规划引导提高集体建设用地利用效益；做好日常管理，建立土地监察制度和新型土地监察体制；创建市场化的集体建设用地资源配置机制，确保维护城乡统一建设用地市场的安全与效率。

资源配置的决定因素是市场，但对于市场的负外部性需要相关的政府管理制度进行及时、适当地协调和控制；政府不应参与市场，却不能不履行监督和协调控制的责任。建立城乡统一建设用地市场，需培育扶持和严格管控二者相结合，从土地规划、用途管制、土地储备、土地节约集约利用、土地监测和执法监察、土地税收调节和土地整理权属管理等方面整体设计、配套推进。目前，城市地价、房价如此之高引发诸多社会问题。落实土地的规划安排、用途管制和节约集约利用，对于避免土地资本的过度化、加强耕地保护和基本农田建设，以及确保国家粮食安全和生态安全具有重要意义。

（一）农村土地规划制度

土地规划制度是政府组织、编制土地规划和保证规划实施的一系列规范

---

① 参见苏永钦：《民事立法与公私法的接轨》，北京大学出版社2005年版，第31页。

制度。规划行为的目标在于实现公共利益和私人利益之间的有机结合与平衡。我国规划制度的编制过程是自上而下的,唯有上级土地规划编制完成之后,下级土地规划才能制定。某种意义上而言,下级土地规划的主要功能就是落实上级土地规划的目标与要求。政府土地规划部门可以通过土地利用计划控制、建设用地标准控制、规划许可等方式,对土地所有权主体或使用权主体从事的土地开发行为实施管制。

土地规划具有法定效力:(1)具有确定性效力。一经制定土地利用总体规划,将严格限制农用地转为建设用地,这是对全社会所有主体的普遍性要求。土地规划是实施用途管制的依据,而用途管制是土地法律制度的基本原则。(2)土地规划是政府实施土地管理的基本依据。土地规划为政府实施土地管理提供了基本依据,因而,是否严格按照土地规划管理土地成为政府和部门的土地管理行为是否具有合法性的判定标准。(3)判定自然人或法人利用土地的行为是否合法的标准。土地规划是判定自然人、法人或其他组织利用土地的行为是否合法的标准,权利主体拥有土地权利的空间范围用途亦由土地规划确定。(4)土地规划是对土地违法行为予以惩处的重要依据。要保证土地规划的严格执行,就必须建立对于违反土地规划利用土地的行为依法进行惩处,而惩处的一个重要依据就是违反土地规划。

对于农民集体所有建设用地使用权的流转,在土地规划方面一直是予以严格限制的。1998 年修订的《土地管理法》规定:其一,乡镇企业、乡(镇)村公共设施、公益事业、农村村民住宅等乡(镇)村建设,应当按照村庄和集镇规划,合理布局,综合开发,配套建设;建设用地,应当符合乡(镇)土地利用总体规划和土地利用年度计划,并依照规定办理审批手续。其二,使用乡(镇)土地利用总体规划确定的建设用地兴办企业或者与其他单位、个人以土地使用权入股、联营等形式共同举办企业的,应当持有关批准文件,并经有关政府部门审批。其三,法律在严格限制之外,规定了除外条款,第 63 条规定,因破产、兼并等情形致使土地使用权依法发生转移的除外。

2019 年修正的《土地管理法》对于农民集体所有的建设用地使用权的主体解除了限制,向全社会开放。第 63 条规定:土地利用总体规划、城乡规划确定为工业、商业等经营性用途,并经依法登记的集体经营性建设用地,土地所有权人可以通过出让、出租等方式交由单位或者个人使用。第 62 条规定:农村村民建住宅,应当符合乡(镇)土地利用总体规划、村庄规划,不得占用永久基本农田,并尽量使用原有的宅基地和村内空闲地。编制(镇)土地利用总体规划、村庄规划应当统筹并合理安排宅基地用地,改善农村村民居住环境和条件。

通过上述立法之规定,可以窥见在集体建设用地市场化流转方面,存在严格的土地规划限制。出于保护耕地和对土地资源的合理开发利用考量,实施土地规划实属必要,然而现行的农村土地规划制度,存在规划体系不统一、规划领域分割的问题,如城市城镇规划、土地利用规划、环境保护规划等分属不同政府部门,规划编制缺乏公众参与性,规划修改程序具有随意性和松散性的特点等缺陷,仍存在改革的空间。

1. 实施城乡一体的土地利用规划

土地利用规划是土地资源时空配置与利用方式安排的公共政策文件,具有科学性、法制性及不同层级和各类专项配套的体系性。土地登记的用途基于土地规划规定的用途,土地市场的客体条件也是基于此种规划的利用分区及其管制措施(包括用途、建筑位置、建筑密度和容积率等)。遵守土地规划是国有建设用地与集体建设用地“同地同权”的重要条件,也是集体建设用地市场化流转的前提与基础。2019 年修正的《城乡规划法》虽然实现了城乡一体规划,但城乡二元规划的弊端仍然存在。以城市里的城中村为例,按照其土地性质属于农民集体土地,按照其区域属于城市土地,究竟应适用城市规划,抑或适用乡村规划,《城乡规划法》并未解决,且其继续沿袭了城镇和乡村二元分立规划的做法。从规划的制定上分析,城市存在较为严格的规划,农村缺乏规划或现有规划所起作用有限,而且现有土地管理机构主要集中在城市,乡村土地管理所人员与编制皆不足,在村一级更没有专业的土地管理部门,因此应将土地规划和土地管理资源向农村适当倾斜,实现城乡一体的土地规划制度。

2. 设置科学的土地分级制度与操作标准

我国土地分级制度并不完善,且欠缺可操作性。例如,城镇土地分等只是一个大的框架,欠缺统一的标准和技术规范。建设用地增补平衡和指标增减挂钩,可能在数量上实现了对等,但是极有可能等级很高的耕地被占用了,补偿的却是等级低的土地,不能公平合理地落实建设用地增补平衡。再如,《民法典》等法律中所定义的“建设用地”,而在国家标准的《土地利用现状分类》中,一级分类和二级分类均没有以“建设用地”为类别的名称和代码,其标准中的哪些地类可以按建设用地的概念加以归类?除需要明确所谓建设用地的具体地类外,尚需明确经营性用地的范围等,以改变我国土地分级缺乏统一的客观标准现状。为此,应加强对土地的分级保护,可组织专业人员专门研究,借鉴国外土地分级的有益经验,结合我国的实际情况制定出可操作性的土地分级标准。

3. 拓展土地利用规划制定与修改中公众参与的深度与广度

我国土地规划的制定与修改理应对公众参与的程序作出明确性要求,改变当下社会公众参与规划的程度不高,且规划修改过于频繁等问题。以美国为例,美国的土地利用规划中公众参与贯穿其整个制定过程,从社区、城镇、城市直至众议院和参议院,任何一个规划相关的制定程序,须通过公告、听证会等形式,让被规划区域的民众、社会公众、专家学者等充分协商,最终达成一个各方都能够接受的规划方案提交审议。对规划的修订要求亦十分严格,超过5英亩的规划修改一般需要10年一次的大修编时方才考虑。基于此,应提高农民对农村土地利用规划的参与度与知晓度,农村土地利用规划在报送政府相关部门审批前,必须经过村民会议或村民代表会议讨论同意,赋予农民集体在村庄规划中具体的权力。同时,通过增强农村土地利用规划中的公众参与,将被规划区域的民众、社会公众和专家学者的意愿体现在土地规划里,增强农村土地规划的科学性和预见性。

4. 建立因土地规划而受损的利益补偿机制

既往的土地规划立法,过于强调土地规划的土地管理要求,具有较强的行政性色彩,却往往忽略对土地权利人因规划所造成的损失予以适当权利救济。利益补偿机制的构建目的在于便利规划的执行和对土地的保护。土地规划必然会限制乃至于禁止特定的土地转变为建设用地,这对于土地权利人而言就是一种损失,假设对被禁止的土地权利人不作适当补偿,其必然采取违法方式去弥补自身的损失。如德国法律中对于规划损失,明确予以补偿;依据规划对土地开发所取得的利益,设置开发税和土地优先购买权。借鉴其经验,我国应对因土地规划造成的土地权利人利益损失予以适当补偿,对因土地规划而收益的主体通过税收或财政转移等方式予以调整。

5. 加快土地规划的法制建设

面对允许集体建设用地入市流转,建立城乡统一建设用地可能给耕地保护带来新的压力,应加快土地规划的法制建设,制定"土地规划法"及相关配套的规定。

首先,改变当前指标控制式的土地规划方法,变更为公众参与式的土地规划方法,土地规划主要应依据市场进行土地资源配置,而不是依靠行政计划。

其次,严格限定土地规划制定与修改的程序、条件,以限制修改程序、范围和内容的方式,确保土地规划在一定时间内的稳定与有序。再次,增强对农村土地利用的规划,对农村集体建设用地集中规划与管理,开展城乡建设用地增减挂钩与占补平衡,建立高效利用的农村土地监管制度。此外,建立城乡统一的建设用地出让审查制度,并将土地规划审查作为其中重要的内容。对城乡的建设用地进行统筹管理,实行城乡建设用地总量控制,将集体建设用地入市流转数量纳入新增建设用地的总量控制。最后,从土地执法实践观察,更重要的还是土地规划的执行问题,土地违法要案基本上都与土地执法环节相关。故须严格执行土地规划,加大执法力度,综合运用刑事手段、行政手段和民事手段进行制裁。

(二)农村土地用途管制制度

土地用途管制是土地法律制度的基本原则。《土地管理法》规定:国家实行土地用途管制制度。严格限制农用地转为建设用地,控制建设用地总量,对耕地实行特殊保护。根据用途管制的要求,我国法律对于土地规划的用途确定为耕地的土地,基于公共利益的需要,相较于其他类型的土地,对耕地采取“特殊保护”措施。具体表现为对耕地的发展权采取更为严格的限制甚至禁止的措施。对于永久性基本农田,原则上是禁止土地发展权和转为其他用途;对于普通耕地则是采取比其他土地更为严格的限制土地发展权的措施。上述特殊保护措施在法律性质上应认定为行政保护,它是基于耕地保护这一国家义务。

我国的耕地保护制度就其内容上划分,是由两种不同的措施组成的,即限制措施和鼓励措施。仔细研究,这两种措施的法律关系呈现不同的特点。其一,就限制措施而言,其法律关系具有以下特点:(1)法律关系的主体为政府、耕地的权利人、建设占用耕地的土地使用人。(2)联结这三个主体之间关系的纽带是义务和行政责任。就耕地的权利人而言,他被要求的义务是不得擅自改变耕地的用途;对于需要占用耕地进行建设的土地使用人,必须履行补充耕地的义务;对于政府来说,它要履行土地利用总体规划确定的耕地总量不减少,质量不降低的责任。因此,这种法律关系的性质当属行政法律关系。其二,就鼓励措施而言,其法律关系的特点是:(1)法律关系的主体为政府、土地复垦者、土地整理者、未利用土地开发者。(2)法律关系主体之间的关系具有行政法律关系和民事法律关系交织的特点。就土地复垦而言,复垦的义务人是土地的“破坏人”,“谁破坏,谁复垦”是土地复垦的法定原则。土地复垦义务就其性质而言是行政义务。土地整理本应该由农用土地的所有权人、承包经营权人负责,但在中国,为了扶持农业,扶助耕地的所有权人和承包经营权人,由政府投入资金组织土地整理,然后再将整理的土地交给土地的所有权人或者承包经营权人。从这个意义上讲,政府是义务人,也属于行政义务。就未利用土地的开发而言,2019 年修正的《土地管理法》第 39 条第 2 款规定,"国家依法保护开发者的合法权益"。第 41 条规定:"开发未确定使用权的国有荒山、荒地、荒滩从事种植业、林业、畜牧业、渔业生产的,经县级以上人民政府依法批准,可以确定给开发单位或者个人长期使用。"未利用地开发利用涉及的是政府与土地开发者之间的关系,政府具有双重角色,一方面作为公共管理机构,要对土地开发行为进行监管,政府与土地开发者之间的关系是行政法律关系;另一方面作为国有土地的所有权人的实际代表人,对于土地开发者的开发行为或者进行补偿,或者确定给开发单位或者个人长期使用,又是平等主体之间的民事法律关系。①

农村土地改革实践中存在土地用途管制虚化的问题,土地用途管制在部分农村地区并未得到真正的贯彻与落实。在集体建设用地入市市场化流转,构建城乡一体化的建设用地市场的进程中,必须确保集体建设用地来源的合法性,不得违反土地用途管制和国家保护耕地的基本国策。确定建设占用土地的原则为不占或者少占耕地的立法政策。如《土地管理法》第 21 条第 1 款规定:"城市建设用地规模应当符合国家规定的标准,充分利用现有建设用地,不占或者尽量少占农用地。"第 37 条第 1 ~ 2 款规定:"非农业建设必须节约使用土地,可以利用荒地的,不得占用耕地;可以利用劣地的,不得占用好地。禁止占用耕地建窑、建坟或者擅自在耕地上建房、挖砂、采石、采矿、取土等。"

为防止土地资本过度化和进一步发挥政府管控功能,我国必须改革现行土地用途管制制度,编制新的土地用途分区规划,制定新的土地利用管制规则,以保护公共利益和确保国家粮食安全。重点区分研究山地类型地区、高原类型地区、平原类地区和丘陵沟壑类型地区在土地用途管控方面有益的实践。同时,以国土空间规划为依据,对所有国土空间分区分类实施用途管制。在城镇开发边界内的建设,实行"详细规划 + 规划许可"的管制方式;在城镇开发边界外的建设,按照主导用途分区,实行"详细规划 + 规划许可"和"约束指标 + 分区准入"的管制方式。对以国家公园为主体的自然保护地、重要海域

① 参见甘藏春:《土地正义——从传统土地法到现代土地法》,商务印书馆 2021 年版,第 347 页。

和海岛、重要水源地、文物等实行特殊保护制度。因地制宜制定用途管制制度,为地方管理和创新活动留有空间。

(三)农村土地储备制度

集体建设用地入市进行市场化流转之后,必然会极大缩小国家对农村土地的征地范围,无限减少地方政府新增建设用地的数量,尤其是当将征收范围严格限定了公共利益后,地方政府几乎不再可能征收集体土地用于出让。在建立城乡统一建设用地市场后,必须改革现有土地储备制度,使之适应城乡一体化的要求。

1. 集体建设用地入市对我国土地储备制度的影响

由于我国城市土地属于国家所有,市、县人民政府为建设用地的供给方。依据我国的土地储备制度,政府可以依照法律规定通过运用优先购买权、国有土地使用权收回、划拨国有土地使用权改为出让国有土地使用权等方式,收购储备土地使用权,当土地市场需求旺盛时,通过向土地市场投放政府收购储备的国有土地使用权,达到平抑土地市场价格的功效,这是建立土地收购储备制度的初衷。在运行实践中,该制度的功能除了平抑土地市场价格上涨之外,又增加了土地拓展功能。为了保证建设用地的及时供应,在农地转用和土地征收批准后,市、县人民政府就可以实施土地征收,土地征收完成后,组织对土地进行一级开发,也就是将"毛地"变为"净地",最后再按照项目要求实施供地。这种制度最大限度地减少了法人和自然人在进行工程项目建设过程中的交易成本,也为"招标、拍卖、挂牌交易"等主动供地方式提供了条件。土地拓展功能成为土地收购储备制度的主要功能,而平抑市场的功能则大为弱化。随着集体建设用地入市进行市场化流转,土地一级市场的政府垄断被破除,土地储备范围将会缩减。就土地市场供应角度而言,集体建设用地平等入市的推行就是另一种方式的土地储备,此种储备方式不再依托于政府,在一定程度上会缓解因政府经营土地而造成的政府债务危机。

2. 我国土地储备制度变革的方向

土地储备制度变革应与集体建设用地入市双轨联动,共同推进。土地储备制度在新形势下应适度调整,并逐步完善,在功能定位、储备范围、债务风险、征购程序等方面平稳过渡,缓慢回归其公益性本质。首先,在职能定位上,土地储备机构应从土地管理者和实际经营者转换为土地交易的服务者。在城乡一体的建设用地市场环境下,控制国有建设用地的"增量",增加集体建设用地的"流量"和"存量",为城乡建设用地市场的土地交易提供服务。其次,构建公司制运营的垂直管理的土地储备运营机制。改革目前的属地管理和分级管理体制,采取公司法人的形式设置独立于地方政府的土地储备机构。最后,健全农村集体建设用地节约集约标准体系,并加强城乡建设用地供应和利用的统计监测和形势分析,切实发挥土地储备对建设用地市场的调控功能。

3. 创新农村集体经营性建设用地储备制度与经营方式

由乡(镇)政府构筑平台,依据权属的层级性,建立三级农村集体经营性建设用地储备制度,即以乡(镇)为单位设立农村集体经营性建设用地储备中心,利用登记造册的三级所有权统计成果,分设乡(镇)、行政村、村民小组三个户头,储备各自名下的该类土地。农村集体经营性建设用地储备中心主要负责向社会发布信息,在符合规划和用途管制的条件下,遵循与国有土地同等入市、同权同价的原则,制定、公布和实施该类土地入市流转方案。

推行储备土地股份化和储备土地集聚化。将储备的农村集体经营性建设用地,采取"确权不确地"的方式作股量化到户,组建土地股份制实体(如合作社、集体资产股份公司等)。该实体不仅全程参与和监督储备土地入市流转的各项事务,而且在股东授权的情况下,可以经营该类土地入市流转后所得收益,主要用于发展壮大农村集体经济,增加农民财产性收入,实现资源资产化、资产资本化、资本股份化。

(四)土地执法监察制度与"小产权房"的法律问题

构建城乡统一的建设用地市场,为解决农村的"小产权房"问题提供契机。所谓"小产权房",是指农民集体或农村土地开发主体出售的建筑在集体土地上的商品房或农民自行建造的房屋,法律上并不承认购房者对该房屋的所有权。"小产权房"实质上是集体土地的非法入市,所以附属于土地上的房产难以得到法律应有的保护,购房者的财产权益面临极大的风险。允许集体建设用地之后,需解决"小产权房"的遗留问题,并且目前"小产权房"占用了大量建设用地面积,亦需通过制度的规范及强制实施,盘活这些存量的建设用地,为城镇化发展提供空间。目前的集体建设用地隐形流转市场客观存在,但若这些集体建设用地不纳入合法的、统一的一级市场,其二级市场就没法建立起来,也就无法建立城乡统一的建设用地市场。对"小产权房"问题的解决,存在"逐步合法化说"和"非法建筑拆除说"两种迥异的观点。

前者认为存在即合理,可以将其逐步实现合法化。理由主要在于:其一,乡镇、村集体组织或者是农民自行开发"小产权房"则可以把土地增值收益大部分留给自己,可以高效率增加农民收入,有利"三农"问题的解决。其二,有利于平抑房价,实现居者有其屋。社会中的低收入群体,在无力购买城市中高昂的商品房,也不满足经济适用房的购房条件时,可以选择农村的“小产权房”满足自身的居住需求,因“小产权房”不用向政府缴纳土地出让金以及其他税费,故其价格一般比较低。“小产权房”的存在可以调剂房地产供应市场,实现低收入群体的安居乐业,稳定社会秩序。其三,有利于促进城乡交融,推进城镇化建设。随着大量城镇居民进入农村,可以促进城乡一体化发展,实现“农村城市化”,改善农村基础设施,使城市与农村教育、服务、生产和环境相协调,推动农村现代化进程。

后者认为现阶段法律上并不存在“小产权房”合法化的立法规定,国家政策也一再禁止,不宜将“小产权房”合法化。

综合上述两种观点,“小产权房”并不能一概认定为非法,其存在具有一定的合理性,理应对其予以分类处置。解决小产权房的法律路径主要有两条:其一,将小产权房使用的土地收归国有,将小产权房转变为国有土地上的商品房;其二,承认小产权房为集体土地之上的商品房。对于完全不具备与国有土地同等入市基本条件的违法违规用地必须坚决清理,但有的则可通过罚款、补办手续、补缴税费来补正。对于宅基地及地上房屋,可以比照经济适用房改商品房,在政府交易许可管制下实行市场准入管理,同时应充分考虑到农村集体建设用地入市对农村土地保护、农业生产及房地产市场的影响。具体的参考因素涉及是否符合规划、房屋质量鉴定、缴纳哪些税费、土地使用年限等诸多问题。

宅基地使用权和土地承包经营权同属于《民法典》中两种独立且平等的用益物权。按照现行法律规定,土地承包经营权中已经分离出“土地经营权”,国家立法已经放开对“土地经营权”的流转限制,换言之,城市居民的主体可以成为土地经营权的主体,城镇居民到农村承包土地在法律上是不受限制的。然而,现行法律却对同是用益物权的两种权利采取不同的立法政策,城市居民并不能到农村购买房屋。不容否认的事实是,一定数量的城镇居民正在通过“小产权房”的形式入住农村。

农村“小产权房”问题的解决,应该具体问题具体分析,按照类别予以分类处置,避免简单的“一刀切”政策。“小产权房”的产生,具体包括两种情况:建在农村宅基地上的“小产权房”和占用耕地建设的“小产权房”,理应区别不同情况采取不同的治理措施。具体而言:(1)对于不符合城乡建设规划或占用耕地甚至基本农田建设的“小产权房”,为确保我国18亿亩耕地红线,坚决予以土地执法监察,依法查处,具体措施上按照违法程度,或要求购房者缴纳耕地使用费和耕地开垦费、向农民集体补缴“出让金”,或拆除并予以法律制裁。(2)保护本集体组织成员之间交易,不收取任何费用,但是必须符合《土地管理法》“一户一宅”的规定。(3)农民集体之外的成员(包括城镇居民)购买的“小产权房”,应该向集体土地所有者补缴一定的“土地出让金”,国家可以根据具体情况制定补缴标准。

(五)农村土地税收调节机制

政府的公共管理职能之一是对土地收益进行税收调节。政府必须对土地规划等公共政策引起的不当得利或意外损失进行平衡和调节,以保证各类土地权利人之间的利益相对平衡,促进市场公平。为遏制集体建设用地入市市场化流转之后出现炒作土地现象或市场主体过度追求土地增值,亦需通过税收调节机制实现土地收益的再分配。

建立城乡统一的建设用地市场之后,将会对地方政府的土地财政带来冲击,如何应对地方政府对土地财政的依赖问题?在分税制改革、确立有偿的国有建设用地制度后,地方政府已形成对土地财政的依赖。加之当前中央政府将土地出让收入以税收方式收归中央,部分地方政府长期以来依赖土地出让金增加财政收入。允许集体建设用地流转,建立城乡统一建设用地市场后,将进一步减少政府土地财政,而当下地方政府不仅需要财政收入维持支出、完成基础设施建设,而且要负担政府债务,最终极其可能导致政府降低其公共服务能力。面对集体建设用地流转下的地方财政风险控制,理应转换政府“经营机制”,使其在引领土地市场和城乡经济发展的进程中直接提供公共服务。同时,通过改革补足地方可支配的财力,为地方建立可持续性的主体税种;通过建立稳定的地方税收来提早预防“土地财政”难以为继时的地方收支风险,并缓解土地利益分配失衡及其导致的各种问题。

具体而言,其一,进行财税制度改革,完善分税制,建立中央和地方事权与支出责任相适应的税收和转移支付制度,使地方政府摆脱对土地出让金收益的依赖,消除土地制度改革的阻力。其二,征收土地用途转用税,进行土地财税制度改革。现在的国有土地交易平台完全可以支撑集体建设用地交易的需求,使用集体土地应考虑土地的转用成本,其实,使用国有土地的成本中包含了转用成本,只不过是通过地价款的方式体现。如果使用集体土地不考虑土地转用成本,则在国有土地使用者和集体土地使用者之间是不公平的,此外,还可能会导致土地非农化增加。其三,清理涉地税费制度,消除土地交易环节税费重复征收现象，增加不动产保有环节税收。其四，加强集体土地入市的税收管理：集体土地交易要与国有土地同样缴纳契税，占用耕地的缴纳耕地占用税，使用城市基础设施、市政设施的缴纳城市建设维护税等，并将税收作为调节土地资源配置和土地收益分配的有力工具。

总之，应在农用地转用、建设用地供应、保有建设用地和流转建设用地等环节建立城乡一体的土地税费体系，在城乡统一的建设用地市场基础上经由政府调节实现同权同价，促进社会公平。

第二节　集体建设用地的土地评估机制

一、农村土地的价值评估

农村土地权利作为一种财产性权利，可以被量化。农村土地资本化的关键在于创设农村土地资产评估机构和体系，使包括土地经营权等土地权利资产能纳入规范的价值表述体系。① 农村集体建设用地市场化流转的过程中，若土地权利价值由谁评估、如何评估、参照标准、公正监督等事项欠缺，土地权利价值评估差异明显，其公允性难以为农村土地权利人和第三方所接受，势必影响城乡统一建设用地市场的构建。故而，应逐步完善农村土地权利的价值评估机构、培育专门的农村土地价值评估人员、提高评估人员专业水平、确立科学完善的农村土地评估技术准则，制定具有法律效力的评估规范。

（一）评估机构分级制度

农村土地市场的运行之所以困难，除了法律障碍和缺少农村土地权利市场平台等原因外，缺乏专业的农村土地评估机构是一个重要原因。可考虑设立独立的农村土地权利价值评估中介组织，专业评估组织的资质由政府主管部门会同金融机构予以严格把关，以确保其权威性和公信力。对农村土地权利价格的评估机构划分为 A 级、B 级和 C 级，对于不同类型的评估机构的设立标准和从业范围予以严格限定，制定独立的市场准入标准，规范评估资质和评估行为。

---

①　参见吴春燕、胡建：《我国农村土地权利担保的合理限制》，载《昆明理工大学学报（社会科学版）》2017 年第 3 期。

(二)评估人员的资格认证制度

对农村土地权利价值评估实行专家责任制,评估人员须通过资格考试,合格后经注册方可从事评估工作。

(三)土地分等定级估价

我国已经形成比较成熟的城镇土地价格评估理论与规范体系,如《城镇土地估价规程》,该规程对于城镇土地分类、基准地价、宗地地价评估等皆作出详细规定,但是目前尚缺失各项农村土地的分等、等级和评估规程,仅存在针对农用地的分等定级和评估规程。① 农村土地价格评估应评定土地的自然属性与经济属性,且将结果等级化。② 在此基础之上,按照地产质量、等级及其收益状况、土地利用方式与政策、土地预期收益等,综合评定出某一块土地在某一种权利状态下某一时点的价值。如韩国颁布了《韩国价格法》和《韩国关于公示地价与土地等级的评价法律》,并在《韩国国土利用管理法》中规定了基准地价的实施领域。③

(四)基准地价和最低保护价

基准地价是政府对于一定时期各级别土地或均质地域分别评估确定的法定最高使用年限土地使用权的平均价格,基准地价的确定有利于开展农村土地的转让、出租和抵押融资等有偿使用制度。④ 集体建设用地的基准地价有别于农村土地征收、征用的补偿标准,更有别于国有土地使用权出让的基准地价。农村土地征收、征用的补偿标准均采用非市场化的适当补偿标准,而农村土地市场化流转等价有偿的民事行为性质区别于强制性的公共征收或征用行为。就后者而言,我国农村土地使用权的流转尚处在探索发展阶段,各地的市场发展条件不同、权利的法律保护程度不同,使权利蕴涵的价格亦存在一定差异,农村土地权利的价值不能简单地比照国有土地使用权。此外,基准地价应建立周期性更新制度。随着经济发展和土地利用政策的变动,应对基准地价周期性公示,以发挥其对农村土地融资担保的价值评估产生价格信号的引导

---

① 参见郭洁:《集体建设用地使用权流转市场法律规制的实证研究》,法律出版社 2013 年版,第 189 页。

② 参见纳日麦:《基于 GIS 技术的农用地质量评价》,内蒙古师范大学 2013 年硕士学位论文,第 66 页。

③ 参见汪秀莲:《韩国土地管理法律制度》,载《中国土地科学》2003 年第 3 期。

④ 参见曹笑辉、曹克奇:《告别"权利的贫困"——农村集体建设用地流转法律问题研究》,法律出版社 2012 年版,第 251 页。

作用。

最低保护价制度,乃政府根据正常市场情况下地块应当达到的地价水平而确定的某一宗地土地权利流转时的最低控制价格。最低保护价,可以避免部分土地权利主体为了短期或个别利益采取不正当竞争方式任意压低土地权利价格,损害农民或其农民集体的利益。

二、农村土地权利评估的价值类型

目前我国农村对于土地所作出的资产评估,究竟为何类价值,并未取得共识。国内各试点地区的评估实践,对价值类型的选择存在不确定性,同一目的的评估,选择的价值类型不同,所得评估结果必然存在差异。

(一)美国评估体系采用市场价值衡量

我国农村土地的价值评估尚处于起步阶段,国外的农村土地评估制度已经成熟。以美国为例,采用市场价值衡量方法,且已形成专门的农村土地价值评估方案,农村土地价值评估的理论基础是新古典经济学[①]、资源环境经济学[②]、效用价值[③]、外部性理论[④]。农村土地价值分为非市场价值和市场价值。对于非市场价值的评估,主要分为陈述性偏好价值评估法和揭示性偏好价值评估法;对于市场价值的评估,采取土地生产潜力法、收益还原法和基于农地市场供求关系的评估方法。[⑤]

(二)欧洲国家以担保价值作为评估价值

"担保价值"一词为德国首先提出,并在欧洲大部分国家得以推广,目前已经被《欧洲评估准则》吸收,新的巴塞尔资本协议(Basel Ⅱ,2004)亦强调了担保价值的运用。[⑥]

一般而言,担保价值的评估标准是被评估资产的收益价值,担保价值不能

---

① 福利经济学认为,社会经济生活的目的是增加个人福利,将个人福利视为个人消费的市场物品以及从资源环境中得到的非市场物品的函数。

② 资源环境经济学将经济系统和资源环境作为研究客体,从更广泛的视野研究人类经济活动与资源环境间的相互作用与规律。

③ 效用价值论认为,效用乃物品满足人类需要的能力,效用量是衡量价值的尺度。

④ 外部性理论认为,个体的效用函数不仅依靠能受其支配因素的作用,还决定于那些不受支配因素的影响。

⑤ 参见刘云生:《中国农村土地银行法律问题研究》,法律出版社 2017 年版,第 208 页。

⑥ 参见崔宏:《基于银行贷款安全目的的抵押资产评估理论与方法创新》,载《金融论坛》2007 年第 1 期。

超过资产的收益价值。在进行担保价值评估时,应将其担保贷款的资产收益价值及其成本价值分别进行评估,担保价值应在考虑上述两种价值的基础上进行实地考察和价值评估。根据《欧洲评估准则》,市场价值包括评估资产的全部可能的未来收益;而担保价值更为关注该资产的用途、当时的市场条件,以及资产的长期存续性,并对资产的未来可出售性予以谨慎评估,并不考虑市场投机等因素。①

(三)我国可采取市场价值和担保价值并用的评估体系

在现行的农村土地评估中,我国通常使用的是市场价值类型,而非担保价值类型。以抵押为例,金融机构对担保价值的实现即可贷款额度,一般是对评估的市场价值打折后予以实现的,并以此作为贷款金额的最高限额,担保贷款额度=评估机构的评估价值(市场价值)×担保率。

目前我国评估的价值类型缺乏针对性,可能造成担保物在变现时发生价值贬损的风险。若担保物的市场价值下降,金融机构的贷款安全性必将受到严重威胁。随着评估技术理论的完善,担保融资资产(如农村土地权利)的多样化,金融机构对该土地权利的监管要求评估机构在进行以担保为目的的评估时,其评估价值类型不能只选取市场价值类型,尚需考虑选取担保价值类型,从而有效地支持市场经济主体和金融机构的担保融资行为。

对农村土地权利进行评估时至少需考虑以下诸方面因素对评估值的影响:拟担保物可以确定的未来担保期限;拟担保物于评估基准日已存在的担保事项对估值的影响;拟担保物于评估基准日已存在的优先受偿对估值的影响;在农业经营中,拟担保物未来担保期间内可实现价值的影响;在未来确定的担保期限内,拟担保物所在地区的农业政策、土地经营费用等对担保物估值潜在的影响等。

三、农村土地权利价值评估的体系

(一)评估机构

农村土地权利价值难以评估,缺乏专业的农村土地权利评估机构是一个重要原因。自1999年土地评估机构与政府主管部门彻底脱钩后,其数量随着地价的不断升高而迅速增加。但是,目前的土地评估行业存在准入条件低、监管不到位、评估从业人员专业技能缺乏、评估市场不规范等缺憾,故此,应对农

---

① 参见王宏伟、赵建平:《森林资源资产抵押与评估》,中国林业出版社2014年版,第108页。

村土地权利价格的评估机构进行分级管理，对于不同类型的评估机构的设立标准和从业范围予以严格限定，制定独立的市场准入标准，规范评估资质和评估行为。实行评估人员的资格认证制，评估人员须通过资格考试，合格后经注册方可从事评估工作，评估人员对评估结果承担民事上专家责任。同时，建立评估机构的档案备查体系和信用评价机制，通过市场选择构建规范的农村土地权利价值评估市场。

（二）评估的基准日

实际评估工作中，为使得评估具有可操作性，同时保证评估结果可验证，必须假设市场条件、资产状况固定在某一时点，即评估基准日。评估基准日是确定农村土地权利价值的一个特定的时点，为评估提供时间基准。评估基准日一般采用下面的方式予以确定：一为委托第三方独立评估机构的时间为评估基准日；二为农村土地担保合同生效的时间为评估基准日；三为土地资产核查或调查之前的某一时间点，或者土地资产核查或调查期间的某一时间点。为确保法律关系的稳定，以及减少市场波动对土地资产价值的影响，建议以农村土地担保合同生效的时间为评估基准日。

与评估基准日密切相关的另一个时间点为“评估报告日”，即评估工作结束之后，需要时间编制评估报告，且书面的评估报告需要一定的审核机制，经审核后方最终形成评估报告的时点。一般评估报告日距离评估基准日的时间不宜过长。

（三）评估方法

1. 市场法。亦称比较法，通过比较被评估农村土地权利资产与最近出售类似资产的异同，并通过土地地租、物价系数对类似农村土地权利资产价格予以调整，从而最终确定被评估资产的价值。运用市场法方法进行评估，需要一个充分发育的农村土地产权交易市场。在市场经济条件下，市场交易越频繁，与被评估农村土地产权资产类似的资产价格越容易获得，所以农村土地产权交易较为成熟的地区，适宜采用市场法进行评估。

2. 收益法。通过评估农村土地权利资产未来预期收益并折算成现值，借以确定被评估农村土地产权价值的一种资产评估方法。采用该种评估方法之前提在于农村土地权利资产可以带来连续性的可预测收益，若无预期收益或预期收益很少且不稳定，则不能采用收益法。采用收益法的评估方法，实际是对被评估农村土地权利资产未来预期收益进行折现或本金化的过程，故而，收益法适用于具备生产性特点的农村土地经营权的担保融资评估，宅基地使用权和集体建设用地使用权一般不采取此种方法。

3. 成本法。在农村土地权利资产评估时按被评估资产的现时重置成本加减各项损耗价值,最终确定其价值的评估方法。重置成本是按照现行市场条件下重新营造与被评估对象资产相类似的资产所需的成本费用。由于农村土地权利附着于土地,加之土地的稀缺性和不可再生性,土地作为一种特殊的不动产较难确定其重置成本,实务中可以考虑以下因素,以确定土地权利本身的价值:土地的区位、面积和形状,土地使用权的权利类型和使用期限,道路通行的类型及其特点,后续的开发费用,现有的基准地价和比较价格,土地使用权的价值应以土地的平方米为单位去测算。①

综上所述,市场法侧重于对被评估农村土地权利资产现实市场可实现价值的体现,成本法侧重于资产历史成本角度的考量,而收益法则更多建立在以现有条件为起点,对评估资产未来预测的基础之上。农村土地权利作为一项担保资产,担保权人最为关注该资产在担保处置时的处置变现价值与评估价值之间的关系,以及担保贷款资金的安全性,故而,欲实现担保资产与市场价值的最佳统一,一般采取市场法的评估方法最为合适,但对于市场条件不够成熟地区的农村土地经营权担保融资,则可以考虑采取收益法进行评估。

(四)评估流程

农村土地权利的评估程序,乃农村土地银行对于担保物进行审核和权属认定之后、签订流转合同之前所进行的程序。一般而言,应包括委托主体与评估机构签订资产评估业务书、编制评估计划、现场土地权利资产核查或调查、评估估算、出具评估报告和存档备份等程序。

(五)评估标准

对土地经营权的价值评估是农村土地担保贷款的重要基础。评估方法的确定,须考量取得方式、地理区位、土地级别、经营期限,以及所种植的作物等。② 一般按"土地经营权担保价值 = 年租地平均收益 × 经营期限 + 地上附着物价值"的公式来测算,并辅之以成本法和市场法。成本法之缺点是对于以较低价格通过拍卖或协商方式取得的土地经营权,无法反映土地升

① 参见[德]沃尔夫冈·克利曼、[德]康拉德·吕西哈特:《德国房地产担保价值评估理论与实践》,中国大百科全书出版社2010年版,第113页。

② 参见庞琳、杜怡蒙:《"三权分置"中承包经营权分离的权能构造及制度保障》,载《中国不动产法研究》2016年第1期。

值的部分。[①] 例如,对于10年前承包的“四荒”地或集体留存土地,当初一次性支付的租金较低,但随着近年来种植收益提高,类似土地的当前价值已经远高于当初支付的租金,用成本法容易低估担保物的价值。市场法则运用类似地区土地经营权的市场交易价格,对于避免低估具有一定的参考意义。[②]

除了建立独立的第三方评估组织,还须制定科学的评估标准,建立宅基地使用权价值评估体系。宅基地使用权评估,应考虑其开发潜力、位置、期限、地上建筑物、成本等方面综合判断。[③] 鉴于我国城市房地产评估制度业已成熟,其具体操作经验可为借鉴。

集体建设用地使用权的价值评估,目前在实践中主要存在两种方式:一为参照国有土地建设用地使用权出让的基准地价;二为参照政府征用、征收补偿的价格。两种评估时的定价方式均将集体建设用地使用权价格作为一种附属。首先,集体建设用地与国有建设用地在规划条件、开发程度、权利状况、市场环境等诸多方面存在差异,故不能简单地比照国有建设用地。其次,参照政府征用、征收补偿的价格,由于其标准过低和地方政府自由裁量的空间较大,故不利于保护交易相对人的交易安全和形成公开的交易价格。最后,立法上为应对集体建设用地的基准地价而设定独立的法律内涵和技术标准,使其具有独立的法律地位。集体建设用地的基准地价的确定,可由政府相关部门依据位置相邻、用途相仿、低价相近等原则对农村范围内的集体建设用地进行区段划分,在进行科学的调查与评估之后公布某一区段在某一特定时间内的平均价格。对区段的划分和基准低价的评估,可以参考《农用地估价规程》、《农用地定级规程》、《城镇土地估价规程》和《城镇土地分等定级规程》等技术指标。基于上述原因,集体建设用地使用权的价值评估中,应建立农村集体经营性建设用地基准地价体系,可对本区域内的集体建设用地进行地价评估,核定基准地价,而后公开基准地价并实时更新,同时细化地价等级和价格,并建立区域最低限价制度,以保护集体建设用地使用权人的合法土地权益。

---

① 参见庞琳、杜怡蒙:《“三权分置”中承包经营权分离的权能构造及制度保障》,载《中国不动产法研究》2016年第1期。

② 参见庞琳、杜怡蒙:《“三权分置”中承包经营权分离的权能构造及制度保障》,载《中国不动产法研究》2016年第1期。

③ 参见胡建:《农村宅基地使用权抵押的立法嬗变与制度重构》,载《南京农业大学学报(社会科学版)》2015年第3期。

第三节　集体建设用地产权改革下的农村社区治理

一、以农村习俗惯例为核心的“家政村治”治理模式

在城乡统一建设用地市场建构的过程中，农村社区亦在发生质性变化，理应构建适应集体建设用地产权改革新变化的基层治理模式。集体建设用地市场与农村社区发展之间存在紧密的关联，深刻把握农村社区治理的发展路径，可为集体建设用地市场的发展提供长远规划。在农村社会转型时期，农村社区治理正由政府单一的治理方式向多元化主体参与的治理方式转变。

我国的农村社区治理历经不断探索的过程，其历史路径是一个从农村习俗惯例为核心的“家政村治”迈向“乡政村治”的进程。民国时期，政府不下县，农村治理以“家政村治”为主；中华人民共和国成立初期，实行人民公社制度；改革开放后，实行“乡政村治”治理模式。故应结合各时期农村社区治理存在的特殊历史条件与现实背景，分析其不同时代背景下的特殊价值功能以及发展趋势，诠释现存问题的诸多影响因素。

（一）家政村治

宗族是中国社会延续千年所自然形成的基层组织，以宗族和家庭为本所形成的“家政村治”模式是农村社会治理的基本方式。家长是家政治理中最基本因素，是“家政村治”的核心，其一般按照习惯和风俗由家族中年长的男子治家。村治表现为村庄内的一切事务皆依赖村庄中乡绅或长老的权威予以处置。长老式或乡绅式的治理方式是历史的选择，它未必先进，但它相对合理。简言之，中国传统社会的乡村治理是以家庭为基本单位的“家政村治”。

（二）传统农村依赖习俗惯例治理村庄

家政，抑或村治，皆以农村习俗惯例为治理根据。清朝末年，国家征收农民田赋，而农村的治理主要依赖传统形成的习俗惯例。民国时代所编撰的《民事习惯调查报告录》，反映了当时农村社会的诸多国情民俗。① 基层农民通过村庄共同体的纽带与国家之间发生联系，并成为村庄内部治理体系中的一分子。作为连结纽带的村庄共同体，在当地乡绅或长老借助习惯和权威的

---

① 南京国民政府司法行政部编：《民事习惯调查报告录》，胡旭晟等点校，中国政法大学出版社2000年版，第187页。

治理之下，演化为国家与农民之间直接利益冲突的“安全阀”。

近代社会，依赖乡绅或长老权威的乡村治理模式逐渐被解构。北洋政府和民国政府皆致力于国家建构，国家政权触角不断向农村延伸，村庄自治受到一定制约，如治理人员和治理费用皆有要求，甚至在民国后建立起保甲制度。保甲制度等基层治理机制，对旧有的宗族治理方式予以整饬。此外，国家治理方式上采取县乡两级政权，国家权力下沉至乡村社会的底层。然而上述举措并未取代传统的治理机制，尚需依从旧有的农村治理体系。农村的财富欠缺新的增长机制，而国家治理的费用皆由乡村承受，农民苦不堪言。缺乏农村经济发展支撑的国家农村治理建设，相反加剧了农民和国家之间的矛盾。

综上所述，我国传统社会的乡村社会治理以“家政村治”为显著特征，主要依靠乡绅或长老借助习惯和权威实现基层社会治理。近代以来，依赖乡绅或长老权威的乡村治理模式逐渐被解构，但是国家的基层政权建设并未完全替代旧有的“家政村治”模式，习惯和风俗仍然在乡村治理中保留其强大的生命力。

二、现行的“乡政村治”治理模式

（一）“乡政村治”的内涵

“乡政村治”主要包括两个层面的内容：其一，乡镇作为国家基层行政机关，在乡村代表国家提供各类公共事务的管理与服务。① 其二，在农村的基层设置村民委员会，该组织性质上是群众自治组织，彰显村民自治。村治体现私权自治，乡政凸显国家公权，私权与公权的结合，实乃当前农村社会治理的基本方式。

土地作为重要的自然资源与生产资料，国家公权力先以农村土地改革形式将土地分给农民归其个人所有，而后出于社会主义公有制改造的考量又以集体所有的方式将农民的土地予以集中，最终形成农民、集体和国家高度结合的集体土地所有制模式。实行家庭联产承包责任制后，农民很大程度上从国家依附关系中逐步抽离。国家不再具体干预农民对农村土地的实际经营行为，也不再实行计划经济下的农村分配体制，其逐步由资源分配者转化为规则

---

① 参见洪艳：《治理现代化语境下的农村治理文化思考》，载《湖南行政学院学报》2015 年第 3 期。

制定者。①

（二）城乡一体化背景下的农村社区治理

在城乡一体化的背景下，农村社区治理实践中出现传统农村社区、村庄整合后的农村社区和融入城市后的新社区等多种形式并存的局面。“乡政村治”这一既往的制度设计在农村治理实践中表现出前所未有的复杂性。

其一，村民委员会成为当下农村社区治理的唯一代表，但是受农村社会发展程度的历史条件限制，村民组织化程度较低，缺乏村庄共同体支持的村民自治，易于流于形式。村级社会治理工作中存在的突出问题为：村级组织功能重叠，运转无保障；村党组书记为主的村干部队伍力量薄弱，管理和执法等资源配置不合理；“空壳村”和“空心村”的难以改造；村级社会治理中的法制保障、财力保障与信息化支撑不足等。

其二，农村利益格局悄然变化，农村基层治理中出现攫取农村公共资源的负面力量。国家在推进城镇化进程中，如水电气等建设工程，教育、卫生等民生工程皆会涉及各类资源，上述资源如何分配？若存在经济利益，农村的各类主体都会争夺上述资源和利益的支配权。在目前的农村社会生活中，一些贪腐的村干部，以及农村的黑恶势力霸占了安全饮水工程、通村公路和退耕还林工程等国家由上至下转移的公共资源，村里的荒山、水库、林地等公共资源承包权也被他们垄断。个别地区甚至出现乡村恶霸或“混混”借助程序化的农村选举合法化地进入基层治理结构之中。

其三，农村社区治理的能力与治理水平亟待提高，以应对农村基层日益复杂和多元的村庄事务。伴随商品经济对农村文化传统的冲击，某些农村地区的基层文化建设出现真空。个别村庄无论年龄层次或收入高低，男女老少皆嗜好赌博，欲不劳而获。而某些地区的基层治安亦让人堪忧，农村过剩的青壮年劳动力，因欠缺劳动岗位和经济来源，生活空虚寂寥，甚至人染上吸毒等恶习。严重影响农村地区的治安状况。

而在农村经济发展层面，一方面，近年来农民外出务工的收入有所减少。在很多农村地区，农民依赖土地耕作或种植而获取物质财富的方式在逐渐发生变化，从事第二、第三产业或外出务工已然成为农民及其家庭收入的主要来源。但是，近年来，受国内外宏观经济形势变化和新冠肺炎疫情的影响，农民

---

① 参见陆道平、钟伟军：《农村土地流转中的地方政府与农民互动机制研究》，清华大学出版社2012年版，第107页。

外出打工或就近打工皆较为困难,务工收入出现减少趋向。另一方面,家庭承包经营的土地细碎化现象凸显,其难以适应农业规模化和产业化发展的新需求,农村经济的持续性发展亟待培育经济合作社、家庭农场和农业公司等新型农业经营主体。

其四,大城市周边的农村出现"外来人口倒挂"现象,当地的农村社区治理难度徒增。随着上海、北京、南京等大城市的快速发展,进入大城市的外来务工人员出现外溢,为降低日常生活成本与支出,很多外来人口集中在大城市周边的农村居住与生活,甚至所在农村地区的外来人口数量大大超出当地的农业人口,使得大城市周边农村地区的公共服务、基层治安、教育医疗等社区治理难度加大。① 在新发展形势下,农村社区治理不再局限于本农民集体内部,正在由农民集体成员的基层自治向本村域范围内的居民共治转变。

其五,未来的农村社区治理应强调多元化和尊重村民的主体地位。人民公社时期,集政权管理与社会事务治理于一身,其解体之后,为填补农村公共事务无人治理的局面,村民委员会代替原来的生产大队行使职能。当下的农村社会在市场经济浪潮之下,逐步转换为农民、多元社会主体和国家并存的社会形态。在城乡一体化发展的助力下,农村社会的基层治理不再仅仅依靠村民委员会,而是逐渐向主体多元化和治理自治化的方向发展。此外,不同的农村事务涉及不同的村民利益,管理不同农村事务的村民组织也就无法统一。农村社区治理的运行逻辑正发生结构性的变化,并表现出现代化转型的需要。

(三)"乡政村治"的农村社区治理模式尚存在的缺陷

第一,村级治理具有单一性和较强的行政化色彩,村民的公共参与性不足,尚待形成法治与民主的治理结构。既往的农村基层治理模式下,农村社区具有排他性和封闭性。村民委员会的设置是借鉴和模仿城市中已经运作相对成熟的居民委员会,其设置之初就体现出较强的行政化色彩和一定的封闭性,农民通过行使选举权而践行基层民主治理,这使得既往的村级治理显现出较多的公权化色彩。换言之,既往的村级农村基层治理,立法上根据管理国家事务的人民主权理论设计村民委员会,村民委员会更多地体现其行政授权或行政委托职能,全面管理农村的基层事务。但是,实践中部分村庄村务管理混乱,并未有真正意义的村务公开,村务由少数村干部管控。对于本村的内部纠

---

① 参见《沪郊网格共治中的新村民》,载人民网,http://politics.people.com.cn/n/2015/0204/c70731-26508891.shtml。

纷,村民经常采取行政诉讼为主的公法救济途径,然而村民委员会不属于行政机关,其并无行政权力,上述制度设计与运行实践所带来的矛盾与冲突成为农村基层社会治理的障碍,而现行立法上并未对村民自治纠纷采取何种解决方式作出明确规定,故而实践中很多纠纷无法进入司法解决的正常渠道。村民自治不能停滞于民主选举这一目标,尚需将实体民主予以贯彻。有的学者认为只要选举程序合理,自然会实现真正意义的村民自治,这是天真的理论幻想。事实表明,一些非正式的地方势力(如贪腐的干部、乡村恶霸或地方"混混")往往能利用选举(通过向村民贿买等非法手段)成为农村治理的主导者,这将无法防止农村公共资源被侵占,从而更难以实现和谐的农村秩序。

第二,部分农村地区的乡镇治理主要表现为"维稳型"治理。乡镇的社会事务涉及内容较为复杂和宽泛,因相比城市缺乏相应的治理能力,治理水平低,基层工作人员的时间与精力主要在于完成上级主管部门交办的各项事务和应对可能发生的突发事件。故而,部分地区的乡镇治理以维持农村社会稳定和保持村庄现状为治理目标。① 此外,乡镇的基层职能出现弱化趋向,事权和财权逐渐向上级部门收缩。② 乡镇并未被赋予明确的执法权,甚至丧失了一些具体的行政管理权。③ 乡镇成为县级政府的外置办事机构,其主要作用沦为信息收集整理。④ 在村民委员会与乡镇的关系上,既往的"乡政村治"的治理方式所追求的理想关系应是被指导与指导的关系。然而,现实中却已形成行政关系。村民委员会不具有法律上的法人资格,也不享有独立的财产权,其在农村基层社会治理中的作用有限,如财政上实行"村账乡(镇)管",村干部的工资由县级财政派发。一方面,乡镇缺乏有效的治理能力,无力提供其所需的农村公共服务;另一方面,自上而下的行政事务压力,促使乡镇和村级干部将更多时间和精力投入维护农村的基本社会秩序和应对突发的社会事件,无力处理过多的农村社会公共事务。

第三,部分农村地区基层党组织的引领作用弱化。基层党组织是农村社

---

① 参见欧阳静:《基层政权组织的理想之路与现实之困》,载《中国法律评论》2015年第1期。

② 参见赵树凯:《县乡政府治理的危机与变革——事权分配和互动模式的结构性调整》,载《人民论坛·学术前沿》2013年第21期。

③ 参见赵树凯:《新世纪的国家与农民——2002—2012乡村治理述评》,载中国农村研究网2017年4月30日,ccrs. ccnu. edu. cn/List/H5Detai/s. aspx? tid =4001。

④ 参见肖唐镖:《近十年我国乡村治理的观察与反思》,载《华中师范大学学报(人文社会科学版)》2014年第6期。

区的政治核心，其对于农村社会与农村经济的发展起到举足轻重的作用。[①]目前基层党组织在农村社会生活中的不可替代性降低了。党代会难以对同级党委和政府发挥应有的制衡作用。有的地区存在村级党支部与村民委员会互相协调问题。相较于过往乡镇指派党支书担任农村"一把手"的情形，当下的农村治理结构已发生转变，村委会主任可在农村治理中与党支书分享权力，但是如何处理二者关系仍是农村社区治理中不可回避的问题。[②]

第四，农民对基层农村社会事务的公众参与性亟待提高。伴随农村经济社会的发展，农民对农村社会事务产生管理参与和决策参与的实际需求，农民的权利意识逐步觉醒。然而，现行农村社会治理的制度体系对农民公共参与的保障机制并不完善。由于农村的公共生活空间有限，即使"村民选举"已经确保村民的政治参与，然其对农村基层事务的决策影响亦是有限，村民对农村社区公共事务的参与度仍较低。

第五，农村公共服务的供给和社会性事务的治理严重不足。其一，随着城乡一体化和城镇化建设，农村社区存在"环境美化、社区卫生、停车和公共修缮"等物业管理需求。理应加强社区的自治管理，物业管理应坚持以属地管理为主，积极引导农村居民转变生活理念，促进居民与物业管理公司的良性互动。其二，外来人口流动频繁，仅靠村委会的力量难以实现有效基层治理。其三，信息时代背景下，农村社区治理存在网络化管理需求，以实现对社区管理的全覆盖。农村社区的大量涌现是农村社会发展的必要趋势，现有的"乡政村治"治理模式难以提供有效的社区公共服务。

三、农村社区治理的本质

（一）农村社区治理的本质

在农村社会之中，作为其中一员的农民所做出的行为，可分为两大种类：一种乃农民所从事的属于私人领域的行为；另一种乃国家公权力合理介入私人领域，农民从事公共性事务的行为。学术上，很多学者借助市民社会和政治国家的二元理论框架分析客观世界。从该理论工具出发，其一，农村社区治理乃整个国家社会治理的基础，政治国家可以合理地适度干预市民社会。乡镇

---

① 参见赵大朋：《农村社会结构的转型与村级党组织的应对》，载《上海行政学院学报》2015 年第 4 期。

② 参见邓大才：《村落、家族与村庄治理》，载《文汇报》2016 年 7 月 15 日，第 3 版。

一级政府作为最低级别的行政机关,可以代表国家为社区内农民的居住、教育、工作和社会保障等事宜提供公共服务。另外,农村社区的基础秩序和社会稳定必须通过国家公权力实现,既往依赖风俗习惯、道德和权威的做法已经难以满足农村社会的现实需求。其二,农村社区治理以团体自治为基础,政治国家也必须以市民社会为基石。农村社区本质上具有私法自治的属性,其内部事务理应由各成员为独立的意思表示,而最终形成整体的团体自治。

德国哲学家和社会学家哈贝马斯指出社会应包含两大领域,即公共领域与私人领域,但归根到底,公共领域的存在终归乃为私人领域服务,故究其本质是以私人自治的领域为归依。[①] 若依据哈贝马斯的上述分析,农村社区治理本质上以团体自治为基础,兼具公法和私法二元属性。基于上述本质的研判,目前的农村社区治理仍具有可改进的空间。首先,以团体自治为根基。实行农村社区团体自治,社区内各权利主体之间人格平等,彼此之间通过个体的意思自治行为发生连结。其次,治理主体应尊重农村社区的自治性特点,政府部门从不必要干预的社区领域或社区事务主动退出。[②] 最后,发展农村自治组织。在团体自治的农村社区范围内,日常的各类农村社会事务理应通过各种自治组织予以处置,而无须政府部门事无巨细地全面承揽,国家可以借助各类自治组织的力量分担与化解纷繁复杂的农村社区事务。

(二)农村社区治理模式的现代转换:行政权威的一元治理迈向以人为本的多元自治

1. 农村社区治理亟待现代化转型

推行城镇化战略的终极目标在于实现城乡一体化,这也是农村现代化欲努力达成之目的。农村现代化所包含的内涵较为丰富和宽泛,既包括农村经济发展,也包括农民的宜居环境和文化生活,更应包含农村社区治理能力与治理水平的现代化。

农村已经由既往的单一功能转向承载多重定位的复合功能。以往农村被定位于为城市提供农产品,农业辅助工业发展。然而在互联网时代,农村社区治理的现代化包含农村社会公共事务治理、文化治理、信息治理和环境治理等诸多方面的现代化。既往依靠行政权力的一元治理模式同当今农村社会事务

---

① [德]哈贝马斯:《在事实与规范之间》,童世骏译,上海人民出版社2003年版,第76页。

② 参见郭保振:《试论中国市民社会的构建》,载《河南省政法管理干部学院学报》2002年第3期。

的多元化需求相矛盾,农村社区治理亟待现代化转型。若检讨现行以村民委员会为基础的“乡政村治”社会治理体系,具体如下:

第一,“乡镇”与“村级”的治理实为一个整体,行政化色彩浓厚。在理论研究上,可就二者做出理想型划分。但客观现实在于,乡镇政权本身是国家行政体系的最低层级,而农村社区治理的村级自治程度并不充分,村一级农村社区的公共领域空间有限。

第二,伴随城镇化战略的推进,很多农村地区出现村庄的整合或合并,故原来的几个村民委员会陆续调整之后合并为一个全新的农村社区;而在邻近城市的农村,外来人口数量远远超出当地的农业人口数量,所在农村地区已经出现“外来人口倒挂”现象。若不能突破限于农民集体内部进行治理的旧有观念,由本农民集体内的村民自治向村域范围内的居民自治转变,则无法适应农村社会发展出现的新变化。

第三,农村社区基层治理中存在多样化的社会公共事务需求,上述公共事务借助私权领域中农民设立的不同的村民组织分别予以管理,不同的农村公共事务管理由不同组织的全体村民协商决定。①

2. 以人为本的农村社区多元治理逻辑

多元治理倡导从农村社区治理的经济基础、治理对象、组织形式与规制方法等诸多层面全方位覆盖,“以人为本”是多元治理的价值核心。在以人为本的农村社区多元治理架构下,农民自治组织、政府和非营利性的第三方组织等共同参与农村社区治理。从本质上分析,以人为本的农村社区多元治理逻辑,重在实现“权力为本”的治理模式向“权利为本”的治理模式转变,抛弃行政化手段和权威式决策方法,采取团体自治的多元化协商手段和民主决策的形式。

四、农村社区治理的经济基础、治理对象、组织形式与规制方法

(一)建构农村社区治理的经济基础

中华人民共和国成立之前,国家政权在农村基层的治理改革之所以折戟沉沙,一个不容忽视的原因在于农村治理的成本皆由村庄自身承担,最后分摊在农民身上,而村庄又欠缺新的财富增长机制,缺乏农村经济发展支撑的国家

---

① 参见郤艳丽:《我国乡村治理的本原模式研究——以巴林左旗后兴隆地村为例》,载《城市规划》2015 年第 6 期。

农村基层治理，最终加剧了农民和国家之间的矛盾。

在社会调研过程中，笔者发现这样一个典型实例，云南建水县临安镇某个乡，乡政府将农村集体所有的荒山、乡镇企业等资产进行租赁或变卖后，获得一笔不菲的集体财产收入。按照常理，这对于整个农村社区的村民是一个的利好消息。然而，作为治理主体的乡政府对该笔集体财产收入的处置却让广大村民苦不堪言。乡政府以发展水利灌溉的名义将这笔不菲的集体财产投入打三眼机井，以挖掘地下水灌溉农田，机井设置成功后，村民用水按照每小时70元收取费用。以村民的角度观之，村民现在的主要收入来源依靠外出打工，耕地种植的人群较少，即使耕作需要，原有免费的水利灌溉措施足以满足农业生产之需。治理主体在将该笔集体资产运用的社区事务中时，采用单向的行政化手段，使决策缺少村民的民主参与，最终三眼机井形同虚设，集体资产白白浪费。相反，在同一时期，该乡在县政府补贴400万元的前提下，按照上级政府要求推行自来水进村庄，但是不足费用需要乡政府或村民承担；若将上述所得的集体资产收入投入自来水设施所需费用的支出上，使得每个村民享受到政府和农村社区的福利，实为一件国家、乡政府、村庄和村民皆得益的好事。然而，在该公共设施的设置上，乡政府采用按人头摊派的方式，要求每人缴纳400元安装费，最终除了少数村民缴纳了安装费，大多数村民采用抵制方式表达对集体资产处置的不满。

如何建构农村社区治理的经济基础。一方面，应支持与鼓励各类农村经济性组织的成长，使之成为本地区内在的经济增长源头。当下各类村经济性组织包括但不限于各种类型的经济合作社、农业企业，以及各种涉农的经济实体。农民外出务工的收入容易受到各种外在条件的影响，不具有持续性和稳定性。培育和扶持各类农村经济性组织，既可以增加当地农民的财产性收入，又可为农村社区治理奠定坚实的物质基础。另一方面，应构造政府投入为主、农村社区自筹为辅、第三方参与的多渠道经费保障机制。农村社区治理的现代化需要物质条件为基础，而解决其经费来源问题，可采取“社区自筹、政府托底”的策略，同时积极引入第三方等社会资本进入，通过招标、委托管理或项目外包等方式为农村基层社区治理提供经费支持。

（二）农村社区治理对象的分类管理

1. 农村社区的治理对象

城乡一体化和新型城镇化背景下的农村社区化，不仅要有区划上的行政设置，更需要具备市民化的实质生活内容。农村治理的主体有国家、乡镇政府、村庄、社会、农民个体等，农村的治理基础与对象就是农村社区内外的各项事务。以一个常规的村庄运行需要为例，农村社区治理应包括但不限于如下事务：各类经济发展事务、集体财产管理、乡规习俗衍生的红白喜事丧葬以及宗教寺庙场所的运行、农村社区文化与教育、物业管理和卫生环境、公共治安、休闲娱乐与体育、矛盾纠纷解决机制以及户籍、医疗、社会保障等社区服务的综合性事务、农村社区基础设施建设与维护等。

2. 根据治理对象的不同予以分类治理

依据营利性与非营利性的区分，农村社区事务主要分为两类：农村公益事务与农村营利事务。对于前者，需代表国家的乡镇和村民委员会等依法履行职能，为农村社区成员提供相应的公共服务；符合条件的情况下，乡镇和村民委员会也可以授权或委托农村社会组织履行其职能。对于后者，乡镇和村民委员会等治理主体不应过多干预，而应由农村社区内的自然人、法人或非法人组织之间通过民事合同法律关系进行调整。上述两类农村事务皆可通过设立多样化的农村社会组织而得以处理。前述所称农村社会组织，包括但不限于各类农村经济合作社、民间调解组织、物业管理组织、红白理事会、集体财产管理组织、合伙组织、公司企业等。简言之，多样化的社会组织对不同的农村事务进行分类管理。

农村社区的经济性事务可以通过家庭农场、农民专业合作社、农业企业和公司等社会组织予以实现。发展农村经济乃农村社区治理之根本，而社区对经济组织的培育是发展农村经济的重要推动力。农民专业合作社、农业企业、家庭农场等新型农业经营主体不断出现。家庭农场在法律上的地位为非法人团体，但其可以享有独立的财产和独立的字号。① 伴随农村土地权利流转，各种农民专业合作社亦不断出现，其中最为典型的就是农村土地合作社。作为互助性质的农民专业合作社，系同类农作物的经营者或服务提供者互助合作的组织，其依法登记，并取得法人资格。②

（三）农村社区治理的组织形式

农村社区治理的组织形式欲得以客观、科学的制度安排，必先深刻洞悉农村社区治理之本质，从而据其本质属性对症下药。

---

① 参见贾超翔、张新民：《论家庭农场的法律地位》，载《宁夏社会科学》2014 年第 5 期。

② 参见周荣荣：《农民专业合作社法解读（二）——注意把握法律贯彻实施中的几个关键问题》，载《江苏农村经济》2007 年第 2 期。

1. 在农村社区自治基础上有效地实现政府治理

农村社区治理本质上兼有政府治理与团体自治两个属性,但以团体自治为根基。简言之,须在农村社区自治基础上有效地实现政府治理。农村社区自治强调"自己的事情自己管",是基层民主的重要体现,应避免"重治理,轻自治",把政府治理和农村自治有机地统一起来。多元化农村社区治理的核心基础在于存在多极利益主体,各主体之间通过意思自治的契约而相互联结。

2. 农村社区治理的具体组织形式:三级治理单元

第一,社区自治。团体自治体现为实行社区自治,即在本农民社区内的居民可以基于意思自治的理念通过协商、契约或表决等方式决定本社区内的公共事务。需要特别予以说明的是,享有社区自治权的主体不再仅限于农民集体的成员,其已经突破行政区划的限制和户籍的羁绊,只要在本社区内居住生活达到一定期限或以本社区为经常居住地的居民都应享有社区自治权,以此适应城市周边农村的"人口倒挂"和村庄的整合与合并等新变化。就农村社区内部的治理架构而言,应建立社区党委会(领导功能)、社区代表大会(决策功能)、社区理事会(执行功能)和社区监督委员会(监督功能)"四位一体"的治理体系。常设性的机构为社区理事会,其负责本农村社区范围内日常的社会事务,并协助乡镇等政府部门工作。社区理事会所处理的农村社会事务范畴,包括但不限于环境卫生、农村治安、社会保障、维稳信访、劳动就业、网格化管理等事务。同时,支持建立多元化的农村社会组织,形成农村社区的自我管理。如各类社区志愿组织和社区文化娱乐组织等。

第二,政府治理。乡镇作为最低级别的行政机关,在农村基层社会治理中具有不可比拟的地位与优势。首先,乡镇等基层治理主体应准确定位自身的地位与作用,主动退出不应干涉的农村基层事务。其次,除专业性的农村社区事务,应针对公共的农村社会事务设置农村社区公共事务服务中心,为本社区内的成员提供高效便捷的服务。再次,乡镇应进一步下放行政权力,通过法律授权或委托的方式将常规性的工作转交基层农村社区处置。最后,基层农村社区治理应大力提倡公众参与和协商民主。如在城乡一体化的进程中,诸多村庄面临拆除或搬迁,"城中村""搬迁村""集中居住村"等词汇频繁出现,解决上述棘手的拆迁问题必须通过公众参与和协商民主回应被拆迁人的利益诉求。某些农村地区就采取村民代表、社区理事会代表、政府部门代表等组成联合议事小组的方式,并邀请法律顾问和人大代表列席参会,以此保障公众的广泛参与和确保相关行政决定民主决策。

第三,农村基层党组织。首先,理应充分发挥基层党组织的先锋模范与带头作用,让基层党组织成为农村社区治理的中坚。在当下的农村基层治理实践中,农村基层事务以及实质性的权力资源更多地依赖村委会,在始终坚持党的领导之前提下,应进一步发挥基层党组织的骨干作用。其次,找准农村基层党组织的定位。厘清农村基层党组织、村民自治组织和各类农村社会组织之间的关系与界限,并形成各自不同的制度规范。再次,坚持党的执政地位,是农村社区治理进程中不得逾越的红线。最后,农村基层党组织必须在法治框架内进行农村社区的现代化治理,坚持党的领导、尊重农民的政治权利与依法治村三者之间相互协调统一。

(四)农村社区治理的规制方法

1. 规则治理:乡规民约与法律并举

农村社区治理必须依靠法律、章程和村规民约等制度性规范,以保障社区生产与生活的基本秩序。其一,制定农村社区治理的相关规章制度。通过制定相关规章制度,明晰社区党委会、社区代表大会、社区理事会相互之间的地位与功能,并对成员的失范行为进行规制。其二,完善与农村社区治理相关的立法。如农村集体财产管理、环境卫生、乡村物业管理、食品安全和社会救助等方面仍存在缺陷,亟待立法完善。其三,制定社区自治章程和乡规民约。自治章程为农村社区的基本法,除了国家与政府部门的法律、法规等规范性法律文件之外,所有规章制度不得与之相悖。乡规民约是对当地既往的风俗与惯例的传承与延续,其内容更为贴近农村社区生产与生活的实际,农村社区的乡规民约一旦按照民主议定程序通过,对本区域内的所有成员都具有约束力。

2. 社区纠纷治理:多方联动的综合管控

农村社区治理中发生的各类纠纷究竟通过何种渠道予以解决,既往的做法并未形成多方联动的综合管控,且仍有部分纠纷无法进入司法解决的正常渠道,村民往往通过私力救济方式予以解决。基于此,可考量采取以下举措:其一,构筑农村社区公共法律服务体系。弱势社区成员的法律援助等可通过公共法律服务体系得以实现。其二,推行社会稳定风险评估制度。如建立社区警务室,构筑社区警务、警务辅助力量和群防群治队伍"三方联动"的综合治安防控体系。其三,建立多元化纠纷解决机制。农村社区纠纷以日常生活中的民事纠纷居多,应针对纠纷的性质多采取调解的方式予以解决。具体而言,可考虑整合现有的行政调解、司法调解和人民调解等法律资源,最终形成大调解的工作机制。

3. 文化治理:倡导礼治社区

文化治理是农村社区治理的重要组成部分,在我国传统文化中蕴含着文化治理的宝贵资源。除了强调法律和村规民约,农村社区治理应引入传统文化中“礼治”的文化精华,意在提倡我国传统文化中良好的道德品质和普遍为世人所接受的公序良俗。礼治社区强调社区内各成员地位平等、诚实信用、谦逊有礼、和睦友爱的文化形态。

4. 信息化治理:网格化的新型治理

网络大数据时代,对农村社区治理提出新要求。如为应对新冠肺炎疫情防控的需求,农村社区需要掌握社区范围内居民的出行信息、就医信息等相关情况与数据,这就要求基层工作实现信息化治理,通过科技信息手段对本社区进行网格化管理。此外,大城市周边的农村社区在进行日常管理与服务时,由于外来人口数量远远超出当地农业人口,也亟待通过信息化和数据化的管理手段提高治理的能力与水平。而在一般的农村社区,也需要通过网格化的人口信息管理机制,对可能产生的“黄、赌、毒”等违法犯罪行为进行预防与监控。

5. 契约化治理:农村社区自治

社区自治必然尊重和保护利益多元,而多元化的农村社区治理必然充分考量不同成员之间的利益诉求,并使不同利益主体之间通过意思自治下的契约,努力构筑统一的利益共同体。不同的利益主体之间法律人格平等,彼此借助契约而发生联结。同时,多元的利益主体为实现社区自治的目标,通过组合成立各类社会组织,社区成员可以通过其开展日常的社区活动,以满足自身需求,而乡镇等基层治理主体以对该社会组织的有效规制来规范成员的行为。如各类农村专业合作社、农村互助金融组织等,上述社会组织系自愿缔结而成的互助共同体,实乃农村社区自治的体现,它们在契约化社会治理的理念之下,实现自我管理和自我发展,共同促成农村社区治理的多元化格局。

6. 环境治理:美好农村社区

农村社区的治理不仅仅是为了制度上的完善,所有的治理工作皆应奉行“以人为本”的最高理念。故而,为社区治理中的“人”创造宜居的制度、人文和自然环境,实乃农村社区治理的最终目标。在盲目追求经济发展的背景下,部分地区的农村河流受到污染,地下水已经不能直接饮用;土地受到的工业污染严重,改良的成本极高;因空气、水流等的污染,村子里患各种病的农民越来越多;乡村的自然环境正逐渐被工业化的污染和人为的破坏活动所侵蚀。若构建城乡统一的土地市场,建设美好农村社区,在环境治理层面可以考虑从以下方面入手:第一,培育保护环境、节约资源的工作方式和生活习惯,提高农民的环保意识和生态保护意识。第二,重点解决农村社区的严重环境污染问题,分级建立垃圾、污水处理的网络化管理。第三,保持农村社区的乡村本色和美丽的田园风光,努力推进"美丽乡村"和村镇生态文明建设。美好的农村社区,并非形成与城市社区一样的形态,其应保有农村特色或地方优势。唯有自然景观、人文环境和制度运行三者皆让居民满意的农村社区,才真正成为美好的农村社区。

参 考 文 献

一、专著

1. 袁云:《中国特色农地制度"三权分置"改革及实现路径研究》,人民出版社2021年版。

2. 孙建伟:《城乡统筹视野下的城乡建设用地置换法律问题研究:以我国宅基地置换中的新型权利为视角》,法律出版社2017年版。

3. 吕军书等:《中国农村宅基地退出立法问题研究》,法律出版社2019年版。

4. 赵秀梅:《农村集体土地征收和补偿立法实证研究》,法律出版社2019年版。

5. 苏艳英:《三权分置下农地权利体系构建研究》,知识产权出版社2019年版。

6. 李杰:《供给侧改革视域下我国农村集体建设用地入市风险及其防范研究》,四川大学出版社2019年版。

7. 袁震:《中国农村土地物权制度研究》,法律出版社2018年版。

8. 李凤章:《集体建设用地使用权出让法律制度研究》,上海三联书店2018年版。

9. 李春燕:《变革与重构:集体土地征收程序研究》,法律出版社2017年版。

10. 吴晓燕:《农村集体建设用地产权改革与基层治理转型研究》,人民出版社2018年版。

11. 党亚飞、姜胜辉、邓佼:《天长突破:让土地活起来的农村产权改革》,社会科学文献出版社2018年版。

12. 张勤:《当代中国农村土地纠纷解决研究》,中国政法大学出版社2018年版。

13. 王敬尧、魏来:《中国农村土地制度改革:经营制度、地方财政与基层治理的维度》,经济管理出版社 2018 年版。

14. 兰玲:《我国农村土地两权关系演变规律》,经济管理出版社 2017 年版。

15. 陈胜祥:《制度嵌入的逻辑——农村宅基地制度试点改革"余江模式"解析》,经济管理出版社 2018 年版。

16. 桂华:《中国土地制度的宪法秩序》,法律出版社 2017 年版。

17. 宋志红:《中国农村土地制度改革研究:思路、难点与制度建设》,中国人民大学出版社 2017 年版。

18. 王崇敏:《宅基地使用权制度现代化构建》,法律出版社 2016 年版。

19. 孙鹏:《集体建设用地流转的风险控制与法律构造》,华中科技大学出版社 2016 年版。

20. 孟俊红:《集体建设用地使用权物权法建构研究》,郑州大学出版社 2016 年版。

21. 杨青贵:《集体土地所有权实现法律机制研究》,法律出版社 2016 年版。

22. 向勇:《中国宅基地立法基本问题研究》,中国政法大学出版社 2015 年版。

23. 王佑辉:《集体建设用地流转制度体系研究》,华中师范大学出版社 2015 年版。

24. 申惠文:《非公共利益利用集体土地机制研究》,法律出版社 2015 年版。

25. 郭洁:《集体建设用地使用权流转市场法律规制的实证研究》,法律出版社 2013 年版。

26. 张国华:《论宅基地使用权的可流转性及其实现》,法律出版社 2013 年版。

27. 陈小君:《农村土地问题立法研究》,经济科学出版社 2012 年版。

28. 董景山:《农村集体土地所有权行使模式研究》,法律出版社 2012 年版。

29. 贺雪峰:《地权的逻辑:中国农村土地制度向何处去》,中国政法大学出版社 2010 年版。

30. 茆荣华:《我国农村集体土地流转制度研究》,北京大学出版社 2010 年版。

31. 孟勤国:《中国农村土地流转问题研究》,法律出版社 2009 年版。
32. 杨立新:《民商法理论争议问题——用益物权》,中国人民大学出版社 2007 年版。
33. 房绍坤:《用益物权基本问题研究》,北京大学出版社 2006 年版。
34. 尹田:《物权法 · 用益物权》,中国法制出版社 2005 年版。
35. 高富平:《中国物权法:制度设计和创新》,中国人民大学出版社 2005 年版。
36. 崔建远:《土地上的权利群研究》,法律出版社 2004 年版。
37. 王泽鉴:《民法物权 2:用益物权 · 占有》,中国政法大学出版社 2001 年版。
38. 江平、李显冬:《中国土地立法研究》,中国政法大学出版社 1999 年版。
39. 王卫国:《中国土地权利研究》,中国政法大学出版社 1997 年版。
40. 周枏:《罗马法原论》(上册),商务印书馆 1994 年版。
41. 郑冠宇:《民法物权》,台北,新学林出版股份有限公司 2013 年版。
42. 陈铭福:《土地法》,台北,书泉出版社 2013 年版。
43. 黄树仁:《心牢——农地农用意识形态与台湾城乡发展》,台北,巨流图书公司 2002 年版。

二、论文

1. 陈小君:《〈民法典〉物权编用益物权制度立法得失之我见》,载《当代法学》2021 年第 2 期。
2. 柳经纬、戴国朴:《集体土地入市法律问题再探讨——以 2019 年〈中华人民共和国土地管理法〉修改为中心》,载《河南财经政法大学学报》2021 年第 3 期。
3. 王全兴、王甜甜:《集体建设用地入市中的政府优先购买权》,载《法学》2019 年第 6 期。
4. 张晓玲:《集体建设用地入市政策演进历程与规划管控策略》,载《中国土地》2021 年第 3 期。
5. 彭小霞:《农村土地流转助推农民增收:机理、问题及实现路径》,载《理论探索》2021 年第 4 期。
6. 黄砺、姚钰洁:《新时代农村集体建设用地入市模式研究:基于交易费用视角》,载《南京农业大学学报(社会科学版)》2021 年第 1 期。

7. 姜楠:《集体建设用地使用权制度的困局与突破》,载《法治研究》2021 年第 5 期。

8. 袁文:《城乡融合视野下农村土地征收的法律规制研究》,载《农业经济》2021 年第 4 期。

9. 朱冬亮:《农民与土地渐行渐远——土地流转与“三权分置”制度实践》,载《中国社会科学》2020 年第 7 期。

10. 张力:《土地公有制对农村经营性建设用地入市改革的底线规制》,载《法律科学》2020 年第 6 期。

11. 高圣平:《〈民法典〉与农村土地权利体系:从归属到利用》,载《北京大学学报(哲学社会科学版)》2020 年第 6 期。

12. 丁关良:《三权分置政策下宅基地流转方式运行机理的剖析和思考》,载《农业经济与管理》2020 年第 4 期。

13. 宋志红:《集体建设用地使用权设立的难点问题探讨兼析〈民法典〉和〈土地管理法〉有关规则的理解与适用》,载《中外法学》2020 年第 4 期。

14. 李国强:《〈土地管理法〉修正后集体建设用地使用权的制度构造》,载《云南社会科学》2020 年第 2 期。

15. 董红、王有强:《农村土地流转过程中农民权益的有效保护》,载《西北农林科技大学学报(社会科学版)》2020 年第 3 期。

16. 张睿海:《新时期农村土地治理的政策与法律规范途径》,载《农业经济》2020 年第 4 期。

17. 朱敏霞:《乡村振兴战略下农村土地流转存在的问题与路径研究》,载《农业经济》2020 年第 7 期。

18. 高圣平:《论集体建设用地使用权的法律构造》,载《法学杂志》2019 年第 4 期。

19. 唐健、谭荣:《农村集体建设用地入市路径——基于几个试点地区的观察》,载《中国人民大学学报》2019 年第 1 期。

20. 吕之望、肖鹏:《集体建设用地入市的制度效应——兼论农村集体产权改革》,载《制度经济学研究》2019 年第 3 期。

21. 赵祥:《再集体化与政策协同:集体建设用地入市改革的路径分析——基于广东佛山市南海区改革试点的经验分析》,载《岭南学刊》2019 年第 4 期。

22. 曲相霏:《农村土地财产权益男女平等保障机制探讨》,载《法学》2019年第9期。

23. 李永涛:《城乡规划与农村集体建设用地入市探析》,载《中国律师》2019年第3期。

24. 龙志和、莫凡:《农村集体建设用地进入租赁住房市场的挑战与应对》,载《改革》2019年第3期。

25. 李涛、张鹏:《农村土地流转和人口流动的意愿分化与城乡协调发展研究》,载《理论探讨》2019年第5期。

26. 吴光芸、万洋:《中国农村土地流转政策变迁的制度逻辑——基于历史制度主义的分析》,载《青海社会科学》2019年第1期。

27. 刘凤霞、吕云峰:《马克思地租理论对我国农村土地流转的启示》,载《农业经济》2019年第3期。

28. 余俊:《城乡融合发展中农村土地发展权的建构——基于城乡建设地方立法权的思考》,载《黑龙江社会科学》2019年第4期。

29. 徐美银:《农民工市民化、产权结构偏好与农村土地流转——基于江苏、浙江、湖北、四川调查数据的分析》,载《社会科学》2019年第6期。

30. 刘汉成、关江华:《适度规模经营背景下农村土地流转研究》,载《农业经济问题》2019年第8期。

31. 罗正相、宋秉斌:《我国农村土地出让流转法律制度的重构——以新〈土地管理法〉修正案为视角》,载《江西社会科学》2019年第9期。

32. 李嵩誉:《绿色原则在农村土地流转中的贯彻》,载《中州学刊》2019年第11期。

33. 罗亚海:《城乡一体化理念下"城市土地属于国家所有"条款的理论困境及其解释进路》,载《江汉大学学报(社会科学版)》2019年第3期。

34. 公茂刚、王学真、李彩月:《"三权分置"改革背景下我国农村土地流转现状及其影响因素研究》,载《宁夏社会科学》2019年第1期。

35. 孙宪忠:《推进我国农村土地权利制度改革若干问题的思考》,载《比较法研究》2018年第1期。

36. 梅夏英:《民法典编纂中所有权规则的立法发展与完善》,载《清华法学》2018年第2期。

37. 鞠成伟:《改革开放以来中国乡民土地权利的体制塑造》,载《华东政法大学学报》2018年第6期。

38. 谭荣:《集体建设用地市场化进程:现实选择与理论思考》,载《中国土地科学》2018 年第 8 期。

39. 段浩:《农村土地流转中的政府角色及其实现的法治保障——以“塘约经验”为样本》,载《经济法论坛》2018 年第 1 期。

40. 张占锋:《政策、法律与实践的冲突与因应——基于农村土地流转的视角》,载《世界农业》2018 年第 2 期。

41. 陈慧妮:《乡村振兴战略背景下农村土地流转政策的执行路径》,载《社会科学家》2018 年第 3 期。

42. 郭金丰:《乡村振兴战略下的农村土地流转:市场特征、利益动因与制度改进——以江西为例》,载《求实》2018 年第 3 期。

43. 余小英、王成璋、吴件:《我国农村土地流转交易效率及治理研究》,载《河南社会科学》2018 年第 4 期。

44. 唐丙元:《乡村振兴战略视阈下河北省农村土地流转问题研究》,载《经济论坛》2018 年第 9 期。

45. 温世扬、吴昊:《集体土地“三权分置”的法律意蕴与制度供给》,载《华东政法大学学报》2017 年第 3 期。

46. 李凤章:《论集体建设用地使用权的出让——以立法文本和问卷调查为基础的分析》,载《政法论丛》2017 年第 3 期。

47. 范雪飞:《论集体建设用地使用权信托流转之制度建构》,载《兰州学刊》2017 年第 5 期。

48. 马建兵:《论我国农村土地权利的信托性》,载《政法论丛》2017 年第 1 期。

49. 王恒:《“三权分置”背景下农村土地流转交易机制与制度探讨》,载《探索》2017 年第 5 期。

50. 王桂华:《中俄农村土地流转比较研究》,载《世界农业》2017 年第 10 期。

51. 金励:《城乡一体化背景下进城落户农民土地权益保障研究》,载《农业经济问题》2017 年第 11 期。

52. 赵艳:《农村土地流转、城乡收入差异和新型城镇化耦合协调性发展研究》,载《世界农业》2017 年第 12 期。

53. 高飞:《农村土地“三权分置”的法理阐释与制度意蕴》,载《法学研究》2016 年第 3 期。

54. 韩松:《论农民集体土地所有权的管理权能》,载《中国法学》2016 年第 2 期。

55. 刘连泰:《土地属于集体所有的规范属性》,载《中国法学》2016 年第 3 期。

56. 丁琳琳、孟庆国、刘文勇:《农村集体建设用地入市的发展实践与政策变迁》,载《中国土地科学》2016 年第 10 期。

57. 曹笑辉:《集体建设用地入市模式及其立法选择》,载《理论探索》2016 年第 2 期。

58. 王婷婷:《缺位与再造:农村集体建设用地流转的税收问题检思》,载《广西社会科学》2016 年第 8 期。

59. 徐炜、陈民洋:《农村社会治理案例比较与难题:政策话语转变的视角》,载《武汉大学学报(哲学社会科学版)》2015 年第 5 期。

60. 李忠夏:《农村土地流转的合宪性分析》,载《中国法学》2015 年第 4 期。

61. 陈小君、韩松、房绍坤:《深化农村土地制度改革的法律解读》,载《法学家》2014 年第 2 期。

62. 胡建:《市民社会的理论演变与民法的角色选择——以民法和市民社会辩证关系为视角》,载《东方法学》2012 年第 5 期。

63. 张新光:《法国的农业现代化道路》,载《社会主义论坛》2009 年第 6 期。

64. 王蜀黔:《俄罗斯联邦土地他物权法律制度评介》,载《环球法律评论》2008 年第 2 期。

三、译著

1.《法国民法典》,罗结珍译,北京大学出版社 2010 年版。

2.《意大利民法典》,陈国柱译,中国人民法学出版社 2010 年版。

3.《俄罗斯联邦民法典》,黄道秀译,北京大学出版社 2007 年版。

4.《越南社会主义共和国民法典》,吴远富译,厦门大学出版社 2007 年版。

5.《德国民法典》,陈卫佐译,法律出版社 2006 年版。

6.《魁北克民法典》,孙建江、郭站红、朱亚芬译,中国人民大学出版社 2005 年版。

7.《最新日本民法:日本民法典》,渠涛译,法律出版社 2006 年版。
8.《瑞士民法典》,殷生根、王燕译,中国政法大学出版社 1999 年版。
9. [日]渡边洋三:《土地的财产权》,齐晓琨译,岩波书店 1997 年版。
10. [德]M. 沃尔夫:《物权法》,吴国越、李大雪译,法律出版社 2004 年版。
11. [意]桑德罗·斯奇巴尼选编:《物与物权》,范怀俊译,中国政法大学出版社 2009 年版。
12. [法]泰雷、森勒尔:《法国财产法》(下卷),罗结珍译,中国法制出版社 2008 年版。
13. [俄]E. A. 苏哈诺夫:《俄罗斯民法》(第 2 册),王志华、李国强译,中国政法大学出版社 2011 年版。
14. [美]理查德·派普斯:《财产论》,蒋琳琦译,经济科学出版社 2003 年版。

后　　记

《构建城乡统一建设用地市场的法律制度研究》是学术研究历程中“农村土地三部曲”的第二部作品。“农村土地三部曲”的开篇之作——《农村土地抵押法律问题研究》,已经由法律出版社出版,故本部作品乃“农村土地三部曲”之第二部,系本人与妻子汪小燕女士合著完成。本书的出版,感谢法律出版社的邢艳萍编辑耐心而细致的工作,也感谢2016级法律硕士研究生金欣同学、2020级法律硕士研究生黄秋萍同学,以及我所指导的研究生王子亚、黄康、史婷、马雅莉、马雨萍等同学对书稿文字的校对,他们的付出使得本书得以顺利出版。

2011年从跨中国南北分界线的龙子湖到东经106度、北纬29度的毓秀湖,西行1611公里,在“辛亥革命”100周年纪念日前一个月,我以一个学子的身份重新回归大学的课堂,回到西南政法大学攻读博士学位。4年间,在这所政法院校,我除了完成学业,思考最多的就是完成我的“农村土地三部曲”——关注农村土地的抵押问题、城乡统一建设用地市场的构建、农村的社区治理。希冀以一种整体的眼光,调查、分析和审视当代乡村所面临的三个难题——农民的土地财产权益保护、城乡一体化的实现路径以及农村基层组织的革新。此种知识分子的自觉关切,源自我对乡村的天然情感。父母皆为农民,我生于斯、长于斯。就学术研究而言,回到乡村,是一种精神的必然。

由传统到现代的转型,农村中的土地、劳力以及生产方式都处于剧烈的变化之中,这一过程从晚清时期开始,至今尚未完成。近代乡村之所以落后,主要是始终走不出农本社会。时至今日,费孝通先生《江村经济》中所描述的泥屋瓦房、尊重民族古老传统、尊重人心和朴素情感的田园诗般乡村已然无存,传统的乡村正渐趋向城市化的方向发展,而土地问题正是农村城市化发展的突破口。必须消除的一种误解是认为城市化是一种政府主导的行为,其实若反向观察中国的城市化历史,不难发现,城市化是市场主动推进,政府调整管理方式的产物。换言之,城市化是一种市场行为,即便在当下中国对要素流动有诸多限制的情形下,城市化依旧以不可逆的方式推进,这无疑是对市场的礼赞。

任何国家的城市化都要解决两个问题:土地和劳动力。尽管城市化的发展路径并不存在一定之规,但是从世界各国的发展历程观之,都先是人的城市化,后是土地的城市化。但是中国的城市化模式与之相反,首先出现土地城市化,即大片的农业用地被改为建设用地,而后才是人口的城市化,即大量的农民涌入城市,在城市工作、定居和生活。这是由中国独特的土地制度和户籍制度决定的。正是出于这个原因,中国城市面积的扩张基本都是通过地方政府的主动扩张来实现。从经济学上分析,生产的三大要素——土地、资本和劳动必须自由流动,才能实现资源配置的最优和要素所有者自身收入的极大化。实际情况是,土地在城乡之间无法自由流动,农地在用作农用时才归农民集体所有,转为非农用地都要由国家通过征用或征收来实现。随着一线城市的地价和房价已经超出社会大众的平均收入水平,城乡土地市场的发展失调越来越显现。从逻辑和本源上讲,要理顺上述扭曲,必须要进行土地制度改革,使土地要素能自由流动。“城市化”在可预见的将来并不能解决所有的农村问题,农村土地的制度改革更要警惕“城市化的陷阱”。

我一直庆幸自己从小生活在偏远乡村,我是站在出生的那片土地上观察世界,也是站在世界这个平台上回望我出生的那片土地,那片土地永远是我人生思考的支撑点。近二十载,学历教育伴我,从本科、硕士,直至博士,人生的大半光阴这样熬度;后负重八载,亦终从一个高校青年教师,熬到中青年的副教授、硕士生导师。反思离开故土的岁月,从云南南部小县城建水到近邻北京的京畿要地河北保定,从柳絮纷飞的北方到西南热情似火的重庆,从魂牵梦绕的山城到京浦线上南北分界处的珠城,而今即将从安逸的珠城到美丽的杭州钱塘江畔……不同高校之间的辗转是一个艰难的决定,也历经充满挫折的过程,感谢那些帮助过的师长和朋友,也感谢新东家对我的赏识与肯定……目前人生最为幸运和幸福之事,是遇见我人生中的挚爱——汪小燕女士,并与之结成伉俪,婚后我们又有了上帝赐予的礼物——吾儿胡嵩昀(小名“十一”)。龙子湖畔,万家灯火,在这静谧的夜色之中,想念远方的故乡。

过去,故乡是生存的土地;如今,故乡是精神的寄托。

过去,故乡是回忆;如今,故乡是籍贯。

过去,故乡是出生的老屋;如今,故乡是游子心中的净土。

2021 年 11 月 1 日

珠城龙子湖畔